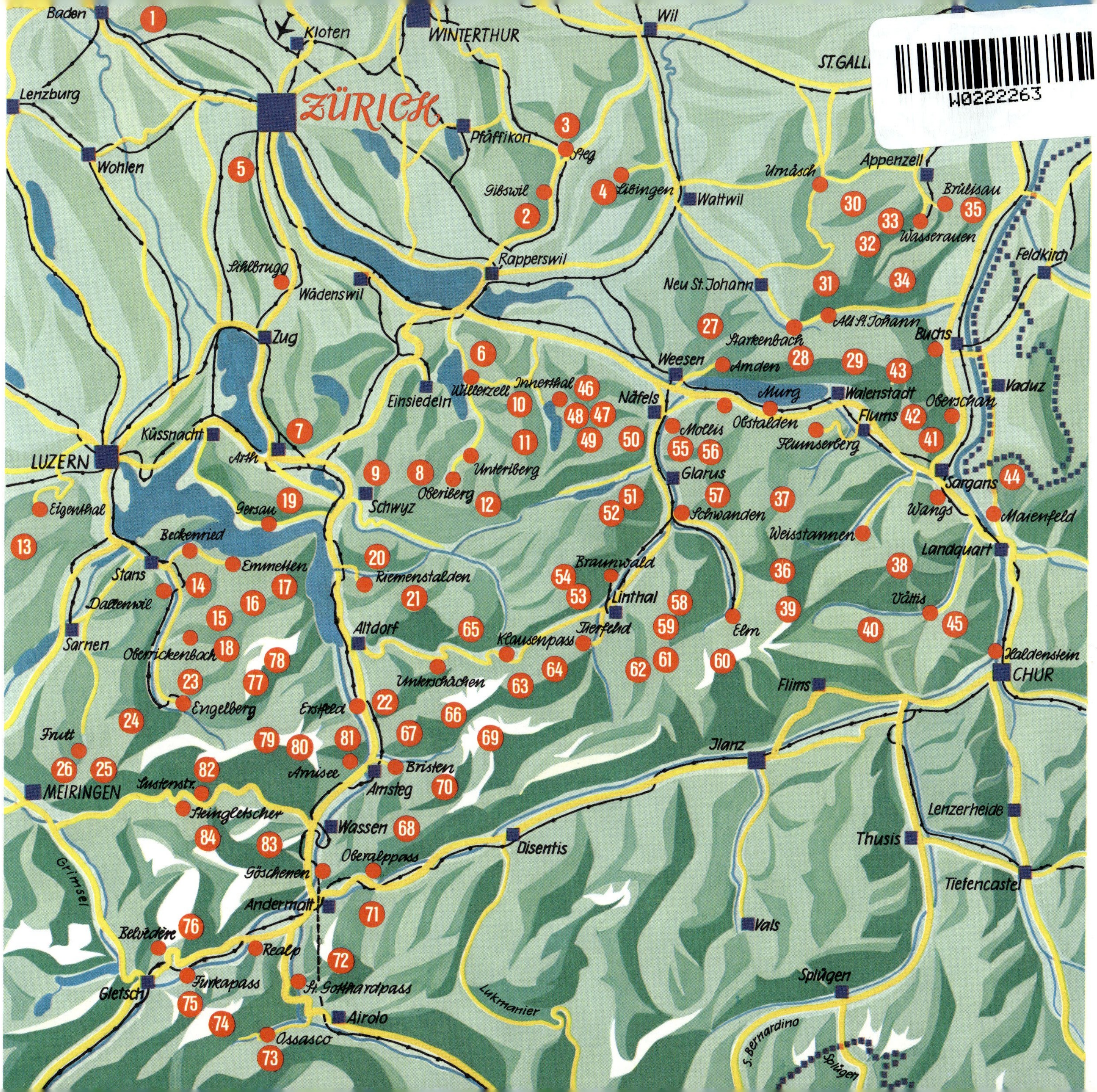
Baden
Kloten
WINTERTHUR
Wil
ST.GALL
Lenzburg
ZÜRICH
Pfäffikon
Sieg
Wohlen
Gibswil
Lütingen
Wattwil
Urnäsch
Appenzell
Brülisau
Wasserauen
Rapperswil
Schlbrugg
Wädenswil
Neu St.Johann
Alt St.Johann
Feldkirch
Zug
Starkenbach
Buchs
Weesen
Amden
Einsiedeln
Willerzell
Innerthal
Näfels
Murg
Walenstadt
Vaduz
Oberschan
Obstalden
Flums
Küssnacht
Mollis
Flumserberg
LUZERN
Arth
Unteriberg
Glarus
Sargans
Oberiberg
Schwyz
Eigenthal
Gersau
Schwanden
Wangs
Maienfeld
Beckenried
Weisstannen
Landquart
Emmetten
Braunwald
Stans
Riemenstalden
Dallenwil
Linthal
Vättis
Altdorf
Tierfeld
Elm
Sarnen
Klausenpass
Haldenstein
Oberrickenbach
CHUR
Unterschächen
Flims
Engelberg
Erstfeld
Frutt
Ilanz
Amsee
Bristen
Sustenstr.
Amsteg
MEIRINGEN
Steingletscher
Lenzerheide
Wassen
Thusis
Disentis
Oberalppass
Göschenen
Grimsel
Tiefencastel
Andermatt
Vals
Belvedère
Realp
Gletsch
Furkapass
St.Gotthardpass
Splügen
Airolo
Lukmanier
Ossasco
S.Bernardino
Splügen

Walter Pause
Hanns Schlüter

Zürcher Hausberge

Die schönsten Bergwanderungen zwischen Bodensee und Gotthard

Hallwag Verlag Bern und Stuttgart

Bei der Vorbereitung dieses Buches haben sich durch Ratschläge und wichtige Hinweise unsere Schweizer Bergfreunde Hans Volkart aus Buchs und Gottlieb Strässle aus Luzern verdient gemacht. Ihnen danken wir an dieser Stelle ebenso herzlich wie Frau Renate Maier-Rothe für die Gestaltung des Vorsatzpapiers sowie Frau Gaby Neumann für die sorgfältige Ausarbeitung der Routenskizzen. Auch unseren Freund Werner Heiss, der als Stammgast des Glarner Landes viele gute Bergaufnahmen für dieses Buch machte, schliessen wir in diesen Dank ein.

WALTER PAUSE und HANNS SCHLÜTER

3. Auflage, 1973
Vorsatzzeichnung:
Renate Maier-Rothe
Routenskizzen: Gaby Neumann
Umschlag: Robert Buchmüller
Gesamtherstellung:
Hallwag AG Bern
ISBN 3 444 10031 0

Die 84 Zürcher Hausberge

*Wer nicht geschunden wird,
wird nicht erzogen. Menander*

die dieser Band in Bild, Text und Skizze präsentiert, könnte ein talentierter Skeptiker leicht auf das Doppelte, wenn nicht gar auf das Dreifache erhöhen – so überreich ist die Schweiz an Bergen. Unsere Qual der Wahl war dementsprechend gross. Eine wesentliche Maxime verlangte, dass wir nur Touren aufnehmen dürften, die an einem Wochenende bequem durchgeführt werden können. Bejahrte Zürcher – oder Luzerner oder St. Galler – Bergfreunde könnten auch einwenden, der und jener weit von Zürich entfernte Berg, etwa der Haldensteiner Calanda oder die Cristallina, gehörten niemals in den engeren Kreis der «Zürcher Hausberge». Dem haben wir den grossen Wandel entgegenzuhalten, den die Technik – auch Fortschritt genannt – in derlei Hinsicht mit sich gebracht hat. Die neuen schnellen Strassen und das Auto als allgemeines Verkehrsmittel haben den Zürchern viele schöne Berge nähergerückt, die einst in der Tat nicht zu ihren «Hausbergen» zählten. Andererseits soll gleich hier das Kuriosum erwähnt sein, dass der erfahrene Zürcher Bergsteiger beispielsweise den am weitesten von seiner Stadt entfernten Hausberg, die Cristallina jenseits des Gotthardpasses, nicht mit dem Auto, sondern bequem mit den Wagen der Schweizerischen Bundesbahnen anpeilt. Die Autokolonnen, die man an allen späten Sonntagnachmittagen auf den aus der Innerschweiz nach Zürich führenden Strassen sichtet, sind gefürchtet...
Unsere Auswahl, gleichermassen mit Bedacht wie wortwörtlich auch «nach Herzenslust» getroffen, wird im wesentlichen umgrenzt von Rhein und Vorderrhein, Gotthardpass, Haslital und Luzern. Im Norden wurde vier klassischen Zürcher Wanderzielen am See und im Zürcher Oberland noch die Jurawelle der Lägeren angereiht. Im weiteren entfallen 7 Gipfel auf die Region zwischen Zuger- und Wägitalersee, 14 Gipfel auf die Zentralschweizerischen Voralpen, 9 Gipfel auf das Toggenburg und die Appenzeller Berge, 10 auf das St. Galler Oberland und Rheintal, 19 Gipfel auf das Glarnerland und 20 Gipfel auf Urner Alpen und Tessin. Da man bei «Hausbergen» immer auch Familienziele vor Augen hat, wurden allgemein die Normalwege bzw. normale Überschreitungen bevorzugt. – Das bei jeder Tour angegebene Kindesalter «Mit Kindern ab... Jahren» wurde mit Bedacht hoch gehalten, damit im Flachland lebende Leser dieses Buches mit Kindern, die nicht regelmässig in den Bergen wandern, nicht herausgefordert werden. Der regelmässig in den Bergen wandernde Zürcher Familienvater darf demnach die Grenze für Kinder, wie sie hier vorgeschlagen wird, meist um 2 oder auch 4 Jahre herabsetzen. – Die am Kopf jeder Tour genannten Anfahrtskilometer beziehen sich zeitgemäss auf die Anfahrt im Auto ab Stadtkern Zürich. Die Zahlen sind ungefähr. Wichtiger ist, dass wir ausdrücklich empfehlen, sich vor jeder Tour zu fragen, ob man nicht besser mit der Bahn fahre, um sich den Ärger in den langen Rückfahrerkolonnen zwischen Gebirge und Zürich zu ersparen. Man muss hier genau abwägen, denn vielfach verkürzt das Auto den Anmarsch.
Alle Touren dieses Buches wurden, oft mehrfach, von uns abgelaufen und abgeklettert, und alles, was wir im Juni 1968 am Sockel des Gross Mythen schriftlich in die druckreife Form brachten, wurde von erfahrenen Schweizer Freunden nochmals durchgesehen. Selbstverständlich soll dieses Buch nur anregen oder schöne Erinnerungen wachrufen. Es soll und darf keinesfalls den Führer ersetzen und die Karte. Die SAC-Führer, der Säntisführer und andere sind, wo zuständig, bei jeder Tour genau verzeichnet, ebenso die Landeskarten 1:25 000 und 1:50 000. Kritische Leser können vielleicht da und dort winzige Differenzen in den Höhenzahlen auffinden: ihnen sei gesagt, dass diese Geringfügigkeiten auf die bekannten Differenzen zwischen den Landeskarten 1:25 000 und 1:50 000 zurückzuführen sind.
Da es beim Bergwandern um die Gesundheit geht, bitten wir, dass zumindest alle ausserhalb der Berge lebenden Zürcher Gäste und Leser dieses Buches die rückwärts ab Seite 174 vermerkten «RATSCHLÄGE FÜR BERGWANDERER UND BERGSTEIGER» genau studieren. Es lohnt sich nicht nur, es ist wichtig! Das Hochgebirge ist wie das hohe Meer kein Tummelplatz für unerfahrene oder gar unzureichend ausgerüstete Besucher: die Zahl der tödlichen Unfälle in den sommerlichen Alpen mag deren relative Gefährlichkeit verdeutlichen. Im übrigen wünschen wir allen Begehern unserer 84 «Zürcher Hausberge» ein gutes Gelingen, und zwar nach dem Ausspruch von Josef Hofmiller: «Bergwandern ist eine Tätigkeit der Beine und ein Zustand der Seele.»

Walter Pause und Hanns Schlüter

1 Über die Lägeren, 859 m

Die Jurawelle als Aussichtsbalkon

½ bis ¾ Tag Anfahrt 18 km Kinder ab 10 J.
Jurawanderung

Man kann diese Jurawanderung als Trainingsmarsch auffassen, als Konditionsprobe, als Vorfrühlingsbummel oder als gelassenes Stromern mit nichts anderem im Sinne, als kräftig auszuatmen, das Gemüt auszulüften oder, wie Nobelpreisträger Max Planck es gehalten hat, um «im Rhythmus des gelassenen Ausschreitens wieder zum Rhythmus guter Gedanken» zu gelangen. Man kann aber auch, das ist gar nicht zum Lachen, erwachsen als grosses Kind über die Lägeren laufen, um einige Dutzend Düsenriesen aufsteigen und landen zu sehen. Was ja letztlich ein Phänomen ohnegleichen bleibt – Fliegen war noch zur Zeit unserer Grossväter der grosse Traum der Menschheit. Aber nun nichts mehr für oder gegen Kloten... Wir lassen für die Lägeren das Auto zu Hause und fahren mit SBB und Postauto. Wenn wir uns auf dem hohen Wehrturm der Burg über Regensberg von den mühelos startenden Riesenkolossen abwenden, halten wir uns auf der Strasse nach Boppelsen rechts an den breiten Fahrweg (Wegweiser), dem wir aber nur 300 m folgen. Wo der Wald erstmals an die Strasse stösst, wieder rechts ab auf einen mit gelben WW-Zeichen markierten Waldweg. Der ist anfangs schmal, verbreitert sich aber bald zu einem Fahrweg und mündet nach 30 Minuten in die für Autos verbotene Höhenstrasse nach Hochwacht, 856 m. Es geht in mässiger Steigung durch Wald, und tief atmend gelangt man in 0.50 Std. zum Berggasthaus. Hier blicken wir südwärts ins Mittelland, auf Zürich und seinen See, auf den schweren blauen Wall der Alpenkette. – Der weitere Weg ist schmal und führt fast immer südlich knapp unterhalb der ebenfalls schmalen Gratschneide durch. Dann und wann geniessen wir überraschende Ausblicke gegen Süden, dann kommen wir nach weiteren 45 Minuten schon zum Burghorn, 859 m, dem höchsten Punkt der Lägeren, wo zwei einladende Bänke zur verkehrten Seite hin stehen. Ein Wegweiser führt uns vollends zum Gipfel, und dann können wir bis zum Schwarzwald hinüber sehen und kleine Superlative stammeln. – Vom Burghorn steigen wir schliesslich links, südlich, neben dem Grat etwas ab, flanieren ein längeres Stück eben auf dem breiten Waldweg dahin und gelangen so in eine Einsattelung im Lägerenkamm. Hier zweigt rechts ein bequemer und breiter Weg nach Baden und Ennetbaden ab (Wegweiser). Geradeaus aber kommen wir in kurzer Gegensteigung zu P. 802 der Landeskarte, und hier müssen wir aufpassen: kurz vor den Felsen geht es rechts in einen flachen Sattel hinab (nicht markiert!), und von dort kommen wir erst zum Knalleffekt des Tages, zum langen, immer noch schnurgerade westlich verlaufenden Lägerengrat – einem Felskamm. Dieser Grat ist mit Vorsicht zu begehen, und vor allem Kinder sollten sehr aufpassen, dass sie auf den glatten, oft schräg abfallend geschichteten Platten nicht ausrutschen. Aber nur eine etwa 20 Meter lange Passage an diesem Felsgrat ist ausgesetzt, und man kann einen Meter unter der Schneide auf einem Band auch gefahrlos traversieren. Dann geht es nur noch durch Wald, und begeisternd ist die Schlussszene dieses Wandertages, wenn wir bei Schloss Schartenfels aus dem Wald treten und die Stadt Baden samt Limmatschleifen zu Füssen sehen. Man kann da stehend staunen, kann aber auch auf der Terrasse sitzen und das Nötige essen und trinken.

TALORTE Regensberg, 612 m. – Baden, 382 m.

STÜTZPUNKT Berggasthaus Hochwacht, 856 m, 0.50 Std. ab Regensberg. – Am Ende der Wanderung Schlossrestaurant Schartenfels, 464 m, dicht über der Stadt Baden.

CHARAKTER Einfache Höhenwanderung über eine in Ost-West-Richtung verlaufende Jurawelle. Gute, markierte Wege! Für den reinen Gratweg vom Burghorn nach Schartenfels (den man nördlich gefahrlos unterlaufen kann) ist etwas Trittsicherheit nötig! Nicht bei Nässe begehen! – Meist wird im Wald gewandert, der gelegentlich immer wieder schöne Durchblicke nach Süd und Nord gestattet. – Beste Zeit: März bis November! Am schönsten im Vorfrühling. – Ausrüstung A! Zeit Burghorn–Baden SBB 2.00 Std., Gesamtzeit 4.00 Std.

FÜHRER/KARTEN Schweizer Wanderbuch, Band 16 «Jurahöhenwege», S. 20. – «Der Automobilist als Wanderer», S. 24. – LK 1:25 000, Bl. 1070, Baden, evtl. dazu Bl. 1071, Bülach. – Oder: 1:50 000, Bl. 215, Baden.

BILD Blick über die schnurgerade von Ost nach West verlaufende Jurawelle der Lägeren zwischen Dielsdorf und Baden, die wir in dieser Wanderung zwischen Glatt und Limmat passieren.

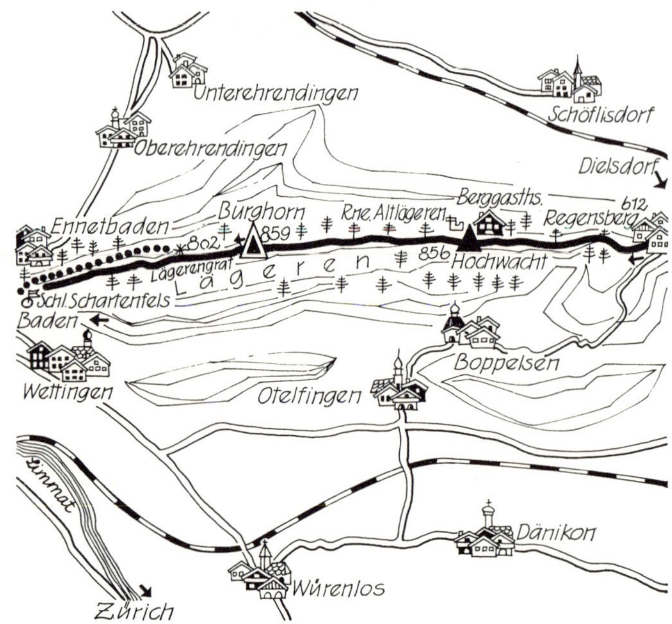

2 Der Bachtel, 1115 m

Von den Gibswiler Höhlen zum Aussichtsturm

½ bis ¾ Tag Anfahrt 47 km Kinder ab 6 J. Wanderung

Der Aussichtsturm auf dem Gipfel übersteigt natürlich die Fichtenwipfel, dennoch: über dem in Falten und Kämmen aufsteigenden, von Wald und Wiesen heiter bekränzten Bachtel bleibt er ein Fauxpas. Er kränkt den von fatalen «Fortschritten» verfolgten Städter, der doch wandernd nichts anderes mehr sucht als die reine Natur. Hier hätte er sie im Grossen, hier, dicht an seinem Zürichsee, dicht vor der Alpenkette, die von hier aus aufsteigt wie ein mächtiger Wall vor dem Unerforschlichen; hier geniesst er die zauberhafte Nähe von ruhig atmenden Hügeln und kühlen Waldinseln – die grosse Welt im Kleinen.
Zum Aussichtsturm kommt die Autostrasse: glücklicherweise ist sie sonntags nur noch bis Ober Orn freigegeben, und man kann sie umgehen. Humaner wäre es, der wandernde Mensch hätte den Vortritt. Bis Zürich Millionenstadt ist, wird es wieder so sein... Unser Bachtel ist also das Ziel des von Reizen übersättigten, nach der einfachen Natur dürstenden Grossstädters, zumal der Familien. Wir haben auf unserer Skizze einen Hauptweg und drei Abstiegsvarianten markiert: von den Gibswiler Höhlen bis zum Weiler Riet. Hier kann man das Auto gut parkieren. Der Wegweiser «Bachtel» in der Mitte der Ortschaft fällt kaum ins Auge: wir bleiben aber auf Südkurs, passieren mählich steigend Tanneregg, den Weiler Büel, kreuzen dort eine Strasse und bleiben auf dem Strässchen bis dicht vor Sennweid, wo wir mit dem Strässchen rechts westlich abzweigen, um nach Hinter Sennenberg, 906 m, einen Fussweg zu erreichen. Der wird im kühlen Wald schmal, steigt dann steil zum Nordkamm an – kein kreuzender Weg darf uns abbringen! – und leitet uns dort zum Gipfel. 1.45 Std. Gelb markiert! – Abstieg 1: Auf dem Strässchen über Ober Orn nach Unterbach, 854 m. Wo hier links der Abkürzer zum Bachtel abzweigt, weg von der Strasse, schwach links auf dem Fahrweg zu den höher gelegenen Häusern, dann steiler aufwärts zur obersten Scheune, die wir links lassen. Jetzt horizontal das Bachtelhörnli südlich umwandert und auf herrlichem Wiesenweg nach Vorder Sennenberg, 880 m; ab hier weiter über Sennweid und Büel nach Riet: dieser Weg ist sehr hübsch und aussichtsreich, man hat fast das ganze Alpenpanorama vor Augen. Gipfel–Gibswil knapp 2.00 Std. – Abstieg 2: Vom Gipfel nördlich am Nordkamm davongelaufen, dann in die Nordostflanke hinab und beim Wegweiser «Egg, Allmen» diesem nach auf steilem Fussweg. Auf der Passhöhe Wegweiser. Man kommt aus dem Wald, nach kurzer Gegensteigung folgt nochmals eine Waldpass age, und nun horizontal um den Westhang des Auenberges, 1051 m, herum bis zum Strässchen von Girenbad nach Gibswil. Auf ihm nach Riet, zuletzt auf abkürzendem Fussweg bzw. nach Gibswil (1.30 Std.). – Variante dazu: Man steigt auf dem Kammweg nördlich weiter, überwandert die Egg, passiert Hörnli, 1047 m, dann Allmen, 1076 m – hier links vom Plateau Ausblick auf Zürich, Pfäffiker- und Greifensee –, und rennt weiter, bis der Wald aufhört. Beim Wegweiser rechts nach Chli Bäretswil hinab, dann nach Schwendi und Gibswil, rechtzeitig auf dem abkürzenden Fussweg. Etwa 0.30 Std. länger als der vorige Abstieg. – 3. Es gibt auch einen Abstieg nach Wald, der ebensogut als Aufstieg gewählt werden kann; dabei passiert man Unterbachweid und bald darauf das aussichtsreiche Unterbachtel, 982 m.

TALORTE Gibswil, 757 m; Wald, 615 m; beides Bahnstationen.

STÜTZPUNKTE Berggasthaus am Bachtel, 1115 m, ganzjährig bewirtschaftet.

CHARAKTER Die beliebteste Wanderung im Zürcher Oberland, auf vielerlei Varianten möglich. Bequeme, markierte Wanderwege, ab und zu etwas steil. Man wandert dort, wo die Autostrasse NICHT zum Gipfel leitet; ausserdem ist diese Strasse sonntags nur bis Ober Orn, 925 m, freigegeben. – Beste Zeit: Frühling und später Herbst! Bei entsprechender Witterung auch im Winter schön und bekömmlich. – Ausrüstung A!

FÜHRER/KARTEN «Wanderungen im Zürcher Oberland und Tösstal», S. 78 und 101. – LK 1:25 000, Bl. 1113, Ricken. – 1:50 000, Bl. 226, Rapperswil.

BILD Der Bachtel, mit seinen 1115 m Höhe auch meistbesuchter Gipfel im Zürcher Oberland (oben Mitte), von Osten gesehen. Unten rechts das Dörfchen Hischwil, knapp dahinter die Strasse Wald–Gibswil. Rechts oben die Kuppe des Auenberges, darunter am Bildrand Büel.

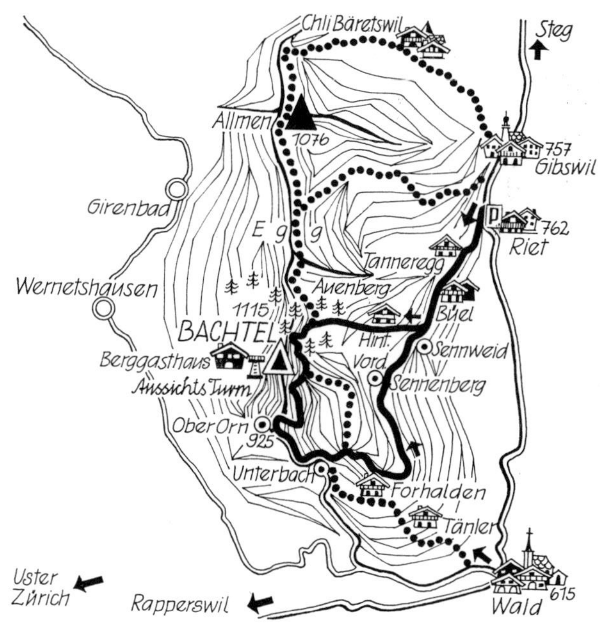

3 Zum Hörnli, 1133 m

Über den voralpinen Hörnligübelweg

½ bis 1 Tag Wanderung   Anfahrt 31 km (Bauma)   Kinder ab 6 J.

In gefährlicher Nähe der Städte Zürich und Winterthur, aber doch wohltätig versteckt im Zürcher Oberland, steigt das Hörnli weit über seine Umgebung hinaus, um einen der allerschönsten Aussichtspunkte für die Zürcher Wanderfreunde zu bieten. Diese Aussicht führt in der Tat westwärts bis zum Chasseron im Waadtland und ostwärts bis zu den Gipfeln im bayerischen Allgäu. Auf dem Gipfel steht ein ganzjährig bewirtschaftetes Unterkunftshaus mit Betten, Massenlager und einem Wirt, der sogar einen «Zürcher» Wein ausschenkt. Selbstverständlich führen, wie nach Rom, auch zum Hörnli viele Wege. Wir greifen die Normalüberschreitung von Steg im Tösstal nördlich über den Tanzplatz zum Gipfel samt Abstieg über Chli Hörnli, Heiletsegg und Rosenhügel bis in das Lipperschwänditobel heraus, eine Wanderung mit 435 m Höhenunterschied und guten 3.00 Std. Gehzeit. Als Variante dazu wird der voralpin wirkende «Hörnligübelweg» empfohlen, der interessant, aber eine gewisse (bei Nässe wichtige) Trittsicherheit voraussetzend, durch die ganze Hörnli-Westflanke zu Tal zieht. – Von Steg geht man 100 m nordwärts zurück, verlässt die Hauptstrasse nach rechts und folgt dem Wegweiser bzw. der gelben Rhombus-Markierung bis zur Siedlung Tanzplatz (das Fahrsträsschen ist für Autos verboten!). Mehrere Wegschleifen werden auf Abkürzern eingespart. Bei der Strassengabelung am Haus Breitenweg, P. 901, folgen wir dabei dem Strässchen, das 40 m zum Bach abfällt (Wegweiser Hinter-Hörnli) und steigen nach dem Gatter am Bach rechts auf schmalem Wiesenweg empor, um so den grössten Strassenbogen vor dem Tanzplatz zu vermeiden. An der Siedlung die Strasse gequert und in der alten Wegrichtung weiter gestiegen am Hang und endlich am Gratrücken, bis der Gipfel erreicht ist. Beim Ausgehen aller Strassen- und Wegschleifen, das älteren Personen zu empfehlen ist, braucht man reichliche 15 Minuten länger, also 1.45 statt 1.30 Std. – Beim Normalabstieg (Wegweiser Gfell) queren wir zunächst die Westflanke des Chli Hörnli bis zur Wegkreuzung bei P. 1004; hier nun nicht nordwärts nach Gfell, sondern westwärts am Kamm nach Heiletsegg und aussichtsreich zum Rosenhügel, etwa 890 m, wo sich der Kamm verzweigt. Wir bleiben am Südkamm, indem wir beim Gatter einen schmalen Waldweg anstelle des breiten Weges nehmen, und lassen uns unterhalb des Waldes von einem Fahrweg bis oberhalb Lipperschwändi führen; hier weglos zum Bach im Tobel und drüben am Bahngleis entlang, erst links, dann rechts nach Steg zurück. – Der hochinteressante «Hörnligübelweg» beginnt 25 Minuten unterhalb des Gipfels bei P. 1004 (Wegweiser) und zieht, nicht ganz so aussichtsreich wie der Abstiegsweg über Heiletsegg, durch die Westflanke des Hörnli, vorbei an Nagelfluhwänden, durch Tobel und Runsen, über kleine Brücken. Unten, vor seiner scharfen Abbiegung nach links, verlassen wir den Weg und passieren in der alten Südrichtung Wald und Weide und Hof Charhörnli. Hinterher rechts des Grates abwärts, erst längs einer Wiese, nachher am Waldrand, endlich links – zunächst am Grat bleibend – durch Wald bis in das Nideltobel, von wo uns das Strässchen ins Tösstal hinausbringt. – Unsere Skizze verzeichnet neben dem Übergang zum Schnebelhorn auch einen dritten Abstiegsweg bis nach Tüfenbach.

TALORT Steg im Tösstal, 698 m; oder Bauma, 638 m (Bahn).

STÜTZPUNKTE Berggasthaus Hörnli, 1133 m (ganzjährig bewirtschaftet). – Evtl. auch Berggasthaus Hulftegg, 949 m (nur beim Übergang über die Hirzegg zum Schnebelhorn).

CHARAKTER Der Normalweg Steg-Tanzplatz–Hörnli und im Abstieg über Heiletsegg, 925 m, und Rosenhügel (in der Karte bei Gubelweid, 890 m) ist eine trotz der Stadtnähe geruhsame, einfache Wanderung und sehr aussichtsreich. Der «Hörnligübelweg» durch die ganze Hörnli-Westflanke dagegen erfordert etwas Trittsicherheit. – Der Übergang über die Hirzegg zum Schnebelhorn ist sehr weit: fast 5.00 Std.! – Schönste Zeit: Vorfrühling bis Ende Mai, dann ganzer Herbst. Bei günstigem, das heisst hartem Schnee kann die Wanderung auch im Winter gemacht werden. – Ausrüstung A!

FÜHRER/KARTEN Erb/Auf Wanderwegen im Zürcher Oberland. – Wichtig sind LK 1:25 000, Bl. 1093, Hörnli, oder 1:50 000, Bl. 226, Rapperswil. – Gut auch K&F-Exkurs. Karte 1:25 000, Tösstal.

BILD Blick von Fischenthal, südlich von Steg, nach Norden auf das Hörnli, 1133 m, einen der beliebtesten Aussichtsberge im Zürcher Oberland.

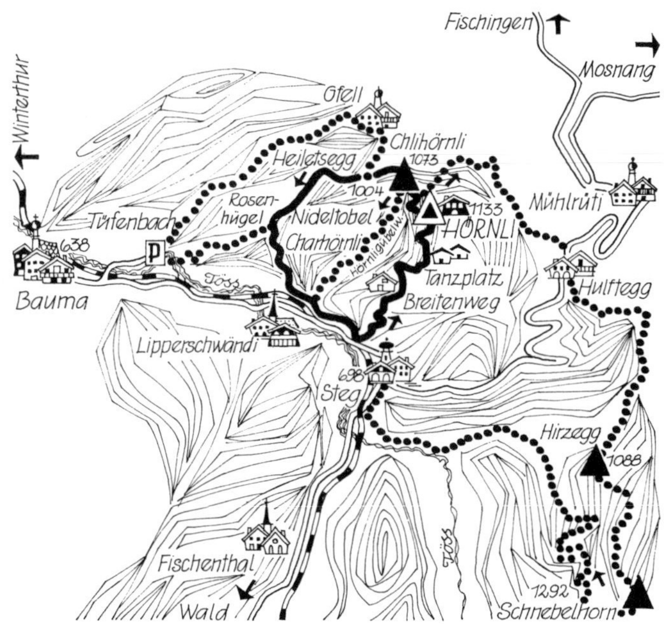

4 Das Schnebelhorn, 1292 m

Die schönste Kammwanderung im Zürcher Oberland

1 Tag Anfahrt 58 km Kinder ab 10 J. Höhenwanderung

Als hätten die Schweizer noch nicht genug an ihren tausend schönen Alpengipfeln samt Tälern, Flüssen, Seen und Firndecken, haben ihnen die Schöpfungsmächte auch noch einige allerschönste Logenplätze vor den Alpenrand gestellt, damit sie ihre Alpen (und sich und ihren Reichtum) immer wieder zufrieden anschauen können. Bachtel, Schnebelhorn, Hörnli heissen nur drei von einem guten Dutzend, die höher sind als 1000 Meter und um die man sie in den süddeutschen Vorlanden der Alpenkette arg beneidet. Dennoch gehen immer noch zu wenig Schweizer hinauf in ihre Prachtlogen und halten Autofahren für schöner... Schnebelhorn und Chrüzegg liegen etwa in der Mitte zwischen Pfäffikon, Winterthur und St. Gallen, sind kaum 15 km vom Westende des Zürichsees entfernt und durch einen grünen Hochgrat miteinander verbunden. Das Haupttheater, das man von diesem stillen Grat aus sieht, spielt sich um Säntis, Churfirsten und Speer ab, denn die liegen wie zum Greifen nahe. Man kann von mehreren Seiten auf Schnebelhorn und Chrüzegg aufsteigen. Wir tun es diesmal von Libingen aus (Bild), einem reizenden kleinen Dorf, das noch im Zeitalter der Nurautofahrer wie weltabgeschieden nordöstlich unter unserem Kamm liegt; es ist geborgen in einem grünen, vom Dietfurter Bach unterhaltenen Tal, das sich gerade bei Libingen aus drei kleineren Talfalten zu einer grossen ausbildet. Gottfried Keller hätte es bestimmt gefallen... Man gehe auf und ab, wie es die exakte (und schöne) Landeskarte der Schweiz vorschreibt: vom Dorfbrunnen in Libingen, wo ein Wegweiser steht, an der Kirche vorbei aufwärts und in einer Serpentine nordwestlich hinauf zum Nordostkamm des Schnebelhorns; schon an dem Libingen zustrebenden Seitenkamm erreicht man die 1000-Meter-Grenze, dann, auf dem Kamme selbst, geht es südwestlich weiter, Wald wechselt mit Alpböden, und dann folgt man dem langen, fast horizontal und 50 Meter unter der Kammhöhe dahinziehenden Weg – man bummle oder laufe stramm dahin, es ist in jedem Falle ein höchstes Vergnügen. Diese Welt ohne Lärm und Abgaswolken ist herrlicher als zehn Zürcher Bahnhofstrassen, was viel gesagt ist... An beliebiger Stelle kann man auch die Kammhöhe anzielen, um den weiten Norden kennenzulernen. Wie immer, sind die letzten Meter bis zum Gipfel spannend. Dann steht man 1292 Meter über dem Atlantik und hat doch nur 2.30 Std., wenn nicht weniger, gebraucht, um hierher zu kommen. Jetzt beginnt der Höhengang bis hinüber zur südöstlich liegenden Chrüzegg, ein Weg von wiederum guten zwei Stunden. Vom Gipfel am Grat in den ersten Sattel und nun weg vom breiten Alpweg, am Kamme selbst zum Grenzstein zwischen Zürich und St. Gallen und in den nächsten Sattel, unter dem ein Gasthaus steht: Schindelberg. Die Schindelegg ob dem Gasthaus kann man übrigens umgehen. Weiter auf spitzem Kamm über Rossegg und Habrütispitz (kann auch rechts umgangen werden!), und dann vom letzten Sattel durch die Nagelfluhblöcke «In den Brüchen» interessant zum Chrüzegggipfel auf erstaunliche 1314 m Höhe. – Der Abstieg ist von der Natur vorgeschrieben: nördlich zur bewirtschafteten Chrüzeggalp, gegessen, getrunken, dann schräg links durch Wald und abwärts über Weiden. Vor dem Hof Zrick östlich in Serpentinen ins Tal nach Libingen. Gesamtgehzeit 6.00–6.30 Std.

TALORT Libingen/SG, 769 m (Postauto von Bütschwil).

STÜTZPUNKTE Berggasthaus Schindelberg, 1153 m (Mai–Oktober). – Berggasthaus Chrüzeggalp, etwa 1190 m, dicht nördlich unter Chrüzegg-Gipfel (Mai–Oktober).

CHARAKTER Unschwierige Höhenwanderung von gut 6 Std. Dauer (ab und bis Libingen) über den ganzen Kamm. Eine gewisse Trittsicherheit vonnöten! Der Wanderweg ist gut markiert und allenthalben aussichtsreich: Zürcher Oberland und die nahe Alpenkette bilden einen klassisch schönen Gegensatz. – Beste Zeit: Frühjahr und später Herbst! – Ausrüstung A!

FÜHRER/KARTEN LK 1:25 000, Bl. 1093, Hörnli, und Bl. 1113, Ricken. – Oder LK 1:50 000, Bl. 226, Rapperswil.

BILD Das stille kleine Toggenburger Dorf Libingen, reizend abgelegen in einem gegen Nordosten auslaufenden Wald- und Wiesental, ist der Ausgangs- und Endpunkt unserer Kammwanderung (oben) vom Schnebelhorn zur Chrüzegg.

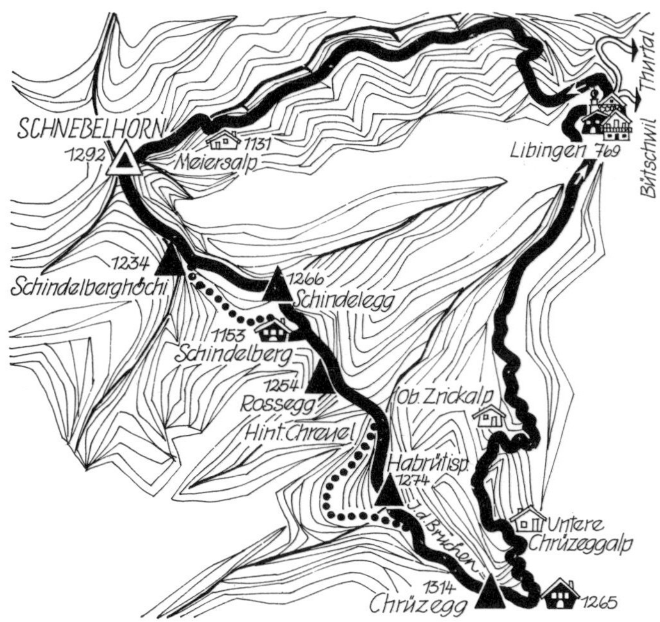

5 Vom Üetliberg, 871 m, zum Albishorn, 910 m

Hoch über dem Zürichsee

1 Tag oder 2 × ½ Tag   Anfahrt 12 km   Mit Kindern ab 6 J.
Wanderung

Der Üetliberg ist ein Wahrzeichen der Stadt Zürich, doch zugleich die «Volksausgabe» eines Zürcher Hausberges. Man kann mit der Üetliberg-Bahn hinauf fahren und bis auf 816 m auch mit dem Auto. Neuerdings ist auch wieder angesehen, wer zu Fuss hinaufgeht, denn Gehen ist ja «im Kommen», Gehen wird Mode... Es führen verschiedene Wege aus der Stadt zum Üetliberg; wir beschränken uns auf den Weg vom Cholbenhof (Wegweiser) zum Kammsträsschen (1.00 Std.). Nach 15 Minuten stehen wir vor dem Aussichtsturm auf Üetli-Kulm und seiner langen Wendeltreppe. Es lohnt sich, sie bei Föhn oder an klaren Herbsttagen zu ersteigen! Natürlich begegnet man hier tout le monde. Deshalb gehen wir zurück zum Gasthaus Stafel und streben von dort südwärts. Wir wollen in einem Tag oder an zwei halben die ganze Hügelkette bis zum Albishorn abwandern. Also losmarschiert auf dem schönen Promenadenweg, viel durch Wald, ab und zu durch Wiesenhänge. Der erste freie Blick südwärts zielt auf Zugerberg, Rigi und Konsorten. Nach 1.15 Std. löschen wir im Restaurant Balderen den ersten Durst. 30 Minuten später können wir am Bergrestaurant Felsenegg «Nimm's g'müetli uf'm Üetli» lesen und beherzigen: feiner Tiefblick auf den See – und Kinderspielplatz! – Ab Felsenegg immer am Kamm weiter auf weniger breitem Weg. Absteigend erreichen wir zwei Gasthäuser in Buechenegg und Näfenhüser, besser ist, wir lassen uns nicht ablenken. Herrlicher Hochwald folgt auf einige freie Kammstrecken, dann geht es abwärts zum Albispass. In zwei Gasthäusern am Pass kann man einkehren. 2.30 Std. ab Üetliberg. – Jetzt hinauf zum Schnabel, 879 m, evtl. über Hinter Albis, sonst auf dem Kamm; dann immerfort auf und ab, an der Ruine vorbei, hinab zu den Schnabellücken, 803 m, und wieder hinauf zum Bürglen, 914 m, und endlich, 1.15 Std. ab Albispass, zum Albishorn, 910 m. Erst hier geniesst man nach dem schattigen Kammweg wieder freie Aussicht. – Nun drei Abstiege: 1. Weg nach Sihlwald (1.00 Std.). – 2. Am Kamm entlang, ab P. 819 links zur Station Sihlbrugg (1.15 Std.) oder am allerschönsten auf dem Kamm bis Ober Albis und nach Hausen hinunter (1.00 Std. ab Kamm). – Gesamtzeit: 5.30–6.00 Std.

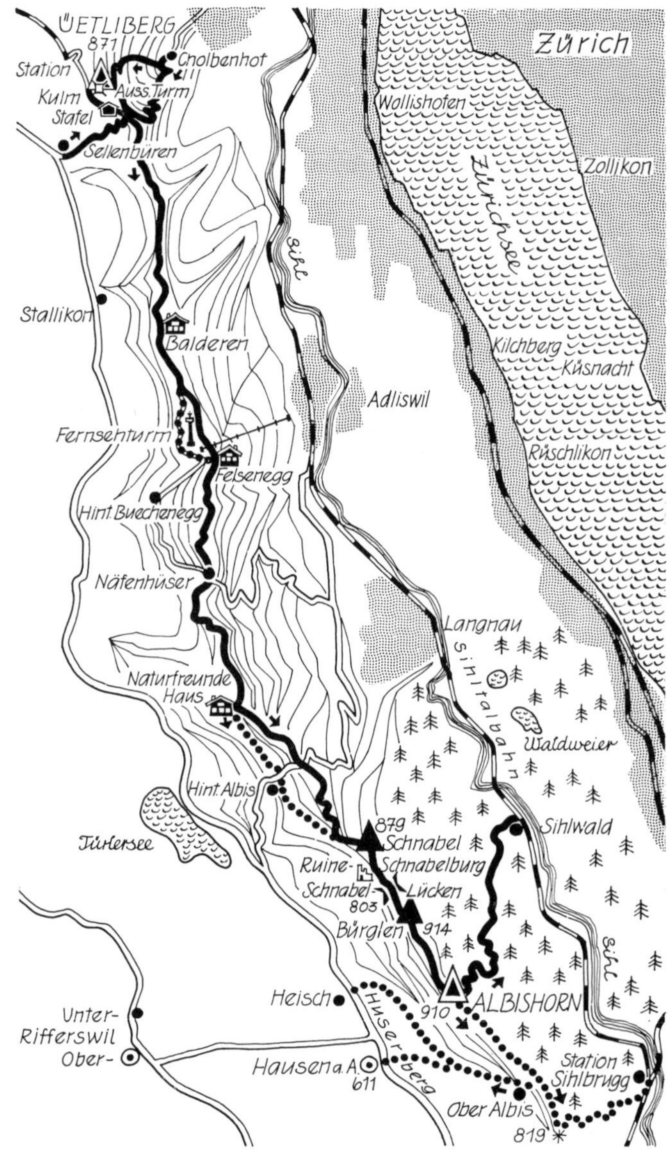

TALORTE Zürich, 408 m, oder Sellenbüren, 544 m.

STÜTZPUNKTE Albishaus (Naturfreunde), 810 m, gut bewirtsch., Lager; 2.30 Std. ab Üetli-Kulm – Hotel Hirschen am Albis, 792 m. Verschiedene Restaurants am Wege.

CHARAKTER Sehr bequemer, oft ungewöhnlich aussichtsreicher Bummelweg über die Albiskette, idealer Familienausflug mit Kindern. Bezeichnete Wege! In einem Tag oder in zwei halben Tagen! – Beste Zeit: wenn schneefrei! Am schönsten im frühen Jahr und späten Herbst! Ausrüstung A! Proviant!

FÜHRER/KARTEN LK 1:25 000, Bl. 1091, Zürich, und Bl. 1111, Albis. – Oder: 1:50 000, Bl. 225, Zürich.

BILD Flugphoto von Nordwesten über den Türlersee gegen die südlich auslaufende Albiskette: links am bewaldeten Höhenkamm zu verfolgen mit Hinter Albis, Schnabel Bürglen, 914 m, Albishorn, 910 m. Der Türlersee liegt 621 m hoch. Rechts im Tal Hausen.

6 Stöcklichrüz, 1248 m, und Rinderweidhorn, 1316 m

Familienwege zwischen Sihltal und Wägital

1 Tag Anfahrt 44 km Kinder ab 6 J. Höhenwanderung

Willerzell liegt nahe Einsiedeln am Sihlsee, der freier und lichter vor unseren Augen liegt als der in seine Gipfelrunde nahezu eingezwängte kleinere Wägitalersee: beide stadtnahen Seen haben den unschätzbaren Vorzug, noch nicht verbaut zu sein, ihre Ufer gehören allen Zürchern samt ihren Gästen. Unsere Familientour führt bei 6 Stunden Dauer auf beide Gipfel und den sie verbindenden Kamm, erst über die freie Höhe, später durch Wald. Bei 4 Stunden Gehzeit nehme man sich nur das Stöcklichrüz vor. Vor dem Abstieg zur Rast- und Gaststätte an der Sattelegg sei gewarnt: 1. Man gerät ins Dickicht der Leute und der Autos. 2. Man müsste zu unserem eigentlichen Abstiegsweg wieder ein Stück ansteigen oder doch weglos queren. Unser Rat: Man wandere nach unserem Vorschlag, erst auf der Landeskarte zu Hause, dann ab Willerzell zu Fuss! Wir raten aus gutem Grunde... Also von Willerzell ein Stück auf der Strasse nördlich und in der ersten Linkskurve (ohne Wegweiser) rechts ab und den leicht auszumachenden Sunnbergkamm hinauf. Von den Gehöften nimmt man erst einen schmalen Wiesenweg nach rechts, geht dann am Hang entlang bis zum Zaun und wieder auf den Gratrücken, an dem man nun bleibt – doch keinesfalls, ohne immer wieder Rückblicke auf Sihlsee und Hintergrund zu riskieren! Denn dort steigen immer eindrucksvoller die Vierwaldstätter Voralpen über grüne Wellen, und südostwärts paradieren Gross und Chli Aubrig und neben ihnen der Fluebrig. Das Schönste kommt aber erst: denn nach den Hütten von Summerig, 1191 m, bringt uns ein Fahrweg nördlich nach Grueb, 1240 m, und bis an den Fuss des Stöcklichrüz; jetzt noch weglos den letzten Alphang hinauf zum Gipfel, und wirhaben mit lächerlichen zwei Gehstunden das allerschönste Panorama vor uns, das sich für einen Zürcher denken lässt: den ganzen See, das ganze Vorland, in Blau und Grün von allen Tönen, der Bachtel reckt gegenüber seinen Aussichtsturm in den Himmel, die Pultdächer der Churfirsten schwimmen über dem Dunst des tiefeingeschnittenen Walensees, der Glärnisch glänzt mit silbernen Firnen. Jetzt soll uns der Proviant schmecken!... Der Kammweg südostwärts zum Rinderweidhorn ist im ersten Teil angenehm aussichtsreich, im zweiten eine auf und ab ziehende Waldpromenade. Es geht erst in den Sattel hinab, dann auf schlecht erkennbarer Wegspur links an P. 1289 vorbei und über Gueteregg, 1274 m, zum Rindereggli, 1190 m, von wo uns ein breiterer Weg in den Wald und auf das von Grueb herziehende Strässchen führt. Langsam geht es aufwärts zum Rinderweidhorn auf 1316 m Höhe – 1.45 Std. ab Stöcklichrüz. – Nun Vorsicht: Nicht unbedingt in den Autolärm der Sattelegg südlich hinab, sondern in der Stille geblieben – also zum Wegweiser zurück und einer Wegspur folgend (kein weiterer Wegweiser) streng südwestlich über Alpweiden (bei der Gabelung rechts halten) zu den Höfen von Vorder-Miesegg, etwa 1186 m, und unterhalb in den Wald. Der Weg ist schlecht zu finden. Wir müssen zum linken unteren Ende der Wiese absteigen, dann im Wald durch einen kurzen Hohlweg, bis wir unterhalb Fischbach auf die Satteleggstrasse kommen. Vor dem ersten Gehöft rechts hinunter und über eine kleine Brücke. An der nächsten Brücke rechts ab und über eine Wiese zu einer reizenden Kapelle. Erst kurz vor Willerzell auf die Strasse von Sattelegg.

TALORT Willerzell, 890 m, 2 km vom Bahnhof Einsiedeln.

STÜTZPUNKT Im Notfall Bergrestaurant Sattelegg, 1190 m.

CHARAKTER Diese Höhenwanderung in voralpinem Gelände mit berückenden Ausblicken auf den ganzen Zürichsee samt Oberland, aber auch samt Walensee, Alpstein und Sihltaler Gipfelkranz, dauert ab Willerzell mit Überschreitung beider Gipfel und Abstieg nach Willerzell 5.00–6.00 Std. Das gibt mit den Rasten einen köstlichen Wandertag – bei guter Aussicht sogar einen unvergesslichen. Der den Autofahrern naheliegende Gedanke, gleich bis Sattelegg zu fahren und von hier nordwärts zu wandern und wieder zurück, lässt sich bei starker Einbusse an Wanderfreuden natürlich auch durchführen: sehr gute 3.00 Std. bis Stöcklichrüz und zurück sind vorzusehen! Der Weg führt in der Höhe teilweise auch durch schattigen Wald. – Beste Zeit: Mai–November! – Ausrüstung A.

FÜHRER/KARTE LK 1:25 000, Bl. 1132, Einsiedeln, bzw. 1:50 000, Bl. 236, Lachen.

BILD Ausblick vom Westufer des Sihlsees auf den zum Rinderweidhorn, 1316 m (Bildmitte und leicht rechts), aufziehenden, mit Alpböden und Waldstreifen besetzten Vorbergkamm. Das Stöcklichrüz verbirgt sich links hinter den bewaldeten Vorkuppen.

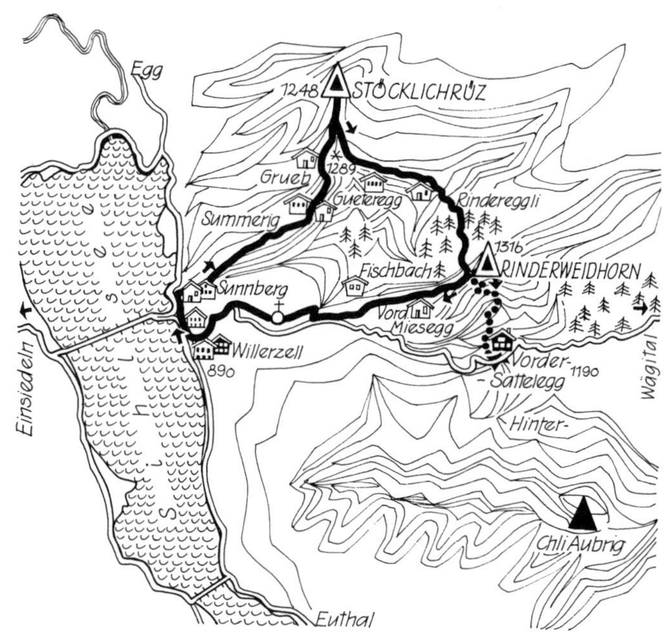

7 Über den Rossberg, 1580 m

Hochalpine Augenweiden über Goldau

1 Tag Anfahrt 45 km Kinder ab 10 J. Bergwanderung

45 km Anfahrt ab Zürich klingen verlockend – aber NACH der Bergwanderung, als «Heimfahrt-km», können sie Ängste beschwören. Also fahre, wer nicht vollends Knecht seines Autos ist, mit der Eisenbahn! Es verlohnt sich. Dieser Vorbergkamm des Rossbergs ist zwar nur 1580 m hoch, aber da der an den Rossbergsockel grenzende Zugersee nur 414 m hoch liegt und der riesige Zürichsee nur 408 m, steht man doch weit über 1000 m höher und wie in einer Aussichtsloge. Nur die Rigi, Schweizer Standard-Aussichtsberg aller Zureisenden, verstellt den Blick gegen Südwesten – aber Glarner und östliche Urner Gipfel haben uns genug zu zeigen. Es kommt auf die Augen an... Zunächst freilich auf den Anstieg von Goldau über den anfangs nur schwach ausgeprägten Südwestkamm, wobei wir parallel zum Blöckestrom der Bergsturzkatastrophe von 1806 ansteigen. Das tun aber nur Konditionsprotzen vom Talboden aus, alle anderen nehmen die Luftseilbahn Goldau–Spitzibüel, um wenigstens 350 von 1000 Anstiegsmetern einzusparen. Ab Spitzibüel geht es von etwa 860 m Höhe auf zunächst steilem und rauhem Weg nördlich gerade empor und um eine Waldecke herum nach links an die Kammkante (P. 1008). Nochmals ein kurzes Stück durch Bergwald, und wir stehen am Ochsenboden, 1165 m, hoch über dem Zugersee, hoch ob dem Lauerzersee. Nur die Rigi-Hochflue ist etwas niedriger geworden. Über den Gätterlipass sehen wir in die Unterwaldner Berge, über das Muotatal in die Urner Hochgipfel. Weiter am Kamm, der sich nun etwas schärfer zuspitzt, und bald ist der Gnipen, die 1568 m hohe Rossberg-Westschulter, erreicht: schon die letzten Meter sind wir über der Abrissstelle des Bergsturzes marschiert, bald stehen wir den Ursachen jener Katastrophe unmittelbar gegenüber, sehen Schichtung, Gesteinsrisse und Gleitneigung. – Vom Gnipen geht es, immer weniger anstrengend, am hohen Kamm dahin, viel durch Wald, aber immer wieder mit entzückenden Ausblicken nach rechts und links, bis die höchste Erhebung mit dem Wildspitz, 1580 m, erreicht ist. Dort steht zum guten Glück ein Gasthaus, und in diesem Gasthaus hängt das Wildspitz-Panorama von Ingenieur Imfeld: eine ganz ausgezeichnete Panoramakarte, die unsere geographische Schulweisheit aufs angenehmste auffrischt und bis in attraktive Details anreichert. Es schaut ja kein Berg dem andern gleich, so wenig wie ein Mensch dem anderen, und so prägt sich mit den Jahren das «Profil» eines Berges wie das Angesicht eines lieben Freundes ein, und sieht man ihn immer wieder, ist man gerührt – falls man, wie es sich gehört, als Bergfreund ein Romantiker ist. – Wer an sein Auto gefesselt ist, trabe nun vorsichtig auf dem Herweg über Gnipen, Ochsenboden und Spitzibüel ab und strebe heimwärts. Er kann übrigens auch direkt vom Wildspitz südlich hinunter zur Wegkreuzung P. 1213, um dort nach Westen und später südwärts nach Vrenenberg, 932 m, zu kommen, und ab hier waagrecht westwärts Ober Spitzibüel und die Bergstation von Spitzibüel anzupeilen – wobei er die Bergsturzmassen querend passiert. – Der Weise (ohne Auto) aber wandert ostwärts am Kamm, hält sich ab Langmatt an den rechten Kammast, steigt über Hinter Gwandelen und Halsegg, verlässt den nordwärts abbiegenden Kamm, steigt zum Altstafel ab und folgt dem Strässchen bis zur Bahnstation von Sattel.

TALORTE Goldau, 510 m; ab Ölberg an der Hauptstrasse Arth-Sattel, Seilbahn bis Spitzibüel, etwa 860 m. – Abstieg evtl. nach Sattel, 793 m. Beides Bahnstationen.

STÜTZPUNKT Berggasthaus am Rossberg (in Landeskarte: Wildspitz), 1580 m.

CHARAKTER Unschwierige Bergwanderung auf gutem, bezeichnetem Weg, stellenweise etwas steil und rauh, ab Westschulter Gnipen Kammwanderung mit grossartigen Ausblicken in Vorland und Gebirge. Abstieg nach Sattel gemächlich, wenn ab Altstafel das kleine Strässchen benützt wird. – Aufstieg ab Lift 2.30–3.00 Std.; wenn Abstieg nach Sattel +2.15 Std. – Beste Zeit: ab Mitte Juni, am schönsten September/Oktober. – Ausrüstung A!

FÜHRER/KARTEN LK 1:25 000, Bl. 1151, Rigi; evtl. mit Bl. 1152, Ibergeregg; und LK 1:50 000, Bl. 235, Rotkreuz, und Bl. 236, Lachen. – Oder Zusammensetzung Bl. 5011, Zürichsee–Zug. – Aufstiegsvariante im Schweizer Wanderbuch, Nr. 10, Zugerland.

BILD Dicht unter dem Gnipen, 1568 m, der Westschulter des Rossbergkammes, haben wir einen schockierenden Einblick in die oberste Abrissstelle des grossen Bergsturzes vom Jahr 1806, bei dem viele Millionen Kubikmeter Felsmassen in das Tal von Goldau stürzten.

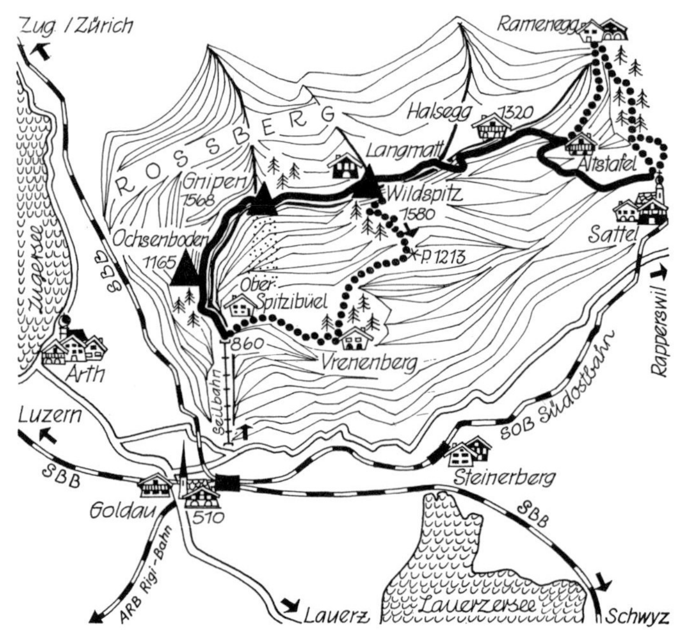

8 Vom Brünnelistock, 1593 m, zum Furggelenstock

Stille Kammwanderung über der Ibergeregg

1 Tag Anfahrt 55 km Kinder ab 8 J. Bergwanderung

Über dem lieblichen Sihlsee, dem eine gemessene Bauplanung immer noch gestattet, sich frisch im Grün der Vorberge zu spiegeln, verläuft westlich ein langer grüner Vorbergkamm in Süd-Nord-Richtung, genau: von der Ibergeregg bis nach Einsiedeln hinab. Diesen grünen Kamm, dessen höchster Punkt 1656 m beträgt, zur Krokuszeit abzuwandern, zur Hälfte, oder auch in voller Länge, ist in jeder Hinsicht ein vollkommenes Sonntagsvergnügen. Abgesehen davon, dass «wer viel geht, auch gut fährt»; bei dieser Vorbergwanderung schaut man sich die Augen gesund, pumpt sich die Brust voller 1a-Sauerstoff und bringt neben lüsternem Heisshunger und einem herrlichen Durst auch noch jene Vorfreude aufs Autopolster mit ins Tal, die manchem Manne teuer ist. – Man kann, um Brünnelistock und Furggelenstock mit Frau und Kindern zu überschreiten, natürlich auch das Sandsträsslein zur Ibergeregg hinauffahren, diese bedeutendste, weil am längsten geplante Schweizer Passstrasse (um später um so seliger auf Asphalt zu schwelgen); klüger tut man, das Auto in Oberiberg zu parkieren und ab Ortsteil Tschalun hinter der Brücke auf breitem Alpweg den Rücken zur Alp Änglisfang, 1269 m, und dann südwestlich unter Hobacher hindurch und über Rätigstutz und Hintereggbrunnen zum Gasthaus Ibergeregg anzusteigen (2.00 Std.). Denn nun, nach diesem kurzen Rendezvous mit den wieder auftauchenden Autos, geht man gleich wieder in die Stille, nordwärts hinauf nämlich zum grünen Brünnelistock und dann am grünen Kamm weiter zum Furggelenstock (1.30 Std. knapp ab Ibergeregg). Die Aussicht rückwärts über den Vierwaldstättersee und auf die abweisend überfirnte Urirotstockgruppe hinüber ist schön, und man muss sich hier, als Schweizer wie als Zugereister, in diese Landschaft verlieben. – Ab Furggelenstock gibt es nun drei Möglichkeiten für den Abstieg: 1. nordwärts zur Furggelen (Senke) auf 1526 m hinab und hier scharf rechts den Kamm hinab auf Leimgütsch, 1524 m, dann in dessen Südflanke südlich hinab und auf festem Hochmoorboden zum Horetsblätz, 1398 m, von wo ein Weglein streng östlich hinab und hinaus nach Tschalun oder über Rietli nach Oberiberg leitet. – Oder 2. weiter am Kamm bis zum Gschwändstock, 1616 m (+1.30 Std.), mit Blick auf Einsiedeln und Sihlsee, dann zurück bis zum Beginn des Steilstückes, P. 1506, und ab Butziflue rechts (westlich) hinab nach Alpthal abgestiegen. – Oder 3. von der Butziflue südostwärts, also links hinab auf schwacher Wegspur zur Surbrunnenalp, 1361 m, dann hinab, um das Surbrunnentobel zu queren, und schliesslich, die teils bewaldete Langegg in Südostrichtung überwandernd, hinunter in das Heikentobel und nach Tschalun bzw. Oberiberg (ab Gschwändstock nicht unter 1.30 Std.)... Etwas ausgefallener wäre die vierte Variante: den Gesamtkamm über den Amselspitz bis Einsiedeln zu überschreiten, für leidlich trainierte Geher freilich ein Hochgenuss in absoluter Einsamkeit – so nahe an Zürich! Für den letzteren Fall gestatten die Buchautoren auch die Fahrt mit Postauto bis zur Ibergeregg. Denn die Überschreitung des ganzen Kammes Ibergeregg–Einsiedeln erfordert schliesslich gute 6.00 Std. – und noch viel mehr, wenn man kein Blinder ist, sondern in die weite Welt schaut, zur lieben Nachbarschaft um Rigi, Mythen und Druesberg, und rechts und links in die Täler.

TALORTE Oberiberg, 1068 m. – Im Abstieg evtl. Alpthal, 996 m oder Einsiedeln, 882 m. – Ausgangspunkt für die komplette Kammwanderung evtl. Ibergeregg, 1406 m (schlechte Strasse).

STÜTZPUNKT Gasthaus Ibergeregg, 1406 m.

CHARAKTER Eine unschwierige Voralpen-Kammwanderung für leidlich trittsichere Geher. Normalwanderung Oberiberg–Ibergeregg–Brünneli- und Furggelenstock–Horetsblätz–Oberiberg: 5.00 Std. – Die Faulenzertour ab Ibergeregg bis Furggelenstock und zurück: 2.45 Std. Variante bis Einsiedeln sehr weit, 6.00 Std. ab Ibergeregg! – Sehr aussichtsreich (siehe Bild). – Schönste Zeit: ab Mai zur Krokusblüte oder ab Ende August bis Ende Oktober. – Ausrüstung A!

FÜHRER/KARTEN «Zentralschweiz im Auto und zu Fuss» (Ineichen/Stocker), S. 91. – LK 1:25 000, Bl. 1152, Ibergeregg. Oder 1:50 000, Bl. 236, Lachen.

BILD Ausblick vom Furggelenstock zwischen Alptal und Sihlsee gegen Süden auf Chlingenstock, Huserstock, Fronalpstock (erste Kette), Rossstock, Hundsstock, Rophaien (zweite Kette) sowie die westlichen Urner Alpen um Krönten und Urirotstock.

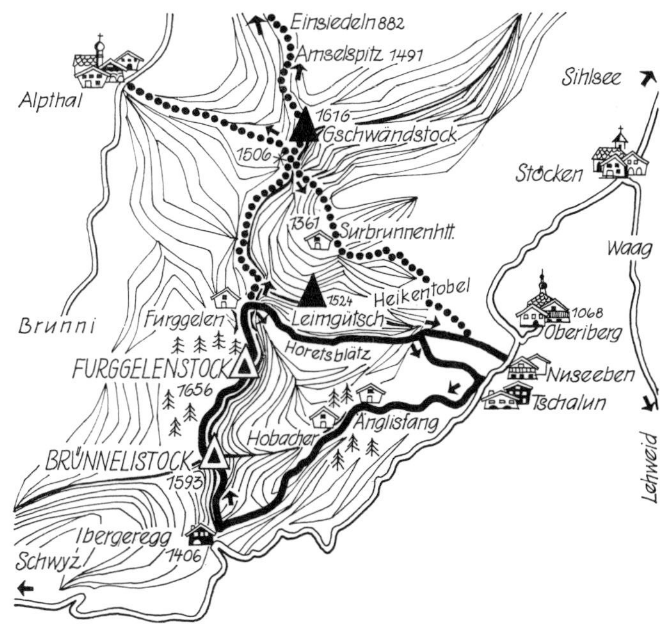

9 Von Schwyz auf den Gross Mythen, 1898 m

Felsklippen über dem Mythenbann

1 bis 1½ Tage Anfahrt 54 km Kinder ab 12 J.
Bergwanderung

Wer sie von der Reling des Raddampfers auf dem Vierwaldstättersee aus zum ersten Male erblickt, dem lösen sich romantische Empfindungen vom Seelengrund. Er begreift in den beiden nackten Felsklippen eine hochalpine Theaterszene und zweifelt nicht, dass diese kühnen Spitzen sagenumwoben sind. Was ist die nackte Wahrheit? Ja, sie sind sagenumwoben, ja, sie geben sich über ihrem waldgrünen Mythenbann wie Theaterkulissen; aber das meiste sagen sie doch dem Geologen, der ihre Geschichte kennt: denn hier bei den Mythen haben die gebirgsbildenden Kräfte der Alpenfaltung Kalkschichten aus südlicheren Breiten in den Norden versetzt... ein kaum fassbares Phänomen der Schöpfungsgeschichte. Das Matterhorn, beispielsweise, hatte es da leichter als die Mythen. Nun, Schwyz ohne Mythen wäre dennoch wie Zermatt ohne Matterhorn. Im übrigen haben nun die Bergsteiger das Wort: sie wissen, dass man den Gross Mythen am leichtesten von Osten her ersteigt, wo vom Gasthaus Holzegg aus ein serpentinenreicher Weg, mehrfach in den Fels geschlagen, durch die steilen Felsen zum Gipfel zieht. Dieser Gipfel ist sozusagen befestigt, denn rings um die Schweizer Fahne sichern ihn solide Felsmauern. Was die Aussicht vom Gross Mythen betrifft, so gibt sich der grosse, vielarmige See vor den Urgesteinsketten der Urner Alpen als erhabenes Gemälde, versteht sich, und auch in unserer neuen Zeit der gegenstandslosen Malerei bleibt dieser Mythen-Ausblick faszinierend. Das ist nicht zuviel gesagt... falls man gutes Wetter gehabt hat beim Betreten des Gipfels. Im übrigen sollte der Bergwanderer nur den Gross, nicht den Klein Mythen besteigen, denn der letztere bleibt allein den Kletterern reserviert. – Vom schönsten Mythenweg wurde schon gesprochen: er führt von Schwyz oder Rickenbach in gut 2.00 Std. zum Gasthaus Holzegg, hinter dem der Gipfelanstieg beginnt; zurück vom Gipfel wandert man auf guten Wegen unter dem Klein Mythen östlich durch zum Gasthaus Haggenegg, und von dort a) zurück nach Schwyz, oder b) nordostwärts nach Alpthal hinab: 6.00–7.00 Std. alles in allem. – Da sich Holzegg von zwei Seiten mittels kleiner Seilbahnen erreichen lässt, ist der Gross Mythen natürlich auch mit Auf- und Abstieg in 3.00–4.00 Std. zu machen, wobei nicht verboten ist, wenigstens den Abstieg zu Fuss zurückzulegen – es mehrt das Selbstbewusstsein, den Hunger und den schönen Durst. Besonders schön und viel begangen ist auch die Wanderung von der Ibergeregg über die Holzegg zum Gross Mythen und der Rückweg auf der gleichen Route: das sind (ohne Nächtigung im Massenlager) 6.00 Std. – Der Mythen-Führer verrät noch eine Menge Varianten der Wege zum Gross Mythen; wir wollen sie nicht alle aufzählen, wir haben nur die bewährten genannt, bei denen man nicht besonderen Orientierungssinn nötig hat. Dass am Gross Mythen jedes Jahr Menschen zu Tode stürzen, darf und muss gesagt sein: schuld ist immer nur der Leichtsinn, die mangelnde Trittsicherheit und, am meisten, das Abweichen vom Gipfelweg. So steht vor dem Mythen-Erlebnis immer auch jener Zwang zur hellwachen Disziplin, die den guten Bergsteiger auszeichnet. – Ganz sachlich: die Gondeln der Seilbahn von Brunni zur Holzegg fassen nur 4 Personen, sonntägliche Wartezeiten verstehen sich von selbst – Gehen heisst also: Nerven schonen!

TALORTE Schwyz, 516 m. – Evtl. Rickenbach ob Schwyz, 586 m (Seilbahn zur Rotenflue, 1520 m). – Evtl. Ibergeregg, 1406 m. – Evtl. Alpthal-Brunni, ca. 1089 m (Seilbahn zur Holzegg, 1405 m). Ab Alpthal Postauto bis Einsiedeln.

STÜTZPUNKTE Gasthaus Holzegg, 1405 m (Massenlager und Betten); 50 Lager in der Hütte des Ski-Club Schwyz; 5 Minuten nebenan. – Gasthaus Haggenegg, 1414 m.

CHARAKTER Eine voralpine, leichte Bergwanderung auf bezeichneten Routen; der exponierte Gipfel ist durch starke Mauern gesichert. Trittsicherheit unerlässlich! Das Verlassen des Weges ist sehr gefährlich! – Am schönsten der Übergang Schwyz–Mythen–Haggenegg–Alpthal (Auto zu Hause lassen!). Schön und erholsam für Autofahrer: Ibergeregg–Holzegg–Mythen und zurück, ohne Nächtigung, 6.00 Std. bis Gipfel und zurück. – Beste Zeit: Mitte Juni bis Ende Oktober (Ende Mai in Gipfelnordflanke noch oft tiefer Schnee!). Ausrüstung A!

FÜHRER/KARTEN «Reiseonkel», S. 185; «Der Automobilist als Wanderer», S. 145. – Mythen-Führer. – LK 1:50 000, Bl. 236, Lachen. – Oder 1:25 000, Bl. 1152, Ibergeregg.

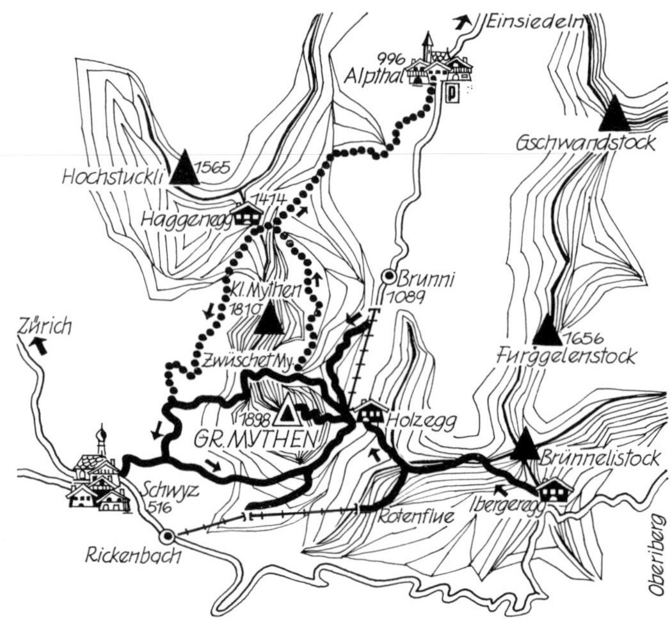

Der Gross Mythen über Schwyz, von Osten gesehen. Im Vordergrunde Kapelle und Gasthof Holzegg auf 1405 m Höhe, der von Brunni/Alpthal direkt per Seilbahn, von Rickenbach-Rotenflue ebenfalls per Seilbahn mit zusätzlichen 35 Gehminuten erreicht werden kann. Der echte Bergwanderer aber steigt zu Fuss ab Ibergeregg, Schwyz oder Rickenbach nach Holzegg auf. Der sehr steile Gipfelstock des Gross Mythen ist durch einen gut angelegten Weg erschlossen, dessen erste Serpentinen wir links am Bildrand entdecken. Dieser Weg darf, insbesondere von Kindern, unter gar keinen Umständen verlassen werden! Kletterei am Mythen gibt es, der oft brüchigen Kalkfelsen wegen, nur für sehr erfahrene, gut sichernde Bergsteiger nach den Routen, welche die einschlägige Literatur verzeichnet.

Ausblick vom Ostufer des kleinen Wägitalersees, dicht südlich der Ortschaft Innerthal, auf den Gross Aubrig und seine Südseite, das ist unsere Aufstiegsflanke. Links unter dem Gipfel zieht die felsige Lindenruns steil in den Wägitaler Bachgraben hinab, auf der grünen Matte links unterhalb des Gipfelstockes erkennt man die Alp Bärlaui, 1284 m, die wir beim Anstieg berühren. Der weisse Fleck links unten dicht über dem Stauseeufer ist ein mehrfach gestufter Wasserfall, der im Frühjahr und nach Regentagen ein romantisches Gepräge annimmt: ein reizender Auftakt für den nur 150 m weiter weg beginnenden Anstieg.

10 Gross Aubrig, 1695 m

Der Pförtner über dem Wägitalersee

1 Tag Anfahrt 54 km Kinder ab 8 J. Bergwanderung

Es gibt kaum eine grössere Überraschung als die, auf der stets überfüllten Autostrasse zum Walensee schon 43 km nach Zürich rechts auszubrechen: das geschieht im Ort Siebnen, und mit einem Schlage hat man Abgaswolke und Hetzjagd hinter sich und bummelt kehrenreich, aber nie sehr steil, hinein und hinauf in die Idylle um den Wägitalersee. Eine Vorbergidylle, in der – so nahe der grossen Stadt – immer noch die Stille regiert, wo ringsum grüne Matten und Waldbreiten in den blanken See fliessen und wo nur die senkrechten Felswände der aus dem Hintergrund drohenden Bockmattlitürme einen dramatischen Akzent setzen. Unser Gross Aubrig sah von Norden wuchtiger aus, vom Ufer des Wägitalersees her verliert er an Gewalt. Wir schnüren die Bergschuhe und wandern los, über die interessante Staumauer und an den romantischen, vom Schräbach üppig gespeisten Wasserfällen vorbei – wir werden diesen Schräbach alsbald als frommen Zwerg wiedersehen. Denn schon 150 m weiter verkündet ein Schild «Zum Auberg», und, Schweizer oder nicht, wir wissen, wohin wir müssen... Im Mai, als wir ihn bestiegen, waren wir allein unterwegs an diesem Berg, und die Fülle der Krokusse und Soldanellen liess uns alle die nassen, schmutzigen Stiefel leicht in Kauf nehmen. Denn die hatten wir schnell... Also rechts vom Weg steil hinauf, vorbei an der Alp Schrä und in den Wald, wo die Steigung bereits abnimmt. Bei der ersten Gabelung nach 10 Minuten halten wir uns rechts, eine Weile geht es eben dahin, zwei Bachläufe werden gequert – mitunter füllt man hier schon die Stiefel auf! – aber nach dem zweiten Bach geht es steiler im Wald bergauf, und bald geht es über freie, lichte Alpmatten dahin zur Alp Bärlaui, 1284 m (gut 1.15 Std.). Der erste Blick zurück: drüben beherrschen die Bockmattlitürme endgültig die Wägitaler Voralpenidylle, und hinter dem Zindlenspitz steigert sich der Mutteristock über mächtigen Karrenfeldern zu hochalpiner Allüre. Die nassen Stiefel sind vergessen. Von Bärlaui auf Alpweg westlich bis zur Weggabelung, dann rechts auf undeutlicher Spur schräg westlich den steilen Hang hinauf, bis wir die Felswand über uns in eleganten Serpentinen umgehen können. Nochmals stossen wir, östlich ansteigend, auf eine Alphütte, nochmals verdoppelt sich der Ausblick: Fluebrig und Druesberg übernehmen die Hauptrollen, und im Südwesten spitzen die beiden Mythen über leuchtende grüne Vorbergwellen. Steil und weglos steigen wir nun in 30 Minuten genau nördlich zum höchsten Punkt, halten, wie die Kühe, vor dem Stacheldrahtzaun über den Felsabstürzen – und freuen uns über das reiche Zürcher Oberland und den See. Oft erblickt man von hier aus Jura- und Schwarzwaldprofile. Gesamtzeit ab Stausee 2.45 Std. – Abstieg wie Aufstieg. Nur der Geniesser überschreitet in westlicher Richtung den Gipfelgrat, passiert das ganze Hufeisen über dem Schräkessel, P.1514, P.1443, lässt den Nüssen, 1529 m, rechts oben liegen, passiert Eggstofel und die Alp Rohr und taucht dann durch die Waldzone hinab an den See... fluchend zuweilen, denn der letzte Hohlweg ist oft rutschig. Abstiegszeit auf Anstiegsweg 1.45 Std., Abstiegszeit für Hufeisen gut 2.30 Std.– Man könnte übrigens auch ausbrechen, westwärts den Chli Aubrig besuchen und bis nach Euthal am Sihlsee wandern.

TALORT Innerthal (Wägital), 906 m. – Evtl. bei Abstiegsvariante auch Euthal (Sihlsee), 892 m.

STÜTZPUNKT Keiner (Proviant mitführen).

CHARAKTER Die Besteigung, auch die Überschreitung des Gross Aubrig stellt für den trittsicheren Bergwanderer eine unschwierige, voralpine Wanderung dar. Zum Teil rauhe Wege, nach mehreren Regentagen sehr nass – dann besondere Vorsicht auf steilen Grasschrofen. Idealer Wanderberg für das Frühjahr, weil der Anstieg durch die frühzeitig ausgeaperte Südflanke erfolgt. – Beste Zeit: Ende Mai bis Ende Oktober. – Ausrüstung A!

FÜHRER/KARTEN LK 1:25 000, Bl. 1133, Linthebene, evtl. dazu Bl. 1153, Klöntal. Oder LK 1:50 000, Bl. 236, Lachen.

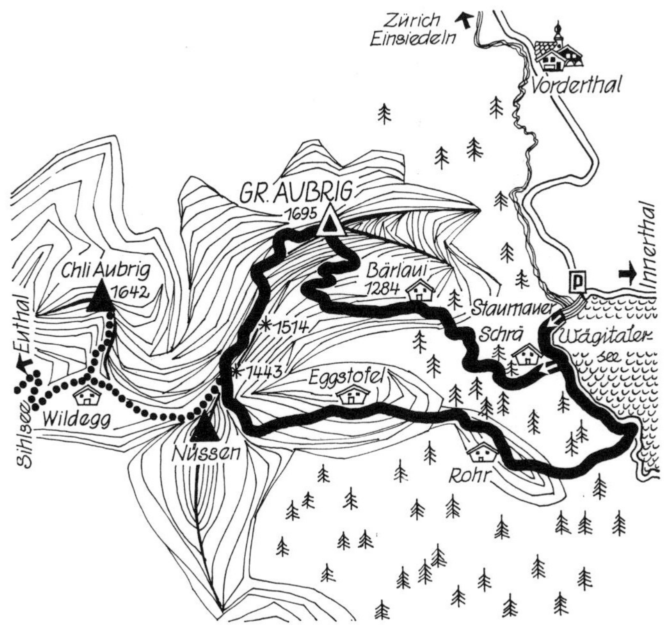

11 Der Fluebrig, 2092 m

Die Felsburg zwischen Wägital und Sihltal

1 bis 1½ Tage   Anfahrt 54 km   Kinder ab 12 J.
Bergwanderung

Wer die Landeskarte studiert, dem fällt auf, mit welcher Entschiedenheit die Felsburg des doppelgipfeligen Fluebrig das Wägital vom Sihltal trennt: er dominiert über beiden Tälern, was dem Gross Aubrig als Pförtner des Wägitales nicht gelingt. Der Gross Aubrig trägt einen Waldpelz bis unter den Gipfelkamm, am Fluebrig bleibt der Waldsaum weit zurück, und seine breitgebankte, von kräftig geschwungenen Felskämmen getragene Nordflanke stellt an den Bergwanderer gewisse Ansprüche. Er weiss, am Ufer des Wägitalersees stehend, noch nicht, dass der ganze Aufstieg durch die ihm sichtbare Nordflanke führt und vom trittsicheren Bergwanderer fast gefahrlos in etwa 3.30 Std. durchgeführt werden kann. «Fast» gefahrlos: das deutet auf den Firn, der sich in dieser steilen Nordflanke gerne bis Ende Juni und länger hält. Firn kann angenehm zu begehen und abzufahren sein, aber auch gefährlich – wenn er am Morgen noch hart ist und vielleicht gar noch in einem Blöckekar ausläuft. Jedenfalls ist der Aufstieg zum Fluebrig interessant, wozu der grossartige Überblick vom Gipfel kommt: da kann man natürlich das Riesengemälde des nahen Glärnisch mit seinen glänzenden Firndecken bewundern, aber das Schönste ist wohl das Studium der wahrhaft vielfältigen Wägitaler Gipfelrunde. Da gleicht kein Berg dem anderen: die Bockmattlitürme verraten sich durch ihren Grünpelz in der Südflanke, der Zindlenspitz spielt sich als Felssäule auf, die Schrofenplatte des Schiberg zeigt eine abgründige Hinterseite, und die Karrenmulden unter Mutteristock und Ochsenchopf bleiben im Herzen des Betrachters als brennende Wunschziele haften... Man handelt nur klug, wenn man im Gasthaus Au zur Nacht bleibt, denn wer frühzeitig aufbricht, hat am Fluebrig die doppelten Freuden. Der Weg ist beinahe einfach, man verfolge ihn auf Karte und Bild, ehe man ansteigt: Südlich des Baches, der beim Gasthaus in den See mündet, deutet ein Wegweiser auf den Weg, der uns durch Wald und über Alpwiesen relativ rasch in die Höhe führt. In 1.00 Std. passieren wir – immerzu westlich steigend – die Hütten von Stofel, dann machen wir 15 Minuten später im Fläschliboden eine Kurve, zielen südlich, dann südöstlich und gelangen am oberen Rand lichter Waldhänge bis hart vor die Kante der ersten Felsstufe. Ab hier geht es rein südlich in vielen kurzen Serpentinen zur Alp Fluebrig in der Kanten-Ostflanke (+1 Std.), und gleich weiter, gerade hinauf, aber doch noch in der Ostflanke, bis der Weg einen Knick macht und westwärts über den Felskamm das höhere Kar erreicht (im Bild reichlich mit Schnee gefüllt). Die Grashalden sind in Schutt übergegangen, der Aufstieg wird ermüdend, dennoch wird nach einer weiteren Stunde (ab Alp Fluebrig) das höchste Steilkar erreicht und der Gipfelkamm. Der Gipfel wird erst südlich umgangen, dann bleibt man in den Gratfelsen und nimmt neben dem Westgipfel des Diethelm natürlich auch den nur wenig niedrigeren Turner mit. – Beim Abstieg halte man sich an den Anstiegsweg und beachte, vor allem im Vorsommer, die hier ausgesprochene Warnung wegen der Firnfelder in der Nordflanke. Da durch die gefährlich steile Ostflanke des Fluebrig ein erkennbarer Weg bis zum Schwialppass führt – immer in etwa 1600 m Höhe verlaufend –, kann der tüchtige Bergwanderer auch zum Klöntalersee absteigen.

TALORT Innerthal (Wägital), 906 m. Postauto von Siebnen her.

STÜTZPUNKT Gasthaus Au, 910 m, am Südende des Sees.

CHARAKTER Grössere Bergwanderung bei 3.30–4.00 Std. Aufstieg und guten 2.30 Std. Abstieg, immer in der meist bis gegen Ende Juli mit Schneeresten bedeckten Nordflanke. Trittsicherheit notwendig, vor allem beim Übergang am Gipfelgrat! Es empfiehlt sich, die Tour – vor allem mit Kindern – nicht vor Anfang Juli anzutreten; trifft man dennoch auf Firndecken, so hüte man sich vor dem Abfahren, wenn der Firn noch hart ist. Für Autofahrer genügt 1 Tag, für Fusswanderer empfiehlt sich die Übernachtung im Gasthaus Au. – Beste Zeit: Mitte Juli bis gegen Ende Oktober! – Ausrüstung B!

FÜHRER/KARTEN LK 1:25 000, Bl. 1153, Klöntal. – Evtl. LK 1:50000, Bl. 236, Lachen.

BILD Der Fluebrig über dem Wägitalersee mit seiner Nordflanke. Der linke Gipfel ist der Turner, 2068 m, der rechte heisst Diethelm, 2092 m. Links der genauen Bildmitte sieht man das Gasthaus Au kurz vor dem Südende des Wägitalersees. Der gesamte Anstieg zum Gipfelgrat des Fluebrig ist auf diesem Bild zu sehen. Links am Bildrand der Wänifirst, 2004 m, über dem Schwialppass, 1573 m.

12 Vom Sihlsee auf den Druesberg, 2281 m

Felskrone zwischen Sihltal und Pragelpass

1 bis 1½Tage Anfahrt 53 km Kinder ab 10 J.
Bergwanderung

Von der Ibergeregg her, oder von den Vorbergen um Wägitalersee und Sihlsee, immer stellt sich der Druesberg als eine imposante Felskrone dar, immer sind Forstberg und Twäriberg nichts weiter als nur Sterne dieser Krone. 2281 m Höhe sind ja nicht viel, aber sie heben diesen schönen kräftigen Felsberg im Range doch weit über das grüne Vorgebirge hinaus, und wer nun diesen Druesberg von Süden her gesehen hat, der weiss, dass er auch dorthin gute Figur macht. Dass ihm nordwärts ein bis in die Kar- und Felszone herrlich übergrüntes Plateau vorgelagert ist, schändet seine Majestät nicht, im Gegenteil, sie scheint die Schroffheit der Felsgrate zu verstärken. Der benachbarte Forstberg geht da noch viel weiter: er tut, genau wie ein Toggenburger Churfirst, als sei er nichts als eine grüne Kuppe, während er doch heimlich – nämlich südwärts zum Pragelpass hin – mit mächtiger Felswand abbricht... Zu besteigen ist der schroffe Druesberg aber doch wie ein gewöhnlicher Vorberg: ganz einfach, wenn man den richtigen Weg findet, der natürlich nicht über Felswände führt. Er führt von der Hütte vielmehr erst östlich hinauf bis zu jenem überlangen, horizontal durch die Schwyzer Vorberge bis zur Ibergeregg ziehenden Höhenweg, distanziert sich aber auch gleich wieder von ihm, indem er links den steileren Pfad sucht, der, nun streng südlich, unter dem Twäriberg und Druesbergsockel brav ins Chalberalpeli führt. Hier ziehen einmal links Wegspuren ab, die aber nur den Ersteigern von Druesberg Nord- und Nordostgrat gelten. Wir halten uns rechts und bleiben dann an dem steilen, oft mit Schneeresten bedeckten Schuttfeld. Es führt zu einem schmalen, leicht zu überwindenden Felsband, das uns auf die steilen Alpmatten des Gipfelstockes und zum Gipfelgrat selbst entlässt. An diesem Grat bleiben wir und weichen nur an wenigen Stellen in die etwas leichtere Nordflanke aus; die Begehungsspuren weisen den Weg. 2.30 Std. ab Hütte – das ist schlecht bezahlt für den Ausblick, den uns der Druesberg bietet: er ist letztlich der Kulminationspunkt in seiner Kette, und die Innerschweiz liegt uns zu Füssen, der halbe Kanton Schwyz zumal. Umgedreht vervielfacht sich die Schau: da prahlt der Glärnisch gegenüber mit schimmernden Firndecken und steilen Felsen, und da baut sich über Muota- und Bisistal eine Kette der anderen auf... Wer noch über Reserven verfügt, steigt vom Druesberg zum Forstberg hinüber, der mit 2215 m Höhe auch noch etwas gelten sollte, obwohl sich kaum jemand hierher verliert: man steigt am Druesberg zum Sattel zwischen beiden Gipfeln ab und rechts unter den Felsabstürzen des Forstberg-Nordostgrates hindurch, bis man auf das steile grüne Gipfeldach gelangt, das bei Nässe unangenehm ist. Bei trockenen Verhältnissen plagt man sich in guten 30 Minuten zum Gipfel, legt sich ins Gras und träumt, wie es sich für einen rechten Geniesser gehört, von drei Flaschen Bier, die einem irgendein Menschenfreund unversehens reicht. Abstieg vom Forstberg entweder auf der Anstiegsroute und durchs Chalberalpeli zurück oder das grüne Gipfeldach ganz hinab zum Steinhüttli und hier rechts zum Hüttenweg: freilich, dieses Forstberg-Gipfeldach weist, je tiefer man gerät, immer mehr Felsabbrüche auf – das verlangt Vorsicht! Man kann auch den leichten Westgrat abklettern und ab P. 2010 nordwärts absteigen.

TALORT Unteriberg, 925 m. – Ab hier Vorsicht: mit Auto höchstens bis auf Höhe 1417 m unterhalb der Druesberg-Hütte, doch kaum Parkplätze! Man lasse das Fahrzeug unbedingt im Talschluss bei Boden auf etwa 930 m stehen.

STÜTZPUNKT Druesberg-Hütte, 1581 m (privat). Lager. Meist bewirtschaftet. 1.40 Std. aus dem Talschluss des Loches oder 2.30 Std. ab Unteriberg.

CHARAKTER Die Bergwanderung auf den Gipfel des Druesbergs erscheint von weither schwierig, ist aber auf dem Normalweg leicht – so leicht wie schön! Etwas Trittsicherheit, vor allem bei Kindern, nötig! Keine Kletterei, allenthalben Pfade und Wegspuren. – Nord- und Nordostgrat bieten Kletterei in leicht brüchigem Fels; sie bieten sich nicht einmal guten Kletterern an. – Der Übergang zum Gipfel des Forstbergs, 2215 m, ist leicht, aber etwas heikel bei Nässe! – Im Chalberalpeli nördlich unter dem Gipfelstock des Druesbergs liegt oft bis in den Vorsommer hinein Schnee, hier Vorsicht beim Abfahren! – Beste Zeit: Ende Juni bis Mitte Oktober! – Ausrüstung B!

FÜHRER/KARTEN LK 1:25 000, Bl. 1152, Ibergeregg; evtl. 1:50 000, Bl. 236, Lachen.

BILD Blick von Unteriberg südlich des Sihlsees gegen Süden auf Druesberg, 2281 m (Mitte oben), und Forstberg, 2215 m (rechts).

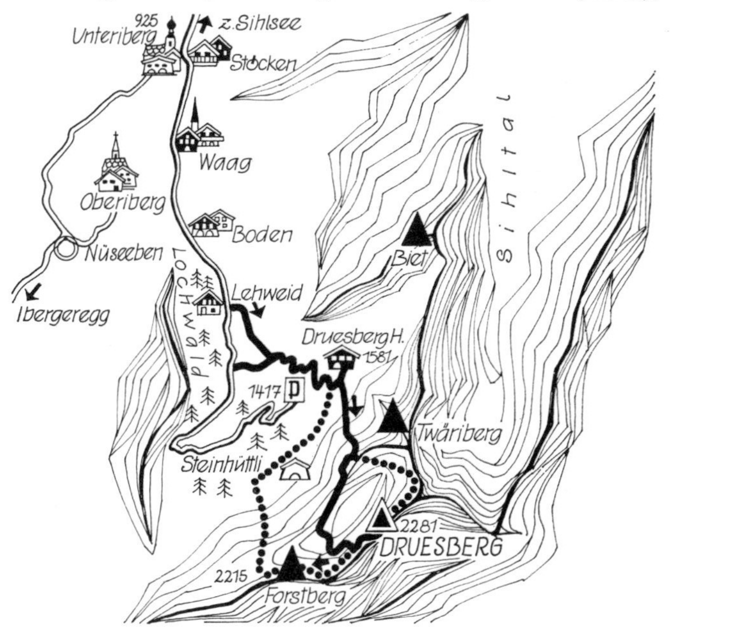

13 Durchs Eigental zum Mittaggüpfi, 1916 m

Der stille Nachbar des Pilatus

1 Tag Anfahrt 67 km Kinder ab 12 J. Bergwanderung

Nur wenig westlich des wahrhaft gründlich «erschlossenen», nämlich den wahren Naturfreunden verschlossenen Pilatus liegt ein zauberhaftes Bergwanderrevier, das trotz der Nähe von Luzern nicht so leicht zum Rummelplatz werden sollte. Erstens steht das schöne Eigental unter Landschaftsschutz (den die Schweizer in diesem Falle ernst nehmen), und zweitens bedeuten 5½ bis 6½ Stunden Auf- und Abstiegsplage doch einen recht wirksamen Schutz gegen jene nicht wirklich passionierten Bergfreunde, die nun einmal keinen Lohn für ihre alpinen Augenweiden bezahlen wollen. Kurz und gut: mit dem Mittaggüpfi empfiehlt sich ein recht lohnendes Bergziel. Das Mittaggüpfi ist zunächst mit seinem weltberühmten Nachbar Pilatus durch einen höchst massiven, für trittsichere Bergsteiger gut begehbaren Hochgrat verbunden: ausdauernde Touristen können über diesen Grat von Hergiswil über Esel–Tomlishorn–Widderfeld–Mittaggüpfi bis zum Wängengrat das ganze Pilatusmassiv an einem Tage überschreiten... Davon soll bei uns keine Rede sein: wir fahren in das Eigental und lassen hier das Fahrzeug bei Punkt 1033 stehen, wenn nicht schon vorher. Bald nachdem wir wandernd die Brücke über den Rümlig passiert haben, führt uns der Weg oberhalb des Baches über Unter Lauelen in Südwestrichtung bergan. Wir geraten in eine Waldzone und in ihr über viele Serpentinen in ein wahrhaft zauberhaftes Hochtal, das sicher nicht umsonst Goldwang heisst. Kaum aus dem Wald, erschrecken uns die grossartig strukturierten Kalkwände des Widderfelds, aber wir wenden uns ab, gehen rechts an der Bründlenalp vorbei, und nun noch einige Serpentinen, und wir stehen im Kessel der Oberalp. Dicht am verlandeten Pilatussee bleiben wir stehen: der Sage nach soll die sündige Seele des Pontius Pilatus in diesen See verbannt worden sein. Sie durfte niemals durch Besucher geweckt werden, damit sie nicht verheerende Unwetter über das Land bringe – daher war der Zugang hierher streng verboten, die Strasse scharf bewacht. – Vorbei an der Oberalp steigen wir – im Frühsommer auch über Schneereste – zum Sattel unter dem Mittaggüpfi und dann über erst steile, dann flachere Grashänge zum höchsten Punkt: 1916 m. Die Aussicht bestätigt unser Bild: es ist nahezu die vom Pilatus, man müsste sich mit Superlativen überschlagen. Ersparen wir es uns... es ist für einen Besucher des Mittaggüpfi ein Vergnügen, sich die Landeskarte vorzunehmen und jene weltberühmte Aussicht im einzelnen zu studieren. – Vom Gipfel können wir den Anstiegsweg zurückgehen. Ein besserer Vorschlag: Abstieg in vielen kurzen Serpentinen durch die steile, etwas felsdurchsetzte Nordwestflanke zur Trochenmattegg, P. 1461; zum Schluss eine kurze Gegensteigung. Ab Trochenmattegg ein besonders instruktiver, ja ein schöner Einblick in die wilde Felslandschaft des Pilatusstockes. Kurzer Abstieg ostwärts nach Trochenmatt, 1376 m, leichter Gegenanstieg nordostwärts zum Hirsboden und nach Ober Pfyfferswald. Hier gibt es zwei Möglichkeiten: a) nach Unter Pfyfferswald und durch Wald und Wiesen angenehm zur Strasse, oder b) nochmals 70 m empor zum Sattel, 1443 m – hier wundervoller Blick auf Luzern mit Küssnachter Seearm –, dann abwärts zur Alp Gumm, 1405 m, und über Ober Honegg zur Strasse und zu unserem Auto.

TALORT Eigental, 1017 m, über Luzern–Kriens.

STÜTZPUNKT Keiner.

CHARAKTER Diese Bergwanderung in unmittelbarer Nähe von Luzern, bei der der bahnenüberladene Pilatus geschickt die Rolle des ablenkenden Verführers spielt, kostet 3.00 Std. Aufstiegszeit und nochmals 2.30 Std. Zeit für den Abstieg. Trittsicherheit ist vor allem im Abstieg vom Gipfel durch die felsdurchsetzte Nordwestflanke zur Trochenmattegg nötig. Die Wanderung ist von zauberhafter Schönheit, wenn man nur leidlich schönes Wetter hat. Dazu kommt, dass das Eigental unter Landschaftsschutz steht. Aussicht wie vom weltberühmten Pilatus, nur ohne Zeugen. – Beste Zeit: Ende Juni bis Anfang Oktober! – Ausrüstung B, mit Proviant!

FÜHRER/KARTEN «Zentralschweiz – im Auto und zu Fuss» (Ineichen/Stocker). – LK 1:25 000, Bl. 1170, Alpnach Bzw. 1:50 000, Bl. 245, Stans, oder Bl. 5008, Vierwaldstättersee.

BILD Der Ausblick vom Mittaggüpfi bei Luzern gegen das Berner Oberland. Wir erkennen von links: Wetterhorngruppe, Schreckhorn, Fiescherhörner, Eiger und Jungfrau. Die Waldkuppen des Vordergrundes verbergen Schwendi-Kaltbad und den Brünigpass.

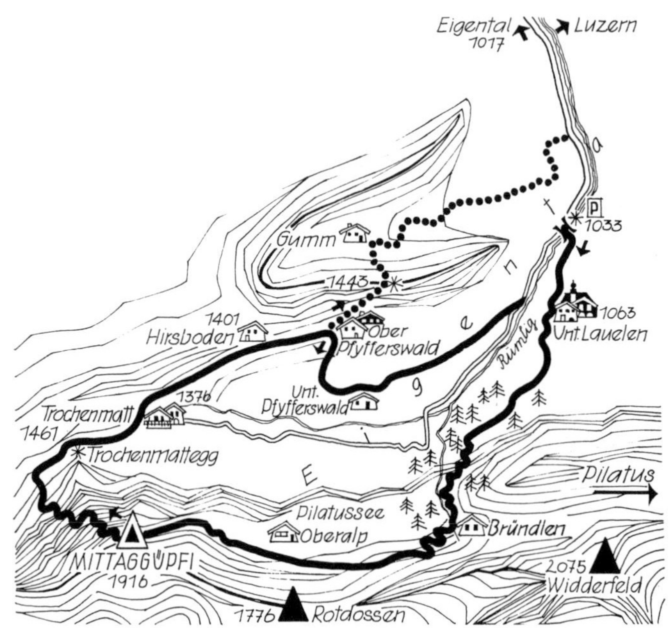

14 Zum Buochserhorn, 1807 m

1 Tag   Anfahrt 72 km   Kinder ab 10 J.   Bergwanderung

Entlegene Rastkanzel über dem Vierwaldstättersee

Stanserhorn und Buochserhorn beherrschen südlich vom Bürgenstock den Eingang ins Engelberger Tal. Das mit einer alten Bergbahn versehene Stanserhorn dient dem allgemeinen Fremdenverkehr; das nur zu Fuss erreichbare Buochserhorn dient der Errettung der Menschheit vor Abgaswolken, Lärmwellen, Hast und Herzkollaps. Wer geht aber schon gern zu Fuss auf das immerhin 1400 m ob dem Seeufer stehende Buochserhorn, wenn ringsum mindestens 50 weitaus attraktivere Gipfel stehen! Auch die Aussicht vom Buochserhorn soll nicht die beste sein. Aber man gehe nur einmal vom Kloster Maria-Rickenbach ob Dallenwil auf dieses Buochserhorn, am besten ohne Uhr, damit man bummelt, und am besten mit gutem Proviant, weil droben kein Wirt wartet. Gegenüber dem Kloster, vor das uns die Seilbahn gebracht hat, beginnt in etwa 1160 m Höhe unser Anstieg: er beginnt steil als eingezäunter Zickzackweg südöstlich und zieht gleich in einem Bogen nördlich hinauf zu einem grossen Holzkreuz mit schöner Aussicht. Ab dort halten wir uns weglos am Hang, steigen schräg nach links auf den Waldrand zu, wo ein guter Weg beginnt, der uns nach 0.45 Std. schon zur Alp Bleiki, 1384 m, führt. Wieder freier Blick! In weiteren 0.30 Std. erreichen wir auf einem abermals guten Weg den Bleikisattel, 1574 m, wobei wir uns vorher, an der Weggabelung 10 Min. unterhalb des Sattels, rechts halten müssen (denn der linke, breitere Weg führt zur Alp Ochsenweid, von der sich das Buochserhorn übrigens auch gut ersteigen liesse!). Der Anstieg über den Bleikisattel freilich ist aussichtsreicher, ist interessanter. Eindrucksvoll stellt sich die mächtige Südostflanke des Buochserhorns dar. Vom Bleikisattel steigen wir über den teilweise steilen Bergrücken hinauf zum weiten Gipfelplateau und zur runden Gipfelkuppe: 1807 m. Zeit ab Bleikisattel: nochmals knapp 0.45 Std. – Da haben wir nun ein Alpenpanorama comme il faut aufgetischt bekommen: unter uns den vornehmen, teuren Bürgenstock über dem brettebenen Stanser Boden, und ringsum, an allen Ecken und Enden, einen Zipfel des Vierwaldstättersees; darüber das Schaubild des Rigistockes und links auf Atemnähe das des Pilatus. Mit erschöpften Blicken wendet man sich ab, um am Anstiegswege abzusteigen, oder: 1. über Alp Ochsenweid und Alp Arhölzli in und durch den Buochserwald bis Buochs, gut 2.30 Std., oder 2. zum Bleikisattel zurück und direkt nordöstlich über Alpelen, Chastenmatt und Beckenrieder Berg nach Beckenried = gut 2.15 Std., oder 3. als «Geniesser» über den Bleikisattel südlich auf das stille Plateau der Musenalp, 1775 m – von manchen Einheimischen mit «Schmusenalp» umschrieben; dabei geht man vom Bleikisattel auf schmaler Spur dicht an die Felsen des Bleikigrates heran und hat nun hübsche, leichteste Kletterei zu vollbringen, bis sich der romantische Weg auf dem immer breiteren Gipfelrücken verliert (1.00 Std. ab Sattel). Unsere Alp ist eine stille verträumte Aussichtskanzel, dem Brisen unmittelbar gegenüber. Von ihr führen südöstlich einige Serpentinen zum Bärenfallenpass, 1580 m, hinab, und es kommt zur Entscheidung: Auto in Dallenwil = westwärts hinab; wer ohne Auto ist, wandert über Steinstössi, Treberen und Ankenberg nordwärts nach Beckenried zum Dampfer. Kürzer: ab Pass ostwärts bis Stafel, dann nordwärts zur Klewenalp und Seilbahn.

TALORT Dallenwil, 502 m; Seilbahn nach Niederrickenbach, 1162 m. – Für Abstiegsvariante evtl. Klewenalp, 1593 m, Seilbahn nach Beckenried, 440 m.
STÜTZPUNKT Keiner. – Nur für Abstiegsvariante Beckenried das Hotel Klewenalp, 1593 m. – Bei Schlechtwetter jedoch Unterschlupfmöglichkeiten in vielen Alphütten.
CHARAKTER Auf dem normalen Weg über Bleikisattel bis Buochserhorn 2.15 Std. Zeit für Aufstieg und 1.45 Std. für Abstieg. Bergwanderung ohne Schwierigkeiten in abgelegener schönster Voralpenlandschaft, am Gipfel mit ergiebigen Einblicken in die nördlichen Buchten des Vierwaldstättersees und seine Umgebung. – Für Nichtautofahrer mehrere Abstiegsvarianten. – Beste Zeit: Ende Mai bis Anfang November! Am schönsten im Frühling und im späten Herbst. – Ausrüstung: nur Buochserhorn: A! Bei Übergang Musenalp: B! In beiden Fällen mit etwas Proviant.
FÜHRER/KARTEN LK 1:25 000, Bl. 1171, Beckenried. – Oder 1:50 000, Bl. 245, Stans.
BILD Ausblick vom Risetenstock zwischen Schwalmis und Brisen über den Schinberg hinweg auf Musenalp und Buochserhorn. Letztere überschneiden sich etwas. Rechts zweimal der von der Unter Nas des Bürgenstockes getrennte Vierwaldstättersee.

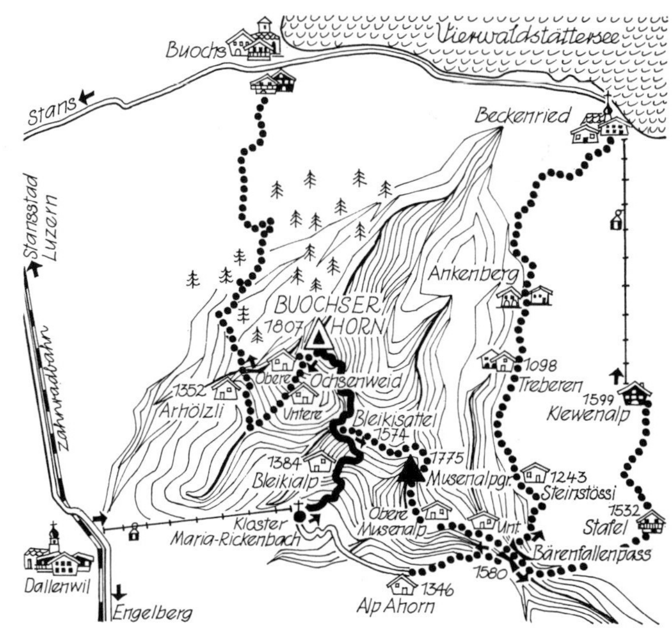

15 Auf den Brisen, 2404 m

Über den Glatt Grat hinauf – den Haldigrat hinab

1 bis 1½ Tage Anfahrt 72 km Kinder ab 14 J.
Bergwanderung

Mit Brisen, Schwalmis und Oberbauen gleicht das Viereck zwischen Vierwaldstättersee, Engelberger Aa-Tal und Urirotstock einem kräftigen Vorwerk der Urner Alpen. Es wird von grünen Vorkuppen umlagert; man kann dem hochalpinen Ernst immer noch ausweichen und sich dafür dem faulen Geniessen hingeben, dem Rasten und Schauen, und vor allem dem Bummeln ohne Uhr und schlechtes Gewissen. Es ist dabei nur eine Frage der Relativität – nämlich der alpinistischen Tüchtigkeit –, ob man seinen Gipfel als Vorbergkuppe abtut oder als Matterhorn mit dem falschen Namen... Der Brisen, immerhin fast 2000 Meter über dem Vierwaldstättersee stehend, schneidet mit seinen eleganten Profilen unter seinesgleichen nicht schlecht ab, und weil die Ausgesetztheit an seinen Graten und beim Übergang zum Hoh Brisen das Können des trittsicheren Bergwanderers auf eine erste Probe stellt, ist er ein interessantes Ziel. Er ist es nicht nur für Skifahrer, denen zuliebe man von Niederrickenbach eine Sesselbahn bis zum Haldigrat gebaut hat... Immerhin, diese Kombination Kabinenbahn Dallenwil – Kloster Niederrickenbach – Sesselbahn Haldigrat erlaubt dem schlauen Zürcher Bergfreund, ab Sessellift in 1.30 Std. über den herrlichen Haldigrat zum Gipfel zu rennen, in zehn Minuten Rast zu überprüfen, ob alles noch richtig an seinem Platze steht, und in 1.00 Std. wieder abwärts zu laufen, Sesselbahn und Kabine zu nützen und – nur schnell, schnell – unbedingt VOR den berüchtigten sonntäglichen Rückstromkolonnen Zürich zu erreichen. – Natürlich, der vielgelästerte Romantiker macht nichts dergleichen, er verteilt das Unternehmen auf 1½ Tage, marschiert vom Nonnenkloster in Niederrickenbach am Samstag zum Brisenhaus des SAC (ab Niederrickenbach 2.00 Std.) und nächtigt dort. Anderntags bricht er eine halbe Stunde *vor* allen anderen auf und steigt zum Glatt Grat hinauf, dorthin, wo dieser mit der Schuenegg sehr steil ins südliche Wild Alpeli abbricht. Hier schaut er entzückt auf die ihm unmittelbar gegenüberliegende Urirotstockgruppe, die schon vom hellsten Licht umspült wird, während Gitschenen und Isenthal unten noch tief im Rauch der Dämmerung schlummern... Aber es geht weiter: wir queren, beim Beginn ein fixes Seil benützend, die ausgesetzte Felsrampe (in der LK dicht südlich unter den Punkten 2216 bis 2222 m) in der Südflanke des Grates und kommen so in 15–20 Minuten zum Steinalper Jochli, 2157 m. Von hier auf guter Spur erst über den breiten Rücken südlich, dann links unter dem Brisen-Nordostgrat in den Kessel zwischen Brisen und Hoh Brisen bis hinauf in die Scharte zwischen beiden. Hier hält man erst einmal den Atem an: denn glasklar stehen die Berner Eisriesen vor uns! Dann geht es über den Südgrat zum Gipfel. – Vom Übergang zum recht exponierten Gipfel des Hoh Brisen verspreche man sich nichts. Absteigend nach knapp 3stündigem Aufstieg nehme man sich den herrlich freistehenden Haldigrat vor mit dem ständigen Ausblick auf die plastisch beleuchteten Flanken von Pilatus und Stanserhorn. Wo der Grat flacher wird, rechts über Geröll, Schutt und Gras zum Brisenhaus, oder nach Niederrickenbach (2.45 Std. ab Gipfel). Vom P. 1923 kann der Nichtautofahrer auch links hinab nach Oberrickenbach und Wolfenschiessen absteigen. Er kann aber ebensogut zur Klewenalp und nach Beckenried zum Schiff zielen.

TALORTE Dallenwil, 502 m, neue Kabinenbahn nach Niederrickenbach, 1162 m. Ab hier Sesselbahn bis unter den Haldigrat auf knapp 1800 m Höhe.

STÜTZPUNKTE Brisenhaus SAC, 1753 m, nördlich unter Glatt Grat, im Sommer bewirtschaftet, 1.45–2.00 Std. ab Niederrickenbach, oder 1.20 Std. ab Klewenalp.

CHARAKTER So wie hier vorgeschlagen, über Glatt Grat hinauf und den Haldigrat hinab, eine nicht ganz kurze, aber für trittsichere Geher fast gefahrenfreie Bergwanderung von grosser Schönheit. Schwindelfreiheit nötig beim Abstieg! Der Übergang zum Hoh Brisen darf überhaupt nur von Schwindelfreien riskiert werden. Wundervolle Aussicht vom Gipfel auf Berner und Urner Alpen, sowie über den See. – Beste Zeit: Juli bis Oktober! – Ausrüstung B!

FÜHRER/KARTEN LK 1:25 000, Bl. 1171, Beckenried, evtl. dazu Bl. 1191, Engelberg. – Evtl. 1:50 000, Bl. 245, Stans.

BILD Blick vom Risetenstock, also von Nordosten, auf Brisen (rechts) und Hoh Brisen (links). Rechts am Bildrand, nicht mehr ganz sichtbar, das Steinalper Jochli. Von dort führt der Anstieg in der hier stark verschneiten Südostflanke des Brisen in die Scharte zwischen beiden Gipfeln. Ab dort bleibt man am leichten Südgrat.

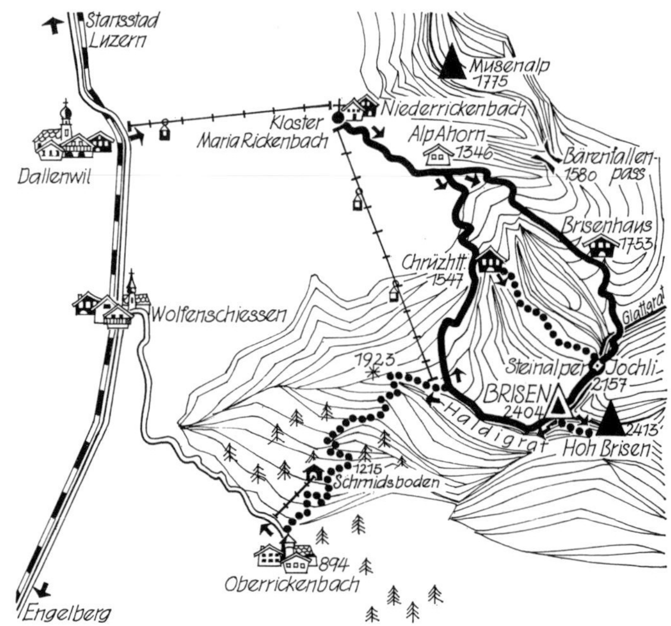

16 Von der Klewenalp auf den Schwalmis, 2246 m

Grünes Vorgebirge über dem Vierwaldstättersee

1 Tag   Anfahrt 77 km   Kinder ab 10 J.   Bergwanderung

Da jeder Berg in den Alpen so gewiss sein eigenes Profil hat wie jeder Mensch das seine – es gibt unter Milliarden keinen, der genau so aussähe wie Charlie Chaplin, Ferdinand Hodler, Max Frisch oder unsere Wirtsfrau hier in Schwyz – so hat auch der Schwalmis zwischen Engelberger Aa und Urner See sein ganz gewisses Gesicht, sein gewisses Gepräge, sein Profil. Von Gersau, von der Rigi, vom Gross Mythen aus zeigt er immer gleich seinen langgezogenen, nordwärts erst sanft, dann eiliger abfallenden Gratrücken, der aber süd- und ostwärts unvermittelt schroff abfällt; die Südabstürze sind kräftiger, aber sie verbergen sich. Nordwärts laufen zwei von Arengrat, Mattgrat und dem Haseneggli-kamm eingefasste Hochtäler ins Isital aus – südwärts wächst er, der allein zu herrschen scheint über der Klewenalp, mit dem Risetenstock zusammen und ostwärts durch den Zingelgrat mit dem Oberbauen. Er gehört nicht zum Hochgebirge, er ist aber schon mehr als Vorberg: der Schwalmis ist ein «Hausberg», eine Art guter Bekannter, den man «vom Sehen» ausgezeichnet kennt, aber meist vernachlässigt. Dabei spürt jeder rechte Bergfreund, dass dieser nur 2246 m hohe Gratsporn mit seiner südlichen Steilwand tausend liebenswerte Geheimnisse hütet... Da der Schwalmis mit Klewenalp und Chlewenstock unmittelbar zusammenhängt, wird er von dort her am schnellsten erreicht. Um ihn rasch zu besteigen, geht man von der Seilbahnstation auf Klewenalp bis hinter den Chlewenstock zum Sattel bei Stafel, 1532 m, und nur noch 500 m am Weg zum Brisenhaus weiter, dann aber energisch links ab, um den unten steil aufsitzenden Grat des Aren von Westen her zu erreichen. Die schwächliche Wegspur wird bald zum Zickzack, leitet uns auf den freien Grat, und über ihn steigen wir mit dem stolzen Frohgefühl aller Gratbegeher im Halbkreis hinauf und hinüber zum höchsten Punkt. Was man an Prominenz sieht, lehrt die Karte; aber man schaut auch in gut ein Dutzend Täler, Hochböden und versteckter Terrassen, die einen starken Reiz ausüben. Also gehen wir nach 2.45 Std. Aufstieg nicht auf demselben Weg zurück (1.30), sondern steigen weglos südwärts ab, in eine völlig neue Welt, erst schräg links zum Miniseelein bei P. 2096, dann auf guter Spur ostwärts durch kräftige Felsbänder hindurch auf die Alp Ober Bolgen mit sechs kleinen und kleinsten Seeaugen. Hier gerastet, geträumt oder in aller Stille seinen inneren Frieden gesucht. Dann westwärts rasch hinauf zum Hinter Jochli, 2105 m, und dann – reine Charaktersache! – schnell den Risetenstock, 2290 m, mitgenommen, oder auch nicht. Im letzteren Falle nordwestwärts durch die Chälenegg und Büel zurück gestromert und heim mit Bahn, Bus oder Auto. Der Weg zum Hinter Jochli ist auf der LK Bl. 1171 genau aufgezeichnet: anschauen! Das ist ein einsamer Abstiegsweg. Gute Kletterer können vom Gipfelgrat direkt über den – leider etwas brüchigen – Südgrat zum Hinter Jochli absteigen (besser im Anstieg!). – Vom Risetenstock lässt sich schön und still auch direkt westlich über Schinbergjochli und Höch Stand absteigen. – Weltenbummler ohne Autozwang aber machen das Allerschönste: sie steigen vom Schwalmis zuerst südwärts über Ober Bolgen, Unter Bolgen, Chneuwisloch und Lauwelital hinunter ins Grosstal – wobei ihnen die kleine Seilbahn von Gitschenen nach St. Jakob einige Abstiegsplage abnimmt.

TALORT Beckenried, 440 m; Seilbahn zur Klewenalp, 1599 m.

STÜTZPUNKTE Hotel Klewenalp, 1599 m. – Natufreundehaus; Berghaus Skiklub Luzern. – Evtl. Brisenhaus SAC, 1753 m.

CHARAKTER Grössere leichte Bergwanderung durch sehr reizvolles Voralpengelände; Aufstieg relativ kurz. Vorsicht mit Kindern am Hochgrat! Nach mehreren Regentagen ist der Anstieg am Aren oft rutschig, evtl. Reepschnur verwenden! – Die vorgeschlagenen stillen Abstiegsvarianten südwärts verlangen gute Sicht und trittsichere Geher. – Beste Zeit: Mitte Juni bis Oktober! – Ausrüstung A, mit Proviant!

FÜHRER/KARTEN LK 1:25 000, Bl. 1171, Beckenried. – Evtl. 1:50 000, Bl. 245, Stans.

BILD Der Schwalmis, 2246 m (links oben), von der Klewenalp aus gesehen. Rechts anschliessend Risetenstock und Schinberg. Dem Schwalmis vorgelagert der 1748 m hohe Chlewenstock.

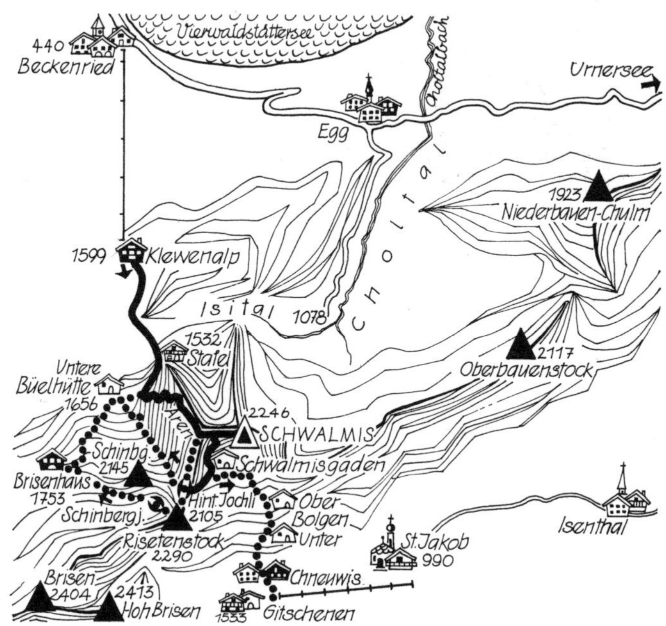

17 Der Oberbauen, 2117 m, über dem Urnersee

Von der Klewenalp über Isital und Zingelgrat

1 Tag   Anfahrt 77 km   Kinder ab 14 J.   Bergtour

Wer je von Schwyz her erstmals auf die Axenstrasse gefahren ist, kennt Niederbauen und Oberbauen: denn er hat sie im ersten Anschauen für die schönsten Berge über dem vielverschlungenen Märchensee gehalten und natürlich für unersteigbar. Wäre er von Küssnacht über Weggis hergekommen, dann hätte er freilich die schwache Stelle des Oberbauen entdeckt: eben unseren Zingelgrat, auf dem ansteigend man den Urnersee tief unten zur Rechten und weitere Teile des Vierwaldstättersees zur Linken hat. Man sollte diesen Oberbauen, dessen Felssockel so vehement vom Seespiegel aufsteigt, wirklich einmal bestiegen haben, und nicht nur weil man hier sozusagen allein steigt und wandert. Man hat dort oben, wie von Schwalmis, Brisen, Hochflue, Fronalpstock oder Rophaien auch, einen so souveränen Einblick ins Gefüge der zentralschweizerischen Voralpen, dass sich Erkennen, Erinnerungen und Wünsche multiplizieren. Man muss am Zingelgrat luftige Tiefblicke vertragen können und sehr trittsicher sein! Dies voraus, denn hier wird aus Bergwandern Bergsteigen. Von Beckenried schweben wir mit der Kabine zur Klewenalp, gehen sofort eben südlich über Tannibüel bis Stafel, 1532 m, wo wir scharf links abschwenken, hinunter ins Ängiloch und dann ostwärts im Isital genau so weit, bis der Weg unter dem Heitliberg dessen Ostsporn kreuzt und das kleine Rigital durchschneidet (1.15 Std. ab Klewenalp). – Von Emmetten kann der gute Autofahrer das schmale Bergsträsschen ins Choltal auffahren. Er parkiert dann auf etwa 1078 m Höhe und steigt südwestwärts ebenfalls zur kleinen, armen Alp Rigital hinauf. Man braucht aber nicht ganz zur Alp hinauf zu gehen, sondern biegt vorher in den südostwärts ziehenden Weg ins Färnital ein, passiert dort auf 1652 m Höhe die Hütte und wendet sich ostwärts hinauf zum Zingel, 1901 m, die ausgeprägte Westschulter des vom Oberbauen kommenden Grates. Vom Zingel, wo bereits der grosse Umblick beginnt, folgen wir einer Wegspur immer dicht am Grat. Der Zingelgrat fällt nach Norden steil, nach Süden weniger steil ab, zudem ist er am Südrücken grasbewachsen und von windzerzausten Kiefern bestanden: er ist zunächst ungefährlich, dazu schön zu begehen. Beim Gipfelaufschwung aber weichen wir in die Südwestflanke aus, in der man (bei Nässe!) keinesfalls ausgleiten darf! Die Wegspur verliert sich hier. Wir traversieren schräg aufwärts und halten auf die Lücke zwischen beiden Gipfeln zu. Der rechte, östliche, ist der höhere Gipfel und wird über seinen nicht sehr breiten Grat leicht erreicht: etwa 4.00 Std. ab Klewenalp. – Für den Abstieg benützen wir am besten die Route zur Klewenalp. – Ein interessanter Abstiegsweg ins Choltal (Emmetten) kann auch am Fuss des Gipfelaufschwunges am Zingelgrat angetreten werden, indem man dort den Grat nordwärts verlässt und auf sehr ausgesetztem Pfad durch die Felswand absteigt. An einer Stelle kommt man dort nur gebückt unter Überhängen durch, aber der Pfad bleibt uns treu: er ist für trittsichere und schwindelfreie Bergsteiger nicht schwierig, höchstens bei Nässe oder Schnee. Später, am Fuss der Felsen, geht es über Alp Geissbüel, Wintereschlen und Wandeli zum Färnitalweg. – Für den Abstieg kann man 20 Minuten vor dem Zingel auch den steilen Weg über Inner Bauberg und Schluchenwald nach Isenthal wählen.

TALORT Beckenried, 440 m, ab hier Seilbahn zur Klewenalp, 1593 m. – Oder Emmetten, 774 m; Fahrstrasse ins Choltal, 1078 m, aus Auslauf des Isitales (für Autofahrer näher). – Evtl. Abstieg vom Oberbauen-Zingelgrat nach Isenthal, 771 m. Kein Stützpunkt!

CHARAKTER Eine relativ leichte, aber lange Bergtour: eine unverhofft schöne Gratwanderung hoch über dem Vierwaldstättersee. Trittsicherheit und Schwindelfreiheit Bedingung! Das letzte Stück zum Gipfel erfordert Vorsicht und Erfahrung im Begehen steiler Grashalden! Nur bei trockenem Wetter! Bei Schnee oder Nässe – im Frühsommer etwa beim Ausapern – gefährlich. – Beste Zeit: Anfang Juli bis Mitte Oktober! – Ausrüstung B, mit Proviant!

FÜHRER/KARTEN LK 1:25 000, Bl. 1171, Beckenried. – Evtl. 1:50 000, Bl. 245, Stans.

BILD Auf dem Zingelgrat (Südwestgrat) im Anstieg zum Gipfel des Oberbauen, 2117 m, über dem Urnersee. Das Kreuz rechts steht auf dem Zingel, 1901 m, das ist die Westschulter des Oberbauen-Südwestgrates. In Bildmitte der Oberbauen, links am Bildrand der nördlich liegende Niederbauen, 1923 m, rechts am Bildrand der Einschnitt des Grosstales.

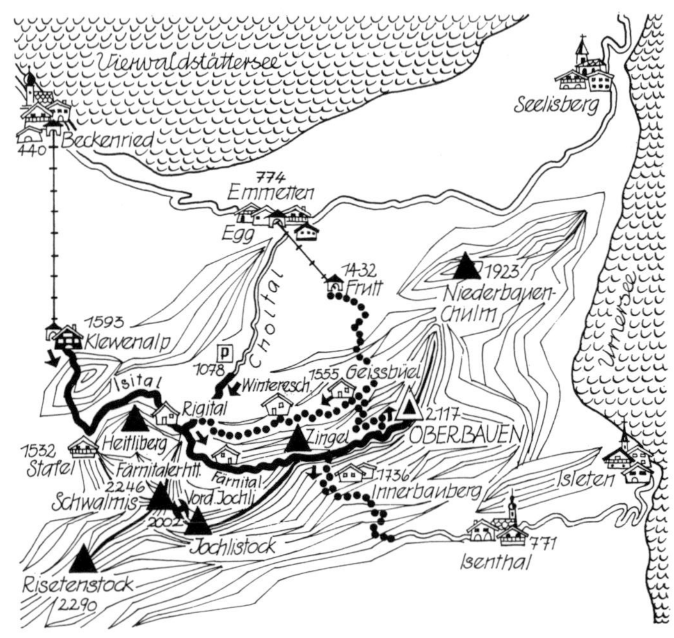

18 Vom Bannalpsee zum Chaiserstuel, 2400 m

Gipfelrast vor dem Urirotstock

1 Tag Anfahrt 77 km Kinder ab 10 J. Bergwanderung

Der Chaiserstuel zwischen Ruchstock und Brisen – man kann ebensogut sagen: zwischen Urnersee und Engelberger Aa – schaut in der Tat wie ein gewaltiger Fürstensessel aus – freilich ohne Lehne. Besonders, wenn man ihn von Norden sieht. Vielleicht nahmen einst müde Götter diesen erhabenen Sitzplatz ein; heute ist der Gipfel von den Wettern der Jahrmillionen so abgeplattet, dass eine Kompanie Soldaten auf ihm Platz findet. Nur 2400 m hoch und von der Gipfelkette Rigidalstock–Ruchstock–Engelberger Rotstock gegen Süden abgeschirmt, führt dieser Chaiserstuel eine Art unrühmlichen Schattendaseins. Er ist kein prominenter Gipfel. Und nur der intime Einblick in die strukturellen Geheimnisse des gegenüberstehenden Urirotstockes stärkt sein Ansehen. Aber was soll die Beschränkung? Nur Fachidioten wagen zu behaupten, dass die Sicht in weite Fernen partout mehr bedeute als die Sicht in eine allernächste Nähe: in die innere Gliederung einer grünen Alplandschaft etwa, wo sie auf die Grenze zum nackten Urgebirge trifft – oder auf die rührende Tapferkeit verkrüppelter Bäume und Sträucher, wo sie Meter für Meter gegen die eisige Höhe verteidigen –, oder auf die raffinierte «Organisation» aller rinnenden und springenden Wasser, diese wahren Former aller alpinen Tälchen und Talschaften...
Von Oberrickenbach schweben wir also mit einer der beiden Seilbahnen bis zum Bannalpsee oder auch darüber hinaus empor und machen uns nach einem Blick in den den Ruchstock spiegelnden Stausee sofort auf unseren Weg. An der Alp Räckholteren befinden wir uns schon dicht südlich unter dem kräftigen Westgrat des Chaiserstuels, was uns nicht aufhält, einige Liter Milch für den Abstieg vorauszubestellen: das freut den Älpler und ärgert seinen Hund. Denn dieser Hund kläfft uns noch lange hinterher und bringt manche liebe Freundin als Begleiterin vom Hauptthema ab. Man kann ja nicht immer nur über Berge sprechen. Oberhalb der Alp steigen wir so lange östlich weiter, bis der Weg nach Süden abbiegt, um bei P. 2074 m, schon dicht unter dem Südgrat unseres Berges, wieder nach Norden zu führen. Der Anstieg ist nun steiler geworden und beschäftigt unsere Muskeln, während unsere Augen amüsiert an den Höckern des Chaiserstuel-Westgrates hängen bleiben, die alle wie lange Nasen aussehen. Inmitten trümmerübersäter Hänge verliert man gern die Spuren. Wir bleiben aber auf Nordrichtung und gelangen so erst steiler, dann flacher zum oberen Westgrat und auf den Gipfel. – Vom Wert des Ausblickes haben wir gesprochen... Haben wir auch die liebe Nachbarschaft im Norden und Osten begrüsst, Brisen, Schwalmis und den Zingelgrat zum Oberbauen, dann kehren wir um und machen uns an den Abstieg. Sogenannte Weltenbummler (ohne Auto am Parkplatz in Oberrickenbach), denen der Ausflug zum Chaiserstuel nicht genügt für ihren Anspruch an die sonntägliche Strapaze, die können nun auf einem zwar sehr langen, doch über alle Massen interessanten und stillen Abstieg bis hinaus nach Isenthal wandern: das heisst also, vom Gipfel über den Südgrat bis zum Bannalppass (Karte: Schoneggeli), 2250 m, hier ostwärts hinab in die grandiose Einöde der Oberalp, dann östlich durch die Schlucht zur Gossalp und über Rietmatt hinaus nach Isenthal. Die Zeit für den Abstieg mit 1600 m Höhendifferenz ist mit 3.30 Std. nicht zu lang angesetzt.

TALORT Oberrickenbach, 894 m, über Stans–Wolfenschiessen; ab hier Seilbahn zum Bannalpsee auf 1587 m, oder Seilbahn zur Chrüzhütte auf der Bannalp, 1713 m. – Wenn (sehr langer) Abstieg Chaiserstuhl–Bannalppass–Grosstal–Isenthal: Talort Isenthal, 771 m.

STÜTZPUNKTE Bannalp, 1598 m; ausserdem Urnerstafel, 1690 m.

CHARAKTER Grössere, aber leichte Bergwanderung mit überraschenden, weil zugleich kontraststarken Ausblicken. Der Chaiserstuel wird trotz zweier Seilbahnen zum Bannalpsee viel zu wenig besucht. – Beste Zeit: Mitte Juni bis Oktober! – Ausrüstung A! – Aufstiegszeit 2.30 Std., Abstieg auf demselben Weg 1.30 Std., Abstieg bis Isenthal gut 3.30 Std.

FÜHRER/KARTEN LK 1:25 000, Bl. 1191, Engelberg; oder 1:50 000, Bl. 245, Stans.

BILD Der Ausblick vom Gipfel des Chaiserstuels, 2400 m, gegen Nordwesten. Im Mittelgrund Oberrickenbach unter dem Wellenberg, über diesem – jenseits des Engelberger Tales – die Kette vom Gräfimattstand bis zum Stanserhorn (rechts, genau vor dem Pilatusstock). Ganz links am Bildrand die wie Nasen geformten Höcker des Chaiserstuel-Westgrates.

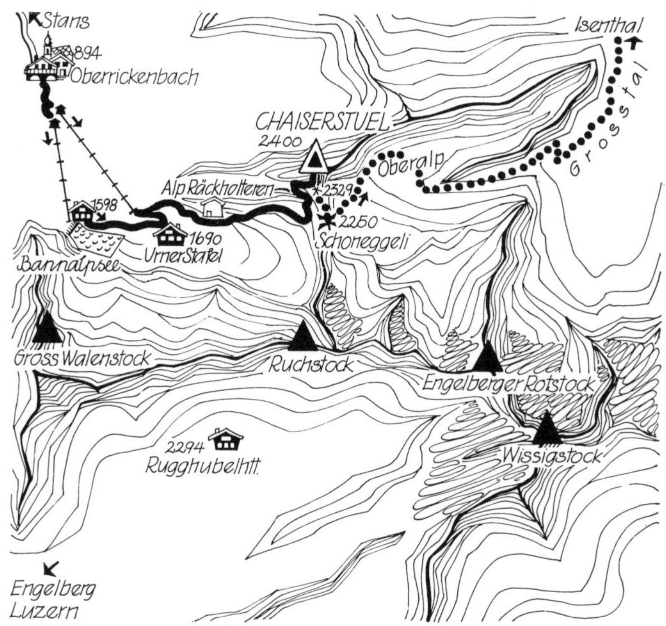

19 Auf die Rigi-Hochflue, 1699 m

Alpines Welttheater aus einer Seitenloge

1 bis 1½ Tage   Anfahrt 66 bzw. 48 km   Kinder ab 12 J.
Bergwanderung

Es gibt eine «Fränkische Schweiz» und einen «Bayerischen Rigi», doch – wer weiss das schon! Aber eine ganze Welt kennt jene einzigartige, zu vier Fünfteln von Seewassern umflutete Rigi über Küssnacht, Arth, Goldau, Schwyz, Gersau und Vitznau. Die ersten «Fremden» in der Schweiz erstiegen ihn auf Eselsrücken, reiche Dandys aus aller Welt fanden hier zu ihrer ersten romantischen Exaltation, die Pioniere des helvetischen Bergbahnbaues kalkulierten hier erstmals über Profitchancen aus Zahnrädern, und erst dann kam die nach Natur und Natürlichkeit dürstende Jugend Europas: alle kamen, um ein Panorama zu sehen, das so starke Gegensätze mischt, dass die Faszination niemals erlischt. Auch ganz und gar vom Siedlerwahn umbaut, wäre dieses Rigi-Panorama noch bezaubernd. Nur Dauerregen kann es verderben... Rigi-Wanderungen sind Gemeinplätze, brillante Wanderführer erklären sie uns. Nur von der Hochflue spricht man nicht, jener durch den Gätterlipass vom Hauptmassiv scharf abgetrennten Felspyramide, deren scharfe Grate zum Klettern reizen. Die Hochflue im Süden hat halt keine Bergbahn. Dort kommt man nur auf Schusters Rappen hinauf, zu Fuss, und auch das nur, wenn dieser Fuss trittsicher ist und berggewohnt. Denn die Wanderwege zum Gipfel sind Gebirgspfade. Steiler geht's nicht mehr, werden alle sagen, die zum erstenmal die 25 m lange Eisenleiter im Kamin unter dem Gipfel hinaufsteigen, oder den durch die Steilfelsen der westlichen Südwand (Bild) raffiniert geführten, von fixen Drahtseilen gesicherten Weg von der Zilistockalp herauf. Die Besteigung ist dennoch lohnend: es gibt kein Gedränge wie an der Allerweltsrigi auf der anderen Seite, und man übersieht fast den ganzen Vierwaldstättersee, was viel heisst bei dessen kapriziöser Geographie. Der Gipfel ist gerade gross genug, um sich faul ins Gras zu legen und angstlos den schaurigen Tiefblick auf die überfüllten Kaffeetische von Brunnen zu riskieren. – Der leichteste Anstieg beginnt an der kleinen privaten Hütte am Gätterlipass, 1190 m, den man von den Parkierplätzchen von Gschwänd, 1047 m, oder Lauerzerberg, 1000 m, schnell erreicht. Ein Alpweg führt nun zu den zwei Hütten des Scharteggli, dort steigen wir links auf Wegspuren schräg den Hang hinauf zum Nordwestgrat; über ihn auf wieder deutlichen Spuren empor, dann in kurzen steilen Kehren durch Wald bis zu den Gipfelfelsen mit ihrem langen Kamin. – Der feinste Abstieg bei trockenem Wetter führt vom Gipfel in eleganten Kehren durch die Felsenpartien der westlichen Südwand, vielfach in den Fels gehauen und mit fixen Drahtseilen gesichert, zu einem Sattel, von dem man bequem ein kurzes Stück in die Südostflanke quert und dann energisch gegen Westen zum Boden der Zilistockalp niedersteigt. Nach einer Gegensteigung gewinnen wir eine Lücke im Südwestgrat, dann geht es drüben in vielen steilen Serpentinen durch Wald hinab und später flacher nördlich hinaus zu Scharteggli und Gätterli. – Vom Wegweiser über der Zilistockalp kann man auch direkt entweder nach Gersau südwestlich oder auch nach Brunnen östlich absteigen. Von Brunnen (Seilbahn bis Urmiberg, 1090 m) führt eine sehr interessante Route über Egg und dann über den Ostgrat zur Hochflue: dabei leichte Kletterei, aber teilweise gesichert. Nur bei trockenem Wetter, sonst rutschig (3.30 Std. ab Urmibergstation).

TALORTE Gersau, 435 m; Bergsträsschen bis Gschwänd, 1047 m. – Lauerz, 457 m; Bergsträsschen bis Lauerzerberg, 1000 m.

STÜTZPUNKT Gätterlipass-Hütte, 1190 m, privat, Massenlager.

CHARAKTER Eine Bergwanderung in voralpinem Gelände mit meist gut angelegten, aber oft sehr schmalen Bergpfaden. Trittsicherheit also unerlässlich! Vor allem bei Nässe können die steilen Abstiegswege unangenehm sein. Diese südliche Region des grossen Rigistockes ist, weil frei von Bergbahnen, noch wilder, ursprünglicher, aber auch alpiner als der vom Fremdenverkehrsgeist strapazierte Rigi-Kulm. – Die beiden Normalanstiege beanspruchen ab Parkplatz jeweils 2.00 Std. Zeit und beim Abstieg auf derselben Route 1.30 Std. – Zeit ab Gersau zu Fuss 4.00 Std., im Abstieg 2.30 Std.

FÜHRER/KARTEN Wanderbuch Rigigebiet, S. 65. – Der Reise-Onkel, S. 186. – LK 1:25 000, Bl. 1151 Rigi; dazu Bl. 1171, Beckenried. – Oder 1:50 000, Bl. 235, Rotkreuz, evtl. auch Bl. 245, Stans.

BILD Die Rigi-Hochflue, 1699 m, über dem nur 435 m hochgelegenen Vierwaldstättersee, gesehen vom Ostufer bei Brunnen (Rütliblick). Durch den linken (westlichen) Teil der uns zugewandten Hochflue-Südwand führt exponiert ein gesicherter Abstiegsweg.

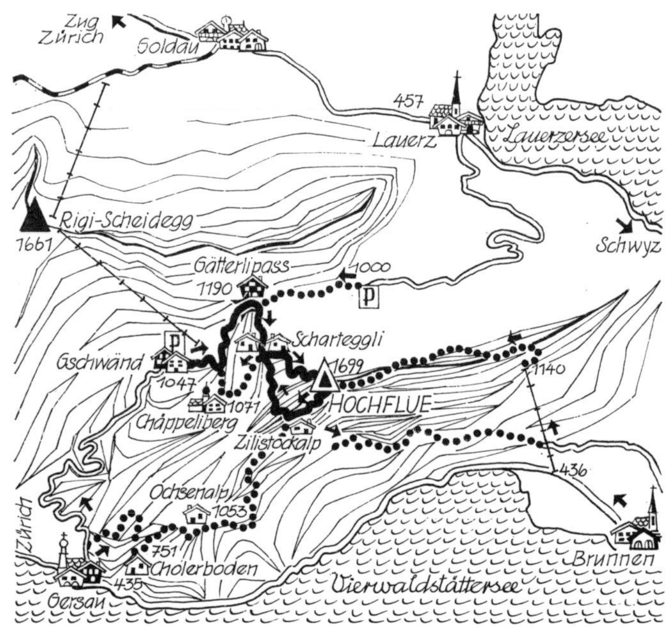

Blick von Nordost auf das Sportzentrum Stoos über dem vorderen Muotatal. Rechts oben der Rundrücken des Fronalpstockes, nach links das Furggeli (an dem wir den Hochkamm erreichen) und der Huserstock. Weiter nach links schliesst sich noch der (hier unsichtbare) Chlingenstock an, von dem aus wir nach Stoos absteigen

20 Huserstock, 1904 m, und Chlingenstock, 1935 m

Grosse Kammwanderung über dem Muotatal

1 Tag   Anfahrt 58 km   Kinder ab 12 J.   Bergwanderung

Vom Gasthaus Holzegg am Ostsockel des Gross Mythen, oder auch vom Autopolster aus, wenn man von der Ibergeregg nach Schwyz hinabsteuert, wird der Bergkamm zwischen Fronalpstock über dem Huserstock und Chlingenstock zu einem heftig wühlenden Wunschtraum – für Berg- und Wanderfreunde. Man ahnt den weiten Umblick von dort oben, hoch über dem Muotatal, hoch über Urnersee und Vierwaldstättersee. Man weiss nach einem Blick auf die Karte, dass sich der Urirotstock mit seinen Trabanten und Chaiserstock, Druesberg und die Windgällen von der besten Seite präsentieren werden. Also hinauf am ersten schönen Tag, wenn die Skigeister über Stoos ausgewandert sind und die Nordhänge frei vom letzten faulen Schnee. Natürlich fährt man ab Schlattli am schmalen Eingang ins Muotatal mit der Bergbahn aufs Plateau des Stoos, und natürlich lässt man den Liftbetrieb recht bald hinter sich und steuert sofort südwärts aus der Neusiedlung heraus, hinein gegen das Frontal, hinauf gegen das Furggeli. Erst begleitet uns ein Fahrweg, dann müssen wir uns an Wegspuren halten und an die Karte. Bei Gutwetter – und NUR bei Gutwetter verlässt man den Stoos! – ist das Furggeli nicht zu verfehlen. In knapp 1.45 Std. blicken wir das erste Mal mit gerührtem Auge senkrecht hinab nach Sisikon und auf den schmalen Zipfel des Urnersees, begrüssen die Urner Urgesteinsriesen und den einsamen Rophaien – und erschrecken vor der steilen Südflanke über dem Riemenstaldner-Tal. Wir bleiben natürlich in der erreichten Höhe und binden, bevor wir ostwärts dem Huserstock zusteuern, die Kinder an eine Reepschnur, denn jetzt führt unser Weg quer durch die schaurig steile Südflanke, erst im Bogen um den Stanser Stock (nicht in Landeskarte) und dann unter dem Huserstock südlich durch. Das bedeutet: man muss absolut trittsicher und schwindelfrei sein, es gibt kein Abweichen vom Weg! Bei Nässe bzw. Regen kehrt man am Furggeli um. Man passiert ein kleines exponiertes Felsband, streift Felsen, aber auch seltene Bergblumen, und dann gelangt man plötzlich in die grüne Südostflanke des Huserstocks und erreicht den Gipfel über einen Grashang (+1.00 Std.). Jetzt ist der Urnersee plötzlich gross geworden, und die Gipfel der nächsten Kette – Rophaien, vor allem aber Hundstock, Rossstock, Fulen und Chaiserstock – zünden unseren alpinistischen Ehrgeiz an: nichts als auch dort hinauf... Kommt aber nicht in Frage, denn jetzt bummeln wir faul am grünen Kamm zum Chlingenstock hinüber, langsam, langsam, die Uhr in unserer Tasche muss sich schämen. Von diesem höchsten Punkt, 1935 m, in unserer Kette steigen wir erst ost-, dann nordwärts in den Rossboden und queren westwärts abfallend gegen das Firenstöckli; hier bleibt man nordwärts absteigend an dessen Westhang und lässt sich vom kleinen Weg über Holiberig bis nach Stoos führen. Man kann auch unterhalb der Alp Metzg, 1539 m, den Weg nach dem Stoos nehmen. – Diese Überschreitung sollte nur im angegebenen Sinne, also nicht in umgekehrter Richtung, gemacht werden. – Wer partout auf den Fronalpstock will, fahre mit dem Sessellift ab Stoos, löse sich oben aus dem Getriebe, aber nicht von der Aussicht, die ihresgleichen sucht in den Alpen. 20 Minuten weiter südlich, hinter einem Felsen lagernd, geniesst sich dieser europäische Superlativ auch ohne Einschränkung.

TALORT Schlattli im Muotatal, 569 m; ab hier Bergbahn nach Stoos, 1295 m. – Kein Stützpunkt.

CHARAKTER Die 5- bis 6stündige Bergwanderung im voralpinen Gelände weist überwiegend bezeichnete Pfade auf. Die Gratwanderung selbst – Furggeli, 1732 m, Huserstock, Chlingenstock – ist nicht überlaufen, wiewohl sie zu den aussichtsreichsten im Vierwaldstättersee-Gebiet zählt. Trittsicherheit ist nur auf dem Kamm und hier wieder besonders dicht über dem Furggeli nötig, wo man auf dem ausgesetzten Weg in der enorm steilen Südflanke auch noch Schwindelfreiheit besitzen muss. Alles weitere ist Bergwandern. Am Furggeli nimmt man Kinder (und die Frau) am besten an eine Reepschnur. – Wem der Kamm zu lang oder der Ausflug in die steile Südflanke zu riskant erscheint, der steige an unserem Abstiegsweg zum Chlingenstock auf und wieder zurück (= 3.30–4.00 Std.). – Beste Zeit: Mitte Juni bis Oktober. – Nur bei trockenem Wetter, keinesfalls bei Firnbelag, niemals vom Weg abweichen! – Ausrüstung A, mit Proviant!

FÜHRER/KARTEN LK 1:25 000, Bl. 1172, Muotatal; evtl. 1:50 000, Bl. 246, Klausenpass.

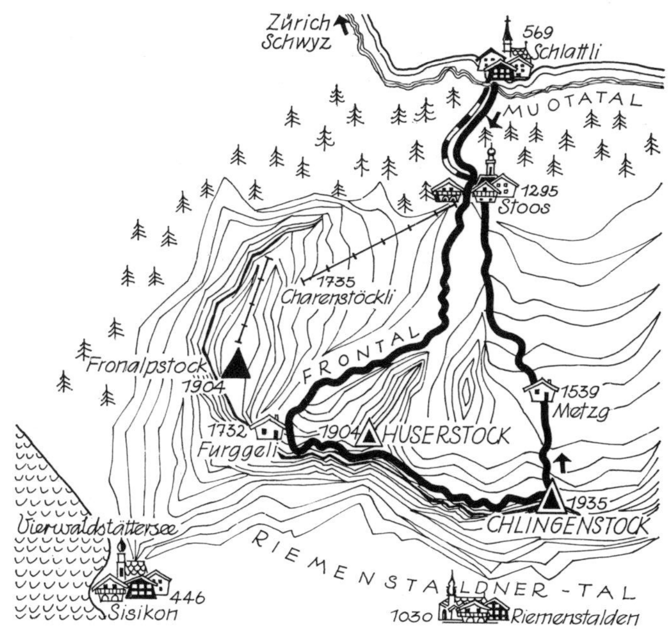

21 Chaiserstock, 2515 m, und Rossstock, 2461 m

Leichte Kletterei oder Bergwanderung von der Lidernenhütte

1½ Tage Anfahrt 70 km Kinder ab 14 J. Leichte Kletterei bzw. Bergwanderung

Man muss sie nicht vorstellen. Wer je auf Fronalpstock, Mythen, Rigi, Schwalmis oder Pilatus stand, hat sie gesehen und wird ihr Profil so wenig vergessen wie das eines respektablen Freundes. Der Chaiserstock dominiert in dieser Urner Kette, die dicht ob dem See bei Sisikon sanft mit dem Rophaien anhebt und sich am Sockel des Rossstocks plötzlich in zwei Äste teilt, um zwischen Chaiserstock und Schächentaler Windgällen das geräumige Parterre des Chinzertales zu schaffen. Der nördliche Ast schwenkt, alles andere weit überragend, mit Fulen, Chaiserstock und Blüemberg ins hintere Muotatal ab; der südliche Ast scheint am Chinzig Chulm und Geissgrätli zu verkümmern, ehe er zum grossen Windgällenstock dicht über der Klausenpassstrasse emporsteigt. Von allen Gipfeln, die uns von der Lidernenhütte her zugänglich sind zwischen Spilauer Stock, Rossstock, Fulen und Chaiserstock, schaut kaum ein Bergsteiger nordwärts: alles schaut südwärts zur nächsthöheren Urner Kette um Grosse Windgällen, Gross Ruchen, Schärhorn, Claridenstock und Gemsfairenstock, in deren Falten und Jochen überall das ewige Eis wuchert – im Gegenlicht vom Chaiserstock her immer wieder ein Fest für die Augen. Das Schönste an diesen Touren: man ist der Normaltouristenregion ein wenig entrückt und wandert, oft weglos, durch chaotisch verworfene Urlandschaft. Das tut all denen gut, die von den kleinen Reizen städtischer Zivilisation überfüttert sind und sich nach den grossen Quellen des Lebens sehnen: nach der Strapaze, nach der Gefahr... Auf der Lidernenhütte, die eben erst eine Seilbahnzufahrt bekommen hat, auf die von Chäppeliberg anzusteigen aber auch mehr Freude als Plage ist, kann es am Wochenende turbulent zugehen; anderseits ist man tags darauf, sofern man früh aufbricht, bald allein. Wer geübt ist im Klettern oder wer am Seil eines erfahrenen Kameraden gehen darf, geht natürlich auf den wuchtigsten und schönsten Gipfel der Kette, auf den Chaiserstock: von der Hütte in einer Ostschlinge und dann südwärts hinauf, am Schmalstöckli rechts vorbei (Bild) und nun durch eine Welt kleiner Felskuppen und Hügel immer mehr südöstlich, erst auf das Joch des Liderner Plänggeli zu, dann oberhalb der Seelenen gerade östlich auf den mächtigen Nordwestsporn des Chaiserstockes zu. Eine schwach ausgeprägte Wegspur führt uns. Aus der Mulde unter dem Nordwestgrat über Schutt steil gegen die tiefe Gratlücke des Chaisertores, das wir zuletzt durch eine steile Runse erreichen. Oben in der Südwestflanke um einen breiten Gratturm herum auf eine kleine Plattform mit verblüffender Aussicht auf die Karrenfelder unter dem Blüemberg, dann in der Nordostflanke in leichter Kletterei, immer unter der Gratflanke, bis zum steilen Aufschwung traversiert. Wunderbar fester Fels, unzählige Griffe! Durch ein fixes Seil wird der Anstieg am grossen Aufschwung erleichtert, und über das Gipfeldach geht es unschwierig zum höchsten Punkt. – Die Bergwanderung auf den Rossstock führt, fast immer auf Spuren, südlich über das Rossstöckli und auf den breiten, oben immer schmaler werdenden Nordwestkamm. – Hier wie dort Abstieg wie Aufstieg, oder Übergang am Liderner Plänggeli oder Rossstock-Jöchli zum Chinzig Chulm und ins Schächental. Beim Übergang ins Schächental ist Vorsicht, Trittsicherheit und Orientierungssinn vonnöten!

TALORT Riemenstalden, 1030 m; Strasse bis Chäppeliberg, 1182 m. Parkieren! Ab Chäppeliberg neue Seilbahn zur Hütte.
STÜTZPUNKT Lidernenhütte SAC, 1727 m, 15. 6. bis 14. 9. bewirtschaftet, später sonntags Hüttenwart. 3.00 Std. ab Riemenstalden, 2.00 Std. ab Chäppeliberg (oder Seilbahn).
CHARAKTER Der Chaiserstock bietet eine 3stündige Bergtour mit leichter Kletterei zwischen Chaisertor und Gipfel. An der schwierigsten Stelle hilft ein fixes Seil über einen Steilaufschwung. Viele Griffe, fester Fels, ideal für Anfänger im Klettern. – Am Rossstock, dessen Gipfel ab Hütte in gut 2.00 Std. erreicht wird, gibt es keinerlei Kletterei. – In beiden Fällen Abstieg wie Aufstieg. – Weltenbummler, die vor Tag aufgebrochen sind, können von beiden Gipfeln zum Liderner Plänggeli, etwa 2194 m, queren, dort südwärts durch Schutt zur westlichen Seenalp und weiter über den Chinzig Chulm, 2073 m, ins untere Schächental gelangen: hier Seilbahnabfahrt ab Rietlig-Hütte oder ab Biel. – Beste Zeit: Juli–September. – Ausrüstung B bzw. A!
FÜHRER/KARTEN SAC-Führer «Urner Alpen», Band I. – LK 1:25 000, Bl. 1172, Muotatal; oder 1:50 000, Bl. 246, Klausenpass.
BILD Zwischen Lidernenhütte und Chaiserstock. Im Mittelgrund der Fulen, 2491 m, Nebengipfel des Rossstocks, dessen steile Ostflanke am rechten Bildrand zu sehen ist.

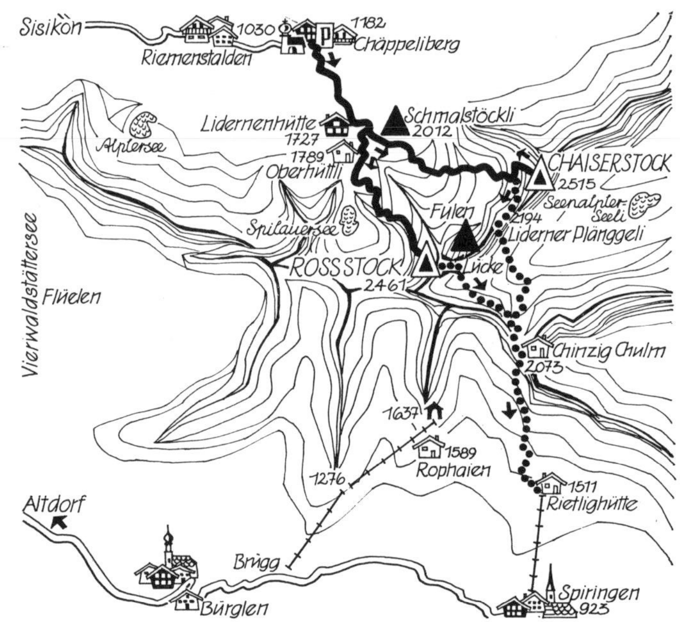

22 Der Bälmeten, 2414 m

Ein stiller Aussichtsberg über dem Reusstal

1 Tag   Anfahrt 84 km   Kinder ab 16 J.   Bergwanderung

Dieser Bälmeten steht 2414 m hoch über dem Atlantik, 2000 m über Reuss und Vierwaldstättersee, ober doch «nur» tröstliche 1300 m über der Seilbahnstation in Ober Schwandi, dicht östlich ob Erstfeld. Vom Gipfel des Bälmeten – auch dies muss vorab gesagt sein – steht man den abschreckenden Nordabstürzen von Gross und Chli Windgällen unmittelbar gegenüber, und ein Seitenblick westwärts über das Reusstal hinüber stellt uns Gross Spannort, Krönten und Urirotstock als nächste Nachbarschaft vor. Vom Tiefblick auf ein verschwenderisch ausgebreitetes Parkett alplicher Stille und Weltabgeschiedenheit um Haldi, Schattdorfer Bergen und Süessberg nicht zu reden. Darf man da – nach dem Motto dieses Buches «Wer nicht geschunden wird, wird nicht erzogen» – nicht erwarten, dass sich alle Leser dieses Buches eines baldigen Tages aufmachen! Nun, am Beginn steht die Auffahrt in einem Seilbähnli, das man sogar liebhaben kann. Es führt vom Hochhaus volle 650 Höhenmeter hinauf nach Ober Schwandi und schenkt uns zwei Stunden steiler Plage; mehr noch, die Bergfahrt ist so eindrucksvoll, dass wir damals gerne ein paarmal auf und ab gefahren wären. Dazu nun freilich die Mahnung: Falls Sie die Talstation aufgefunden haben und den altmodischen Telephonapparat, mit dem schon Wilhelm Tell telefoniert haben könnte, so benachrichtigen Sie den Seilbahnwart von der Bergstation von Ihrer bevorstehenden Ankunft – dann aber schnell in die Gondel gesprungen, denn der Mann von oben stammt nicht aus Bern. – Der Tag wird lang, man breche früh auf, um viel im Schatten steigen zu dürfen. Von der Station – genau nach der Landeskarte – auf markiertem Promenadenweg erst südostwärts zum Plattenbach, dort VOR der Brücke von dem nach Strängmatt strebenden Weg links 50 Meter aufwärts, über den Bach und nun ostwärts steil in vielen Zickzacks zu den Alphütten von Ronen, 1538 m, wo wir im ersten Ausblick den Bristen, 3072 m, begrüssen. In gleicher Richtung steil weiter zur Alp Öfeli, 1754 m, und an der Weggabelung 15 Minuten höher LINKS, wieder steil empor in der Nordwestflanke des Rinderstockes bis in den Schuttkessel südwestlich unter dem Hoch Fulen. Erneute Gabelung: wir bleiben links und steigen nördlich kurz vor das Bälmetergrätli, 2252 m, auf, wo wir links in der Südflanke des Bälmeten-Ostgrates die Spuren zum Gipfelplateau finden und zum höchsten Punkt: 2414 m hoch. – Die landschaftlich hochinteressante Variante zu diesem Aufstieg: 15 Min. oberhalb der Alp Öfeli kann man auch RECHTS gehen und auf dem durch die Südbänke der Rinderstock-Südflanke ziehenden «Zigerweg» (Achtung: ausgesetzter, heikler Bänderweg!) das Seewli am Sockel der Gross Windgällen erreichen, um von dort über Lang Biel und Stich – streng nordwärts – das Bälmetergrätli anzusteuern. – Abstieg wie Anstieg. Abstiegsvariante: Vom Bälmetergrätli NORDWÄRTS hinab, durch das steile Butzensteinloch und über Gampelen und Süessberg – oder besser über Schorren, Stafel, 1791 m, und Oberfeld – zum Seilbähnli von Haldi, 1079 m, nach Schattdorf. Abstiegszeit 3.00 Std. bis Haldi. – Beim Abstieg über das Seewli und den Zigerweg zur Alp Öfeli verfolgen konditionsstarke Bummler die Route: Bälmetergrätli, dann auf der Wegspur in der Südwestflanke des Hoch Fulen traversieren bis Stich und zur gut markierten Spur Seewli usw.

TALORTE Erstfeld, 472 m; Seilbahn nach Ober-Schwandi, 1113 m. Für Abstiegsvariante Haldi, 1079 m: Seilbahn nach Schattdorf.

STÜTZPUNKT Evtl. nur Ferienheim Strängmatt, 1251 m, ob Erstfeld (vorher anfragen im Tal!).

CHARAKTER Sehr lange, aber einzigartige interessante Bergwanderung auf markierten Wegen in entlegenen Regionen. Da teilweise recht steil und 1300 Meter Höhendifferenz anstrengend, vor allem die noch schöneren Varianten über Seewli bzw. Haldi. Vorgeschlagene Normaltour 4.00–4.30 Std. Aufstieg, dazu 2.30 Std. Abstieg! Mit Seewli-Aufstiegsvariante +1.00 Std. – Wegen der Exposition des weit über das Reusstal vorgeschobenen Berges höchst instruktive Ein- und Aussichten: bis in die Schöllenenschlucht. – Beste Zeit: Juli–Oktober. – Ausrüstung A, mit Proviant!

FÜHRER/KARTEN SAC-Führer «Urner Alpen», Band 1. – LK 1:25000, Bl. 1192, Schächental. – Evtl. 1:50000, Bl. 246, Klausenpass.

BILD Ausblick vom Bälmetergrätli – Gross Windgällen im Rücken – nach Nordwesten. Im Vordergrund unten der Rücken von Haldi, rechts darüber das Alpplateau von Eggbergen, über diesem der Rophaien. Links über dem Ende des Urnersees Oberbauen, Niederbauen und Rigi-Hochflue.

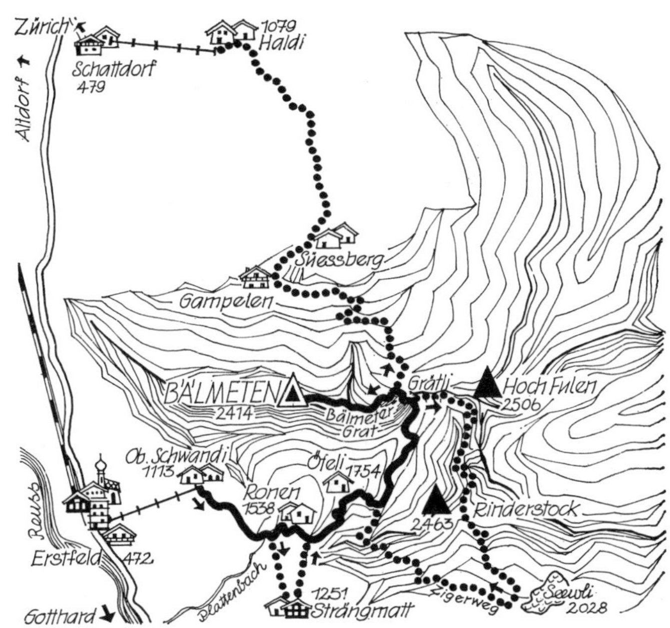

23 Der Rigidalstock, 2593 m, von der Brunnihütte

Leichte Kletterei in der Südflanke

1 Tag Anfahrt 88 km Nur klettertüchtige Kinder ab 14 J.
Klettertour

Der Rigidalstock kann im Engelberger Tal keine grosse Rolle spielen: der eisüberwallte Titlis und der Reissend Nollen, dazu die über Eiswellen aufgetürmten Klein und Gross Spannort, Wendenstöcke und Wissigstock, ja selbst noch der verwegen auffahrende Hahnen über dem uralten Kloster nehmen dem Rigidalstock alle Chancen. Andererseits sagt sich mancher schlaue Bergsteiger unserer Zeit: genau das Richtige für mich, dort gibt es wenig Leute, und die schnell erreichbare Brunnihütte erleichtert mir auch noch den Start!... Dieser unauffällige Rigidalstock mit seiner ewig besonnten, nie im Glanze scharfer Lichteffekte stehenden Südflanke bietet in seiner Gipfelzone, etwa ab 2400 m Höhe, leichte Kletterei, besser gesagt: mässig schwierige (II) – falls man den richtigen Durchstieg findet. Die Orientierung ist hier fast wichtiger als die Kletterkunst... Von der Brunnihütte aus, die ganzjährig bewirtschaftet ist, steigt man zunächst in südöstlicher Richtung auf die Schonegg, P. 2188 m, das ist ein übergrünter, auffallender Vorbau. Ab hier nimmt der Südgrat überhaupt erst Formen an. Man halte sich an diesen übergrünten Südgrat, bleibe auf dem lange Zeit gut sichtbaren Weg, der nur einige Male wenig links unterhalb der Gratkante verläuft. Die Kante führt zu einem markanten Grassattel, von dem ein in östlicher Richtung verlaufendes Grasband fast horizontal in die Rigidallücke zieht. Hier ist das Ende der Graszone erreicht. Der Aufstieg erfolgt nun in genau nördlicher Richtung, und zwar in der Südflanke, wobei man sich keinesfalls zu stark links halten darf. Die Kletterei ist hübsch, das Gestein zuverlässig. Etwa 50 Meter unter dem Gipfel wird der direkte Anstieg plötzlich sehr erschwert. Man weiche deshalb nach Westen aus (links!). Dort gewinnt man über eine kurze Felsstufe wieder den Südgrat und folgt diesem bis zum höchsten Punkt 2593 m. – Beim Abstieg auf gleichem Wege ist speziell zu beachten, dass man die nun rechts liegende leichtere Felsstufe nicht verpasst! Bei nicht ganz sicherem Wetter unterlasse man den Aufstieg, da Nässe auf den steilen Grasböden unterhalb des Einstieges in den Fels unangenehm sein kann. – Am Gipfel oben sehen wir, dass die Plage gar nicht umsonst war: einen schöneren Logenplatz als diesen Gipfel gibt es über Engelberg nicht! Denn wir lagern ja wie auf Atemnähe (und in unschätzbarer Stille und Einsamkeit!) vor dem runden Rieseneisbuckel des Titlis, der gegenüber im Sommerlicht glänzt, als habe er sich keine Bergbahnen angehängt, als sei er noch ein so ehrliches Bergsteigerziel wie Reissend Nollen nebenan, wie die Spannörter, oder wie Schlossberg, Wissigstock, Grassen oder Huetstock! Abermals imponiert der freche Hahnen, wie schon vom Talboden her. Und im Norden entdeckt man sich, faul in den Gipfelfelsen liegend, eine ganz neue Welt: die Welt um Bannalp und Chaiserstuel, den lieben Nachbar Spitz Mann (der von Norden her ebenfalls sehr interessante Kletterei anbietet) und den mächtigen Sättelistock samt frommer Rückseite. Dass man zwischen den südlichen Jochen auch noch ins Urner Eis hinüber schauen kann und zu den östlichen Berner Alpen, erhöht die Schaufreude. – Unser Bild, der Instruktion wegen von Süden aufgenommen, zeigt leider nichts von der eben angedeuteten umfassenden Aussicht, aber ein Blick auf die Landeskarten ergänzt unsere Schauziele bis in entlegene Details.

TALORT Engelberg, 1050 m. Ab hier Seilbahn bis Ristis, 1606 m.

STÜTZPUNKT Brunnihütte SAC, 1860 m, ganzjährig bewartet und bewirtschaftet. 40 Min. Aufstieg ab Seilbahn Ristis.

CHARAKTER Der Rigidalstock genau nördlich über dem Kurort Engelberg steht gute 1500 m über dem Talboden, der zu überwindende Höhenunterschied ab Seilbahn Ristis beträgt aber noch 1000 m: das ist freilich genug an diesem unten grasigen, oben felsigen Südkamm, an dem die reine Kletterei am Ende der Graszone in etwa 2400 m Höhe beginnt. Sie ist mässig schwierig, also nur für Geübte, oder für weniger gewandte Bergsteiger am Seil eines erfahrenen Kletterers. Zeit für den Anstieg ab Brunnihütte gut 3.30–4.00 Std. – Abstieg 2.15 Std. – Beste Zeit (da Südflanke): Ab Anfang Juli.

FÜHRER/KARTEN Kein brauchbarer Führer! – Aber gute LK 1:25 000, Bl. 1191, Engelberg.

BILD Aufblick aus dem Engelberger Tal gegen Nordosten. Man erkennt oben von links: Walenstöcke, dann unseren Gipfel, den Rigidalstock. Es folgen Spitz Mann, 2578 m, Grosser Sättelistock, 2636 m, Laucherenstock, 2638 m, und Ruchstock, 2814 m. Genau unter dem Ruchstock liegt die Rugghubelhütte SAC, unter dem Sättelistock die Bergstation der Ristis-Seilbahn.

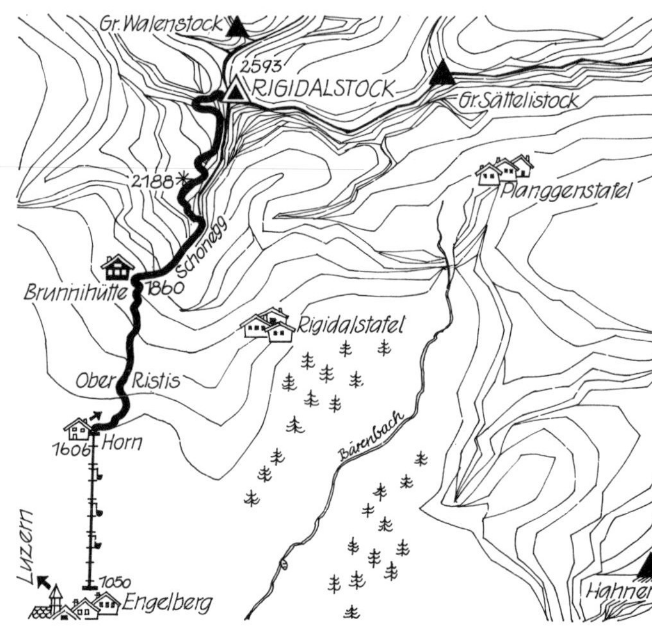

Der Kurort Engelberg gegen Huetstock (links oben) und Juchlipass, 2171 m (knapp links der Bildmitte, über dem Sandkar). Das Nünalphorn ist durch Laub halb verdeckt. Die gesamte Anstiegsroute ab Engelberg bis Juchli ist zu übersehen

24 Von Engelberg auf den Huetstock, 2676 m

Hoher Lohn für eine strenge Bergtour

1 bis 1½ Tage Anfahrt 88 km Kinder 14–16 J. Bergtour

Was Zermatt für das Wallis und Grindelwald für das Berner Oberland, das ist Engelberg für die Innerschweiz: das Touristenzentrum alten Rufes für Wanderungen, Bergtouren, Hochtouren und Klettertouren. Eis, Kalkgestein, Trümmerkare und grün strömendes Alpland umgibt Engelberg amphitheatralisch und hat dazu beigetragen, diesem uralten Klosterort zu Weltruhm zu verhelfen – auch schon für die Wintergäste. Unter den lohnendsten Touren noch voralpinen Charakters findet man den Huetstock genannt, der westwärts über Engelberg zusammen mit dem Nünalphorn eine halbrunde Felsenbucht bildet, in der Mitte fein gespalten durch den Sattel des Juchli – den Übergang ins benachbarte Melchtal. Der Huetstock bildet mit seinen 2676 m Höhe zugleich den Eckpfeiler der vom Titlis über Reissend Nollen, Wendenstöcke und Graustock bis weit nördlich hinaus zum Stanserhorn abziehenden und auslaufenden Kette. – Der Aufstieg zum Huetstock ab Engelberg, also über ansehnliche fast 1700 m Höhendifferenz, ist als Tagestour nur Konditionsprotzen zuzumuten: denn 5–6 Std. Anstieg und dann noch reichliche 3–4 Std. Abstieg ergibt mit den Rasten eine sehr grosse, sehr erschöpfende Tour. Deshalb schlagen wir vor, den Hauptanstieg am Vortage zu bewältigen und westwärts unter dem Juchli auf Stroh zu schlafen: auf der Nünalp in 2130 m Höhe ist sehr gut liegen, wenn man reichlich 4 Stunden durch Wald, Alpweiden, Schutt, Geröll bergan gestiegen ist. Weil dieser Anstieg über Niederberg, Halten und Stafel aber auch rastfördernde Ausblicke erlaubt, grossartige Rückblicke nämlich in die sich auffaltende Urirotstockgruppe gegenüber und auf die überlange, oft eisumlagerte Kalkkette vom Schlossberg über die Spannörter bis zum Grassen, und weil dieser lange Anstieg stellenweise auch so langweilig ist, dass man still gehend und steigend keinen Ausblick mehr findet, doch um so gewisser scharfe Einblicke in die eigene Existenz – so sollte sich jeder lärmgeplagte Stadtmensch diese Tour einmal vornehmen. Im Rhythmus des gelassenen Ausschreitens, bemerkte Goethe einmal, überkomme den Menschen meist auch der Rhythmus guter Gedanken... Nach der Nacht im Stroh steigt der erfahrene Bergsteiger auf einer Wegspur südlich über Weiden und durch Karrenfelder zum breiten Juraband, das vom Gipfel des Zahm Geissberges nach Westen zieht. Das Band wird unschwierig durchstiegen, und über den Rücken des Zahm Geissberges und den anfangs nicht breiten Verbindungsgrat zum Huetstock sind die letzten Felsen zu erreichen: 2.00 Std. vom Juchli. – Weltenbummler steigen nach Melchtal ab: 2.15 ab Juchli. – Der Bergwanderer wählt anstelle des Huetstockes das Nünalphorn. Die Besteigung ist leicht, sie dauert nur eine knappe Stunde. Die Aussicht vom Nünalphorn ist nur durch den Huetstock etwas beeinträchtigt. – Beim Anstieg Engelberg–Juchli ab Hauptstrasse bei P. 992 westlich des Ortes die Aa überqueren, Wegweiser «Juchli» beachten! Anfangs Fahrweg, im Wald guter Fussweg am Südufer des Arnibaches entlang aufwärts, dann nordwärts zur Wanghütte, 1333 m. Ab Haltenhütte, 1340 m, hinauf ins Ober Arni – also hoch über dem Juchligraben – und über die langen Steinböden zum Pass. Diese Steinböden bedeuten eine Marter, aber die Marter versüsst den Augenblick, in dem wir jenseits der Jochhöhe ins Stroh sinken.

TALORTE Engelberg, 992 m. – Evtl. für Abstieg Melchtal, 890 m.

STÜTZPUNKT Nünalp, 2130 m, nur wenige Minuten unterhalb des Juchli, 2171 m, des jochartigen Überganges zwischen Huetstock und Nünalphorn. Nur Strohlager! Leichten Schlafsack mitnehmen und deponieren.

CHARAKTER Der Huetstock (Wild Geissberg), 2676 m, ist eine leichte, aber lange und deshalb anstrengende Bergtour. Erfahrung im steilen Schutt – also Trittsicherheit! – unerlässlich. Wenig leichte Kletterei, Schwindelfreiheit bekömmlich! Besser an 2 Tagen als an 1 Tag! – Beste Zeit: Juli bis Oktober. – Ausrüstung B! – Das Nünalphorn, 2385 m, also fast 300 m niedriger als Huetstock, stellt eine Bergwanderung dar und ist ab Juchlipass markiert. Ausrüstung A genügt! Zeiten ab Nünalp: Huetstock, 2.15 Std.; Nünalphorn, 1.00 Std. – Beide Touren ab Engelberg als Tagestouren möglich mit dann 5.30–6.00 Std. bzw. 5.00 Std. Anstieg – ohne Abstiegszeiten!

FÜHRER/KARTEN LK 1:25 000, Bl. 1190, Melchtal, bzw. 1:50 000 Bl. 245, Stans.

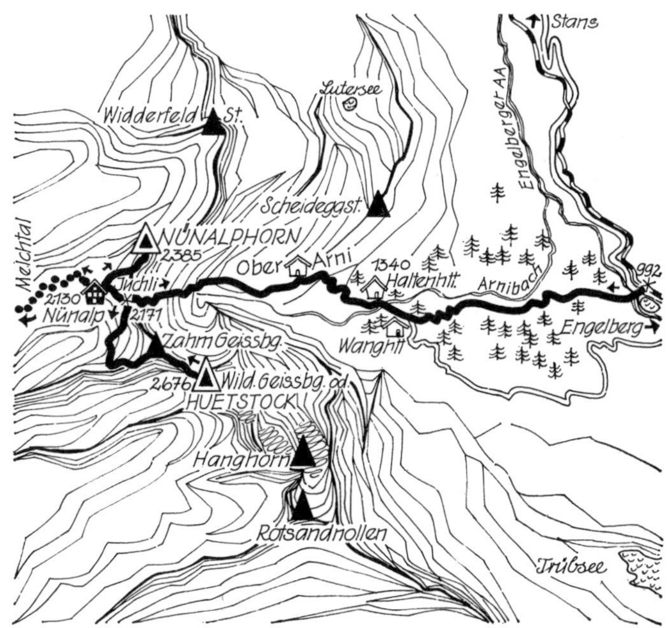

25 Das Balmeregghorn, 2255 m

1 Tag Anfahrt 105 km Kinder ab 8 J. Bergwanderung

Unter Skigeistern am sommerlichen Melchsee

Das Balmeregghorn ist neben Glockhaus und Hochstollen kein sonderlich attraktiver Gipfel. Aber die Skifahrer lieben diesen Berg, weil er bis in die Frutt 365 Meter Abfahrt verspricht (die sich mittels Lift angenehm multiplizieren lassen) und bis zur Stöckalp sogar 980 Meter: oben für Fortgeschrittene, unten für Kanonen... man spürt das Gewimmel dieser Skigeister noch, wenn man im Sommer, treulich gefolgt von Frau und Kindern, vom Melchseeufer gegen das Balmeregghorn zu ansteigt, auf breitem Weg, zuerst streng südlich den Liftmasten entlang, was einem passionierten Naturfreund Schock um Schock versetzt. Und so schauen wir halt weg, lassen Melchseestöckli links und Talistock rechts liegen und kommen so nach gut 1.30 Std. auf den Kamm und links hinauf auf das Balmeregghorn selbst.
Die 2255 m Höhe reichen aus, um Frutt, Melchsee, Tannalp und Engstlenalp nordwärts und den schnurgeraden Felskamm vom Tellistock hinauf zu den Wendenstöcken südwärts zu bewundern, um viel Berner und wenig Urner Gletscherberge einzusehen und zufrieden seinen Proviant zu verzehren. Klüger ist der, der ihn noch im Rucksäckchen behält und vom Balmeregghorn den feinen Felskamm über die Erzegg abwandert und dort in aller Stille seine Äpfel verspeist. Dann steigt er um so lieber von der Gipfelhöhe 2142 m nordwärts zum Tannensee ab, um von dort hinauszustromern in die Frutt. Gemütlich hat er so vier Stunden wandernd vertan, der Anblick der Liftmasten hat ihn keine Nerven gekostet, denn er hatte ja die Weisheit mit im Rucksack, wonach «der kürzeste Weg zur Gesundheit der Fussweg ist». – Wem die vier Stunden zu wenig waren, der kann übrigens, wie wir es mit Kind und Kegel taten, vom Melchsee abseits der Strasse, nämlich RECHTS über Bettenalp und Rinderalp zur Stöckalp und nach Melchtal hinabsteigen: da ist ein kleiner Pfad, dazu Urlandschaft, und kein Alpinunternehmer weit und breit. – Wer noch mehr will, der steige – lieber ohne Kind und Kegel – vom Balmeregghorn zwischen den Felsbänken im Ostabfall der Lauberstöcke auf teilweise ausgesetzten Weglein südwestlich fast eben hinaus, halte sich ab Erzgrube am Kammrücken und komme so auf die Planplatte, 2246 m – 1.00 Std. ab Balmeregg. Man ist dort allein, sieht – ohne selber gesehen zu werden – in die intimen Geheimnisse von fünf Tälern hinein, und gewinnt sogar Brienzer- und Thunersee Geschmack ab – weil sie von hier oben so fromm und still unter ihren Berner Eisriesen liegen, als lärmte über ihre Uferstrassen keine grausige Autokette. – Wer zurück zum Balmeregghorn geht, schaue viel auf den Weg und bleibe stehen, wenn er gegenüber die zahlreichen Wasserfälle in das Gental springen sieht. – Als Weltenbummler (ohne Auto) könnte er sich auch leisten, von der Planplatte etwas auf dem Weg zurück bis in den Sattel zwischen Gipfel und P. 2226 zu gehen und dort scharf südöstlich kehrenreich hinab auf die Alp Schlafbühlen; ab hier hat man dann westwärts hinaus und hinunter über Moosbühlen nach Reuti zu laufen – in gut 1.30 Std., wenn man vom Wege nicht aufsieht, und in gut 2.30 Std., wenn man sich zu den Klugen zählen will. Auf diesem einsamen Abstiegsweg wird man zum streitfertigen Anwalt für die entlegene Schönheit des Urbachtales unter Engelhörnern, Hangendgletscherhorn und Ritzlihorn – und des Rosenlauitales.

TALORT Melchtal–Stöckalp, 1075 m; Seilbahn nach Melchsee-Frutt, 1887 m. Evtl. Autoauffahrt steil bei stündlich abwechselndem Einbahnverkehr! – Bei Abstieg Reuti/Hasliberg, 1044 m.

STÜTZPUNKTE Mehrere Restaurants auf Melchsee/Frutt, 1887 m.

CHARAKTER Einfache, leichte Bergwanderung auf bequemen Wegen, wenig anstrengend wegen der geringen Höhenunterschiede, ideal für Familien mit leidlich trittsicher gehenden Kindern. Einfacher Aufstieg Balmeregghorn und auf gleichem Weg zurück: höchstens 2.45 Std. – Wenn Kammwanderung Balmeregghorn–Erzegg–Tannensee bis Frutt, zusammen knapp 4.00 Std. – Variante Planplatte nichts für Kinder, da etwas exponiert und unangenehm bei Nässe! – Beste Zeit: Ende Juni bis Oktober! (Ausgenommen die Zeit der Manöver, Sperre avisiert!) – Ausrüstung A, mit etwas Proviant!

FÜHRER/KARTEN «Zentralschweiz im Auto und zu Fuss», S. 48. – LK 1:25 000, Bl. 1210, Innertkirchen (neu). – Bzw. 1:50 000, Bl. 255, Sustenpass.

BILD Am Ende der Wanderung Balmeregghorn–Erzegg–Tannensee dicht vor dem Melchsee. Oben die düster verschleierten Felsgipfel von Glockhaus, Hochstollen und Haupt.

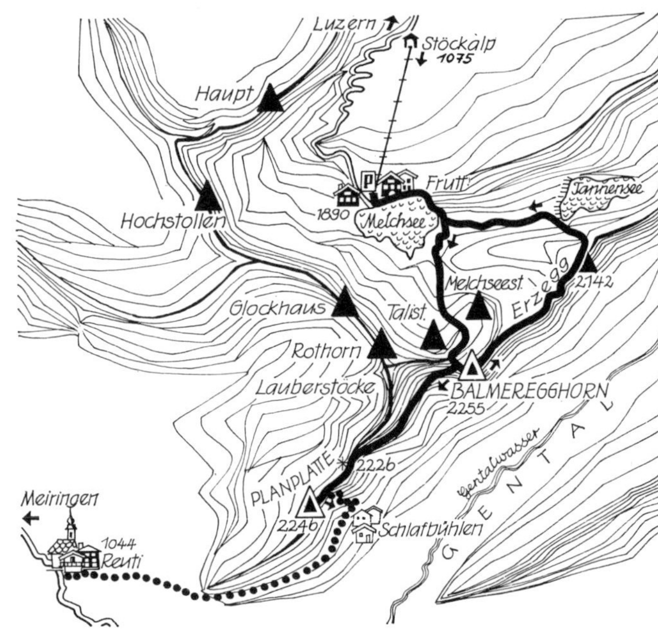

26 Glockhaus, 2534 m, und Hochstollen, 2481 m

Eine Bergtour und eine Bergwanderung über dem Melchsee

1 Tag   Anfahrt 98 km   Kinder ab 12 J.
Bergtour/Bergwanderung

Auch wenn der entschieden nordwärts abfliessende Hochkessel heute mehr und mehr dem Skifahrer gehört (und zum Verdruss aller Jagdfreunde zur Manöverzeit auch dem Militär), so ist und bleibt er doch eines der ansprechendsten sommerlichen Bergwandergebiete der Zentralschweiz. Melchsee, Tannensee und Blauseeli schmücken ein alpgrünes Parkett, über dem sich theatralisch die Felskulissen von Haupt, Hochstollen, Glockhaus und Balmeregghorn erheben, interessant ergänzt von den Hochgraten Erzegg und Faulenberg. Von den Gipfeln schaut man dem Kalkgerüst der gegenüber aufpfeilenden Engelhörner ins Detail. – Unsere Bergtour gilt dem Glockhaus, der sich vom Melchsee her als langgezogener Felsrücken ausgibt, während er, von Nordwest oder Südost gesehen, einem Horn gleicht. Wer auf seinem Gipfel Selbstbewusstsein sammeln will, muss trittsicher steigen können und schwindelfrei sein. Bei Nässe ist er sogar gefährlich. Von Melchsee-Frutt auf dem markierten Hochstollenweg westwärts nur so weit, bis man den rasigen Auslauf des vom Glockhaus nordwärts abziehenden Rückens erreicht. Vom Parkplatz geht man direkt südlich, mit oder ohne Wegspuren, auf ihn zu. Nun am immer steiler werdenden Rücken gerade empor bis unter die Felswand des Gipfelstockes, hier wenig nach rechts queren und zur Scharte im Glockhaus Nordwestgrat (Faulenbergkamm). Nun südostwärts über diesen steilen und schmalen Grat zum Gipfel. – Der Klettergewandte steigt über den Südostgrat mässig schwierig ab und auf das Rothorn, 2525 m (manchmal schwach ausgeprägte Wegspur), und von hier auf anfangs schlecht erkennbarer, später guter Wegspur zum Melchsee zurück (Glockhaus–Rothorn–Melchsee +2.45 Std.!). – Normaler Abstiegsweg vom Glockhaus wie Anstieg, also nochmals: mit grösster Vorsicht bei Nässe! – Einfacher ist die Bergwanderung auf den Hochstollen durchzuführen, der freilich auch viel öfter besucht wird als sein Nachbargipfel. Von der Bergstation dem Wegweiser folgen und auf markiertem Pfad genau westwärts, das Blauseeli streifend, bis etwa P. 1989 der LK, hier links vom breiten Weg ab und schräg ansteigend auf die steile Runse zu, die vom tiefsten Einschnitt des Verbindungsgrates Hochstollen–Glockhaus herabzieht: sie wird vom Weitries dominiert. Der Name ist gut gewählt, wir spüren es bald, wenn wir erst weglos, dann auf einer Spur und in vielen Kehren über dieses vertrackte Revier hinauf bis in die steile Runse selbst steigen müssen, wo lockeres Geröll «gefährliches Leben» verspricht. Für den trittsicheren Mann ist aber alles nicht ganz so schlimm, und wenn er die Gratkante, 2321 m, erreicht hat, wird er meist mit einem brillanten Ausblick auf die Berner Alpen belohnt. Ab hier leitet uns ein guter, markierter Weg am Südostgrat zum Gipfel. – Absteigend vom Hochstollen meiden wir den Aufstiegsweg und bummeln auf dem Nordwestgrat hinunter bis zu dem ersten Sattel unter dem Gipfel. Hier weicht der Weg in die Südwestflanke aus und umgeht die Felsbarrieren um P. 2393 m. Bald folgt eine Weggabelung: 1. man kann leichter und länger LINKS auf den Rasenhängen bleiben, oder 2. in der Nähe des Grates, wobei man auch seinen Steilabfall mitnimmt (leicht für den Bergerfahrenen). – Beide Wege treffen kurz vor dem folgenden Sattel zusammen, und bald ist man über Abgschütz zum Melchsee zurückgekehrt.

TALORT Melchtal–Stöckalp, 1075 m; Seilbahn Melchsee-Frutt, 1887 m (evtl. Auto-Auffahrt in stündl. wechselndem Einbahnverkehr!).

STÜTZPUNKT Mehrere Restaurants auf Melchsee-Frutt, 1887 m.

CHARAKTER Der Glockhaus gilt als leichte Bergtour, am schmalen Gipfelgrat aber sind Schwindelfreiheit und Trittsicherheit unerlässlich. Übergang zum Rothorn teilweise leichte Kletterei. Ausrüstung B, mit Proviant! – Der Hochstollen gilt als Bergwanderung, leicht über Abgschütz, 2263 m, etwas schwieriger (und nur bei bester Sicht möglich) über Weitries, 2321 m. Ausrüstung A, mit Proviant! – Aufstiegzeiten für Glockhaus 2.15 Std., – für Hochstollen 2.30 bezw. 2.45 Std. – An beiden Gipfeln hervorragende Aussicht: Engelhörner, östliche Berner Alpen, Wildgeissbergkette und Kamm Tellistock–Wendenstöcke–Titlis. – Beste Zeit: Juli bis Oktober! Aber Vorsicht: im Herbst oft Sperre wegen Manövern!

FÜHRER/KARTEN LK 1:25 000, Bl. 1210, Innertkirchen (neu); bezw. 1:50 000, Bl. 255, Sustenpass.

BILD Der Hochstollen, 2481, über dem Melchsee bei Frutt, aufgenommen von Osten.

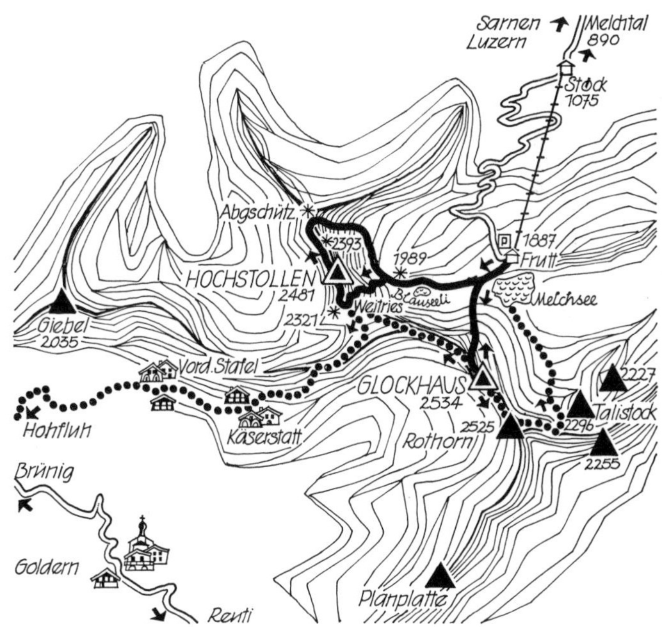

27 Rauhe Wege auf den Speer, 1950 m

Ein klassischer Vorberg über Zürichsee und Oberland

1 Tag Anfahrt 69 km Kinder ab 10 J. Bergwanderung

Man kennt ihn gut. Immer wenn man dem Zürichsee entlang in die Glarner oder Bündner Berge steuert, schaut man zu ihm auf. Viele sagen sich dann stumm: da müsste man eigentlich einmal hinauf!... Dabei sieht dieser Speer nicht sonderlich originell aus. Er steht nur vorwitzig weit draussen über dem Zürcher Oberland und streckt dort eine schräg gebankte, mit wenig Waldpelz gefleckte Nordflanke gegen die Ebene. Zudem sehen ihm alle Nachbarn etwas ähnlich, und einer davon nennt sich sogar Speermürli... Man muss wirklich einmal hinauf. Wenn man immerzu den Kuchen der Tödi, Vrenelisgärtli, Windgällen, Sustenhorn und Chaiserstock isst, schmeckt das Schwarzbrot des Speer ganz ausgezeichnet, merveilleux! Man braucht ja nur die Landeskarte anzuschauen: da blickt man doch nicht nur auf den kompletten Zürichsee und das vollständige Zürcher Oberland hinaus, keine Rede – das Toggenburg kommt hinzu, die fromm aufgereihten Pultdächer sämtlicher Churfirsten samt Säntisgruppe, Glarner Riesengebirge und die niedrige Kollegenschar um Sihl- und Wägitalersee. – Der Auftakt ist vielversprechend: man fährt vom Zürichsee nach Amden auf die berühmte Sonnenterrasse über dem Walensee, unglaubliche 500 Meter bereits über den nur gut 400 Meter hoch gelegenen Seespiegel, und dann trägt uns der Lift noch weitere 360 Meter nach Niderschlag hinauf. Natürlich ist der Aufstieg zu Fuss (1.00 Std.) nicht verboten, aber man muss sich bei unserem grossen Wandervorhaben nicht unbedingt als Opfer des technischen Fortschrittes fühlen. Auf anfangs gutem, später weniger gutem Wege geht es nun nordostwärts bergan, durch prachtvolle Alpwiesen schon oberhalb der Waldgrenze; man folgt dem Wegweiser zum Strichboden und später dem nach Oberchäseren, 1649 m. Nach der ersten Steigung wird auf nahezu horizontalem Wege der Ostkamm des Mattstockes umgangen, sozusagen die Hälfte des Berges, weil wir uns die andere Hälfte für den Abstieg vornehmen. Bald ist unser Ziel, der Speer, über uns. Bei der Weggabelung, die wir – längst westwärts gehend – bei P. 1414 erreichen, bleiben wir links, denn rechts ginge es zur Vordermatt hinüber. Die einzelne Hütte der Hinteren Wannalp lassen wir links liegen, dann geht es bei einem Fichtenstück kräftig bergan, hinauf nach Oberchäseren, 1649 m (2.00 Std. ab Bergstation). Wer Charakter besitzt oder ein Epikureer ist, der kehre jetzt nicht ein, sondern treibe Hunger und Durst auf die schöne Spitze, die man Heisshunger und Höllendurst nennt; steige also in einer Stunde noch vollends auf den Gipfel des Speer. Der Weg ist zwar rauh, aber gut markiert, auch einige Serpentinen müssen mitgenommen werden. Dann sind auf 1950 Meter Seehöhe Hunger und Durst so prächtig angeschwollen, dass viele auf die berühmte Aussicht gar nicht mehr versessen sind, sondern Bier sehen wollen, und viele Brote und Würste. Milch gibt es mit Gewissheit auf Oberchäseren, und deshalb beeilen wir uns im Abstieg und kehren ein. Hat man Hunger und Durst vertan, dann geht man ein wenig traurig weiter, nämlich auf breitem Alpweg nach Bütz (nicht den links abzweigenden Abkürzer benützen!), 1306 m, und dann südlich hinunter auf dem Fahrsträsschen und durch Wald. Mehrfach gibt es schöne Ausblicke in die Linthebene oder links hinauf zum Mattstock, den wir ja nun vollends umrunden. Bald sind wir in Amden.

TALORT Amden, 908 m; Sesselbahn Niderschlag, 1269 m (Liftstrecke zu Fuss 1.00 Std.).

STÜTZPUNKT Berggasthaus Oberchäseren, 1649 m. Mitte Juni bis Anfang Oktober bewirtschaftet.

CHARAKTER Einfache, aber doch grössere Bergwanderung, weil Auf- und Abstieg zugleich die vollständige Umwanderung des Mattstockkammes, 1935 m, einschliessen. 3.00 Std. Aufstieg bis Gipfel Speer, dann 2.30 Std. Abstieg bis Amden. Die Wege im Gipfelbereich sind etwas rauh, aber gut markiert. Die Aussicht von dem herrlich zwischen Gebirge und Oberland exponierten Speer darf man klassisch nennen, sie ist umfassend ohnegleichen. – Beste Zeit: Juni bis Ende Oktober, aber Anfang Oktober mit Proviant! – Ausrüstung A!

FÜHRER/KARTEN LK 1:25 000, Bl. 1134, Walensee; evtl. 1:50 000 Bl. 237, Walenstadt.

BILD Aufblick von Laad bei Nesslau im Toggenburg gegen Mattstock (links) und Speer (rechts).

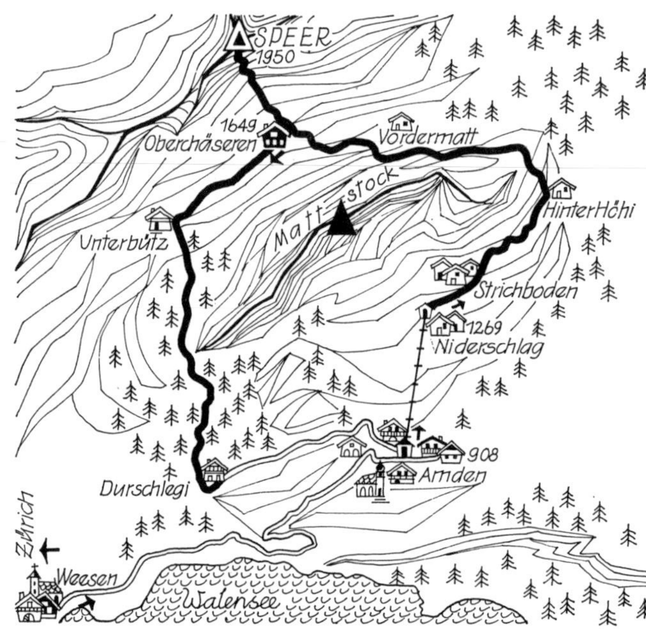

28 Von den «Drei Eidgenossen» zum Selun, 2204 m

1 Tag Anfahrt 77 km Kinder ab 10 J. Bergwanderung

Ein Churfirst über Walensee und Toggenburg

Das Grossartige muss des Komischen nicht entbehren: eben dies bestätigen die sieben Churfirsten über dem Walensee, jene sieben mit heroischer Geste aufgestülpten Pultdächer in ihrer braven Reihung von Ost nach West. Man muss einfach lachen, wenn man sie von den Säntisbergen her sieht. Sie scherzen ja auch mit ihrer geographischen Lage: vom Ufer des bald 2000 m tiefer gelegenen Walensees aus stellen sie sich als drohend aufgebäumte Felswände dar, schaurig abwehrend in ihrer nackten Steilheit.. sieht man dieselben sieben Herrschaften aber von Norden, da tragen sie im Rücken jener schaurigen Felsbrüste nichts als fromme grüne Sammetdecken aus Gras, Niederholz und Wald. Ernst nehmen kann man diese sieben Churfirsten erst, wenn man auf ihren Gipfeln steht: denn dann stellen sie unvergleichliche Aussichtsplätze dar – man studiert den riesigen Flumserberg bis in die letzten Falten. – Wir müssen also auf ihre Gipfel. Tour 29 dieses Buches führt uns auf die beiden östlichsten Churfirsten, Hinterrugg und Chäserrugg. Heute aber ziehen wir den westlichsten Gipfel, den Selun vor, 2204 m hoch und von den nächsten Nachbarn Frümsel, 2263 m, Brisi, 2279 m, Zuestollen 2235 m, und Schibenstoll, 2234 m, eben nur wenige Meter übertroffen: übertroffen freilich nicht in der Originalität der Namen. Wir fahren also von den «Drei Eidgenossen» mit dem Seilbähnli von 906 auf 1577 m Höhe unter dem Strichboden auf – oder gehen korrekt zu Fuss dem Wegweiser nach, erst am Rande eines Baumbestandes entlang, über die Bachbrücke, zum ersten Gehöft (Haggaden) und weiter südwestwärts den Hang hinauf bis P. 1051. Hier wird der breite Alpweg verlassen, und wir steigen südwärts auf einem schmalen, später wieder breiteren Weg links in den Wald hinauf. Es werden einige Lichtungen passiert, und nach 1.30 Std. ist die Waldgrenze bei P. 1577 erreicht, wo man sich mit grosser Genugtuung unter die faulen Seilbahnfahrer mischt (zu denen man freilich auch manchmal gehören möchte). Übrigens: Auffahrt nur zu bestimmten Zeiten und auf Bestellung, man erkundige sich im Dorf unten! Dies für den Fall, dass Sie umfallen als Seilbahngegner. – Aber auf zum Gipfel! Von der Waldgrenze steigen wir erst östlich an, passieren am schwach markierten Weg P. 1636 und gehen eben da auf Südrichtung. Der breite Nordrücken des Selun wird erst höher oben von der östlichen Mulde her gewonnen, und nun geht es in mässiger Steigung und ohne Hast den Gipfelhang hinauf. Er bäumt sich gegen den höchsten Punkt leicht auf und bremst dadurch glücklicherweise unseren Auftrieb: denn dieser Churfirst bricht jenseits unverhofft in steile Wände ab. Der lange Aufstieg ist trotz des endlosen Pultdaches nie langweilig; dafür sorgen im Sommer Billiarden von Fliegen, die von den vielen Alphütten am halben Nordhang der Churfirsten aufbrechen, um die Wanderer und Bergsteiger zu begrüssen. Sie kommen in ungeheuren Massen, wenn man einen heissen Tag nach feuchten Wochen erwischt, und nicht jedermann ist hinterher fähig, am Gipfel erhebende Superlative auszusprechen. Immerhin bringt man die Einsicht heim, dass die churfirstliche Rindvieh- und Fliegenzone am besten im Herbst aufgesucht wird. – Unser Bild wurde auf der Alp Chalberberg in 1673 m Höhe aufgenommen, dem Hauptquartier der Fliegenheere.

TALORTE Starkenbach, 891 m. – Bzw. Gasthaus «Drei Eidgenossen» an der Posthaltestelle bei Starkenbach: Seilbahn Strichboden, 1577 m.

STÜTZPUNKT Keiner.

CHARAKTER Diese – ohne Seilbahnbenützung – grössere Bergwanderung bietet überwiegend gute, meist bezeichnete Wege. Keine Schwierigkeiten! Aufstiegszeit ohne Seilbahn etwa 3.30 Std., ab Seilbahn Strichboden nur 2.00 Std. – Der Reiz dieser beliebten Bergwanderung wird vom Ausblick auf Walensee und kurios geformte Nachbarschaft bestimmt. – Beste Zeit: Ende Juni bis Ende Oktober! – Ausrüstung A, mit Proviant und Obst!

FÜHRER/KARTEN LK 1:25 000, Bl. 1134, Walensee. – Evtl. 1:50 000, Bl. 237, Walenstadt.

BILD Der Selun, 2204 m (links oben), ist der letzte und westlichste der sieben Churfirsten über dem Walensee. Im Vordergrund die Alp Chalberberg, die man vom Seilbähnli am Strichboden in guten 20 Minuten erreicht.

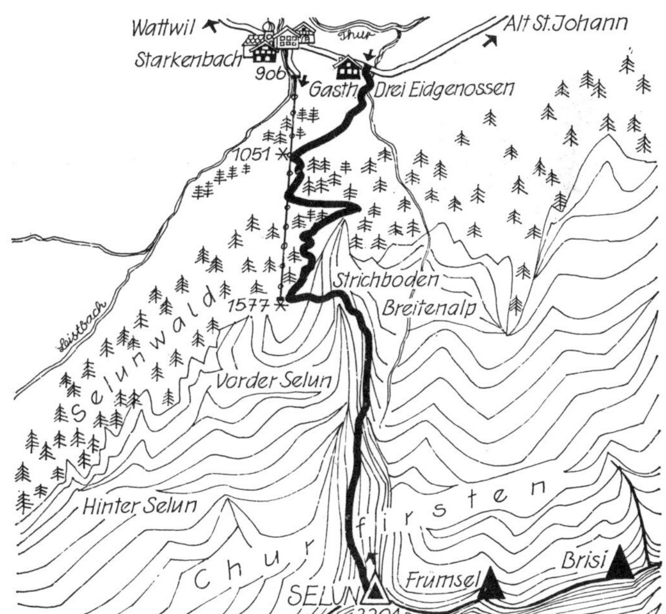

29 Hinterrugg, 2306 m, und Chäserrugg, 2262 m

Ein Hufeisen zwischen zwei Churfirsten

1 bis 1½ Tage Anfahrt 80 km Kinder ab 12 J
Bergwanderung

Das stramm aufziehende Regiment der sieben Churfirsten zwischen Obertoggenburg und Walensee kann auch komisch wirken: von der Säntisseite her meint man, auf sieben aufgestülpte Pultdeckel zu schauen. Aber was einem die Phantasie auch weismacht, in Wahrheit haben sich hier in Urzeiten die Decken alter Meeresböden aufgestellt und sind dann südwärts abgebrochen. Die Bruchstellen stehen heute als imponierende Felswände über dem Walensee, die nordwärts schräg ablaufenden Schichtplatten haben sich mehr oder minder erhalten, nein, sie mussten erhalten bleiben – denn sie wurden seit einigen Jahrhunderten dringend als Alpweideland, und sie werden seit der Mitte des 20. Jahrhunderts noch dringender für Skipistenteppiche benötigt. So ist der Lauf der Welt. . . Weil sie von Norden leicht erreichbar sind und von Zürich nur 80 km Anfahrt benötigen, sind Hinterrugg und Chäserrugg echte «Zürcher Hausberge» geworden. Im Sommer hat das Getriebe unter unseren beiden Gipfeln noch einigermassen mit Bergsteigen zu tun, dafür zeugt auch eine mit jedem erstiegenen Höhenmeter angenehmere Stille. Wir müssen nur früh genug am Berge sein, oder besser noch: auf halber Höhe übernachten. – Es gibt drei Ausgangspunkte für die Überschreitung beider Gipfel, wobei wir von vornherein bedeuten, dass man am Rücken des Hinterrugg an- und am Rücken des Chäserrugg absteigt. Das Hufeisen mit Mattengrün unten und Felsschrofen und Altschnee oben, das beide Gipfel umschliessen, berühren wir nur am unteren Ende, wenn wir im Gasthaus Stöfeli – hoffentlich im Abstieg! – einkehren. – Die Ausgangspunkte heissen: 1. Selamatt, 1390 m, von wo man über prachtvolle Matten genau südlich nach Unter Ruestel ansteigt, wo auf etwa 1472 m Höhe der Nordsporn sachte anhebt. – Dieses Unter Ruestel, übrigens mit einer SAC-Hütte versehen, ist aber auch von der Bergstation Iltios, 1342 m, zu erreichen, wobei man erst dem grünen Rücken des Chäserrugg zustrebt bis zum Wald, dann auf einer schmalen, oft undeutlichen Wegspur westlich durch dichten Wald bis P. 1514 steigt und hier RECHTS weiter: dann kommt man direkt nach Ober Ruestel, das man schon früh liegen sieht. – Fährt aber einer mit dem Auto zur Alp Stofel auf 1259 m Höhe, dann muss er oberhalb Iltios durch die grüne Alp streifen, bis er den Waldrand und den vorhin beschriebenen Waldweg nach Ober Ruestel erreicht hat. – Ab Ober Ruestel sind wir nun alle vereinigt und steigen an dem immer schlanker werdenden Nordsporn, immer auf markiertem Weg, bis zum Sattel, P. 1910. Bis hierher ist alles spannend, aussichtsreich, und man vergisst die Steigmühe: denn in die Abgründe des Hufeisens zu schauen und sich heimlich den und jenen Weltverbesserer dorthin zu wünschen, ist auch ein Vergnügen. Auch das Studium der Felsstruktur bietet hier starke Reize. Der weitere Anstieg, vor allem am oben breiteren Kamm, verlangt Ausdauer und Disziplin. Am Gipfel des Hinterrugg ist man dann etwa 3.00–3.30 Std. unterwegs. – Der Übergang zum Chäserrugg ist in 10 Minuten passiert, bei Schneeresten im Frühsommer am Engstück nehme man Kinder an die Reepschnur. Dann geht es den gewaltigen Nordrücken des Chäserrugg hinab zum Gasthaus Stöfeli, und ab hier im Zickzack nach Iltios oder westlich auf bezeichnetem Weg nach Unter Ruestel bzw. nach Selamatt.

TALORTE Alt St. Johann, 890 m; Seilbahn bis Selamatt (Haghütte), 1390 m. – Unterwasser, 906 m; Bergbahn nach Iltios, 1342 m. – Alp Stofel ob Schwendi, 1259 m; Fahrstrasse ab Unterwasser.

STÜTZPUNKTE Berggasthaus Selamatt, 1390 m. – Berggasthaus Iltios, 1342 m. – Berggasthaus Stöfeli, 1684 m; 1.00 Std. ab Iltios, 1.15 Std. ab Selamatt oder Alp Stofel.

CHARAKTER Grössere, zuweilen anstrengende Bergwanderung auf überwiegend guten, meist markierten Wegen ohne Schwierigkeiten. Sehr viel begangen. Landschaftlich sehr eindrucksvoll. – Beste Zeit: Ende Juni (lange Schnee!) bis Ende Oktober. – Ausrüstung A, im Frühsommer bei Firn: B! – Evtl. kurze Reepschnur für Frau bzw. Kinder beim schmalen Übergang (bei Firn) zwischen beiden Gipfeln.

FÜHRER/KARTEN LK 1 :25 000, Bl. 1134, Walensee. – 1: 50 000, Bl. 237, Walenstadt.

BILD Über dem Tal des Obertoggenburgs und dem Ort Unterwasser (unten) stehen die sieben Churfirsten, von denen wir hier fünf erkennen: (von links) Chäserrugg und Hinterrugg, Schibenstok, Zuestollen und Brisi. Ganz links oben ein Teil vom Gipfelplateau des Gamserrugg. In den unteren Hängen links das Bergbahntrassee nach Iltios, rechts der Bildmitte die Luftseilbahn bis Selamatt.

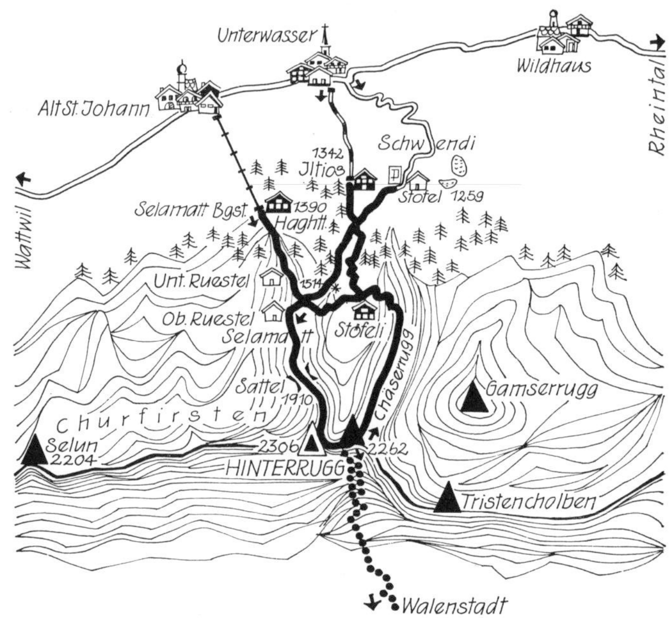

30 Von Süden auf den Kronberg, 1663 m

Wie man in aller Stille einer Seilbahn ausweicht

1 Tag Anfahrt 80 km Kinder ab 8 J. Bergwanderung

Der grüne Kronberg, immerhin 1663 m hoch, ist dem mächtigen Säntis nördlich vorgelagert: ein langgezogener runder Kamm, wie geschaffen zum Wandern. In der Tat galt er, bevor man ihm von Norden her eine Luftseilbahn aufdrängte, als ideales Wanderziel für Frühjahr und späten Herbst, als feiner Familienspaziergang, und als Auslauf für Zerstrittene und Verliebte. Denn um diesen grünen Kronberg war alles so still und milde, dass es eine starke Wirkung auf exaltierte Leute ausübte... Heute ist der Gipfel einem Rummelplatz nicht unähnlich. Aber abseits von Bahn und Bergstation, im Süden und Westen vor allem, da kann man sich noch in der grossen Stille auslaufen. Der Reiz des Anstieges ab Urnäsch–Grüenau, 836 m (parkieren!) ist, dass man sich zunächst im grünen Gehügel regelrecht verläuft, ehe sich der Säntis mit seiner gewaltigen Nordwestflanke vor uns aufreckt: plötzlich steht er vor uns. – Bei der Weberei in Grüenau verlassen wir die Hauptstrasse zur Schwägalp nach links, südöstlich, und wandern auf einem Strässchen aufwärts; aber schon nach gut 10 Minuten verlassen wir auch dieses Strässlein in einer Linkskurve, überschreiten südwärts den Bach und steigen den Kamm hinauf, auf einem schönen Fussweg zur Alp Guggeien, 1133 m, und immer weiter am grünen Rücken zum Spitzli, 1519 m (2.00–2.15 Std.). Hier stellt sich der Alpstein als hohe Majestät vor, samt Südwestkette mit Silberplatten, Lütispitz und steilem Abfall ins Thurtal. Vom Spitzli müssen wir leider 100 m bergab und jenseits, östlich, wieder am Kamm hinauf bis P. 1589. Letzteren Punkt können wir allerdings in der Südflanke umgehen. Dann folgt dasselbe Unterhaltungsspiel nochmals: es geht 50 m bis P. 1496 hinab und dann den Südwestkamm über Dorwees zum Kronberg hinauf, am Ende links oder auch rechts vom Grat... Übrigens liesse sich auch das Spitzli ab Guggeien nördlich umgehen: aber auch noch extra vorschlagen wollen wir diese «Auswege» nicht. Am Kronberg landen wir im Getümmel der Seilbahngäste, stöhnen mit ihnen über das wilde Alpsteingebirge, knipsen fleissig mit, schreiben Postkarten, schlagen uns gegenseitig auf die Schultern ob soviel bequemer Bergsteigerei... und schleichen ab. Ganz schnell! Der ganze Anstieg Grüenau–Kronberg ist mit 3.00 Std. abzumachen. – Kürzer und fauler geht es ab Schwägalp über die Chammhaldenhütte des SAC, Schuzenälpli, Nusshalden und Dorwees in 2.00 Std. hin – in 1.45 Std. zurück. Dabei kommt man den Säntisfelsen auf Atemnähe nahe. – Ab Kronberg gibt es aber noch zwei Abstiegsvarianten, ja sogar drei: 1. Südlich bis Dorwees hinab, dann nordwestlich – sehr still! – über Betten, Grossbalmen, Herrendürren, Saubüel, und ab hier auf Strässchen nach Grüenau in höchstens 2.45 Std. – 2. Als Weltenbummler ohne Autozwang geht man am freien Nordostgrat hinab über St. Jakob, Restaurant Scheidegg und Chlepfhütte, 1225 m, und ab hier nördlich hinab nach Gonten in 2.00 Std. ab Gipfel – oder 3. ab Scheidegg, 1352 m, ostwärts hinab über Wasserschaffen nach Appenzell, ebenfalls in gut 2.00 Std. – Selbstverständlich haben wir auch den vorgeschlagenen Aufstiegsweg über das Spitzli als Abstiegsweg vor uns, treiben es diesmal aber nicht auf «das Spitzli», sondern umgehen es ab P. 1589, indem wir auf Herrendürren zielen, dann weiter nach Blattendürren und Grüenau.

TALORTE Urnäsch, 832 m, bzw. Schwägalp, 1352 m; für Abstieg evtl. auch Gonten, 902 m, Gontenbad, 883 m, oder Appenzell, 785 m.

STÜTZPUNKTE Berggasthaus Kronberg, 1663 m; Gasthaus Kronberg–Scheidegg, 1352 m; Chammhaldenhütte SAC, 1394 m (Hüttenwart am Wochenende); Säntishaus d. Naturfreunde Pass Schwägalp.

CHARAKTER Voralpine, unschwierige Kammwanderung mit eindrucksvollen Rückblicken auf Säntis und nördliche Alpsteinkette. Die Wanderung ist überraschend still, weil die Seilbahn vom jenseitigen Norden zum Kronberggipfel zieht. – Beste Zeit: Mai bis Ende November. – Ausrüstung A!

FÜHRER/KARTEN Säntisführer, S. 162. – LK 1:25 000, Bl. 1114, Nesslau, und Bl. 1115, Säntis; evtl. Bl. 1095, Gais, Bl. 1094, Degersheim. – 1:50 000, Bl. 227, Appenzell.

BILD Luftbild des dem Säntisgebirge vorgelagerten Kronbergs, 1663 m, von Norden. Man sieht im Nordschatten des Kronberges die Seile der Luftseilbahn ab Jakobsbad, 888 m, bei Gonten. Rechts am Bildrand das Spitzli, der westliche Nachbar des Kronberges. Links oben die erste Säntiskette, rechts einige der sieben Churfirsten. Links am Bildrand im Nordostkamm des Kronberges St. Jakob.

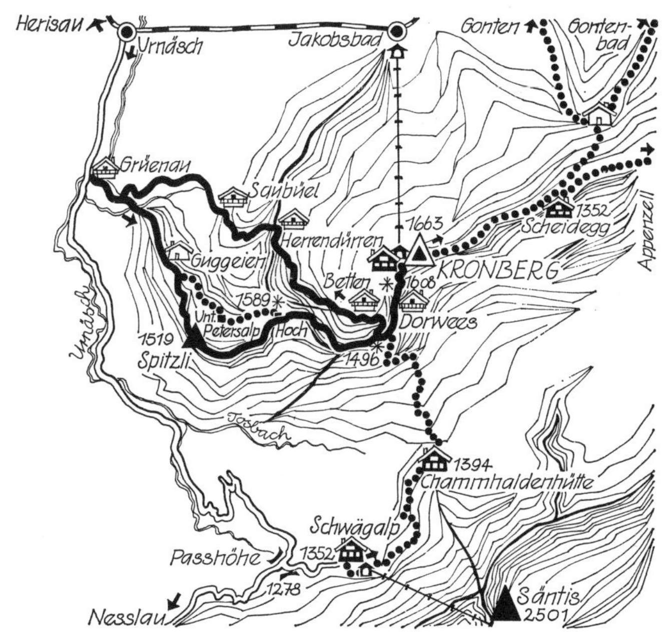

31 Auf den Lütispitz, 1987 m

Zwischen Säntis und Churfirsten

1 Tag Anfahrt 80 km Kinder ab 10 J. Bergwanderung

Der Lütispitz steht im Westen der nördlichen Alpsteinkette mit dem Säntis in der Mitte – so wie der Schäfler im Osten. Nordwestwärts schaut man rechts und links am Stockberg vorbei ins Toggenburg und weit ins Appenzeller Land hinaus, südwärts stehen über dem Obertoggenburg die sieben Churfirsten, wie immer als stramme Kompanie ausgerichtet, über ihrem Walensee – den der Besucher des Lütispitz natürlich nur ahnt. Die Situation ist schön, die Wanderung relativ wenig bekannt, man kann seine Grossstadtseele kräftig auslüften und manches Arzthonorar einsparen... Von den verschiedenen Anstiegsrouten, die alle am Windenpass, 357 m unter dem Lütispitz, zusammentreffen, seien hier nur der Anstieg von Süden, also von Alt St. Johann, und der von Nordwesten, ab Passhöhe Schwägalp vorgeschlagen: beide sind landschaftlich reizvoll, unser Luftbild lügt nicht. – Von Alt St. Johann auf gutem Weg (es gibt deren zwei, die oben wieder zusammenkommen) über den Vorderberg und die Burst in den schmalen Einschnitt zwischen Mittelberg und Lauiberg. Je höher wir kommen, desto imposanter treten die Churfirsten in unser Blickfeld. Aber noch lassen wir uns nicht beirren. Eine Steintreppe leitet uns durch den tiefen schluchtartigen Einriss zwischen den genannten Vorbergen, und kaum haben wir den Wald hinter uns, da steht der Lütispitz da als felsverbrämter steiler Grasberg mit einigen Felsbänken im Hang und dunklen Runsen. Bald wird rechts die ganze Alpsteinkette bis zum Säntis sichtbar und abermals erhalten wir gründlichen Unterricht in der Schöpfungsgeschichte: wie faltet man alte Meeresböden zu attraktiven Gebirgen und Seilbahngerüsten. Ein kleines Stück bergab zum kleinen Gräppelensee, den wir aber links liegen lassen, dann queren wir – genügend vom Ufer entfernt – trockenen Fusses ein Stück Sumpfgelände und steigen schräg am Hang über die Alp Vorder Gräppelen hinauf zum Windenpass, 1630 m. Der Weg ist leidlich gut, 2.30 Std. bis hierher sollten reichen, im Abstieg 1.45 Std. – Etwas kürzer, aber viel steiler kann man von Vorder Gräppelen über den Südwestgrat direkt zum Gipfel aufsteigen; etwa 1.45 Std. ab Alp. – Vom Windenpass hat man dann in 1.00 Std. über den grasigen Westgrat (Bild) oder schräg nach rechts zum Südwestgrat querend (teilweise sehr steil und gefährlich bei Nebel und Nässe) zum Gipfel anzusteigen. – Von der Passhöhe Schwägalp haben wir den unser Luftbild diagonal durchziehenden Grünboden durch Wideralp, Säntisalp und Lütisalp zu durchwandern, immer die Säntismauer dicht südöstlich über dem Kopfe. Erst ein Stück auf der Strasse nach Südwesten, dann nach fünf Minuten auf dem Fahrweg links ab zur Wideralp, und gemütlich auf und ab, unter den Silberplatten passierend. Wir wandern wie in einem Parkgelände zwischen Baumgruppen und Alpmatten dahin, das Liebliche würde überwiegen, drohten nicht die verwegen gefalteten Kalkwände über uns. Nach der Alp Hoffert steigt der Weg bis hart an die Felsen der hier steil emporfahrenden Lütispitz-Nordwestflanke und windet sich dann in Kehren zum Windenpass hinauf. Da hier am Morgen noch wenig oder keine Sonne ist, plagt uns die Hitze nicht so sehr wie in der jenseitigen Südflanke. Auch hier: bis Windenpass gemütlich 2.45 Std., beim Abstieg allerdings 2.00–2.15 Std. Weiter zum Gipfel wie oben beschrieben.

TALORTE Alt St. Johann, 890 m. – Passhöhe Schwägalp, 1278 m.

STÜTZPUNKT Keiner.

CHARAKTER Einfache, grössere Bergwanderung bei etwa 3.30 Std. Anstieg und knapp 2.30 Std. Abstieg. Ohne Schwierigkeiten für wirklich trittsichere Wanderer, unangenehm bei Nässe zwischen Windenpass, 1630 m, und Gipfel. Landschaftlich ausserordentlich reizvoll und abwechslungsreich durch die gegebene geographische Situation: der Lütispitz steht etwa zwischen Säntisstock und Churfirstenkette. – Beste Zeit: Juni bis Ende Oktober! – Ausrüstung A.

FÜHRER/KARTEN Säntisführer, S. 156. – LK 1: 25 000, Bl. 1114, Nesslau, – Bl. 1134, Walensee. – Oder 1 :50 000, Bl. 227, Appenzell, und Bl. 237, Walenstadt.

BILD Der Lütispitz, 1987 m, steht (im Bild rechts oben mit von Sonne und Schatten scharf markiertem Westgrat) als letzter Gipfel gegen Westen in der nördlichen Alpsteinkette. Links oben Säntis, Girenspitz, Grenzchopf und Silberplatten, rechts dahinter Altmann und Wildhuser Schafberg. Rechts unter dem Lütispitz der Windenpass, 1630 m, vorne Lütisalp und Säntisalp mit dem Stockberg (links am Bildrand).

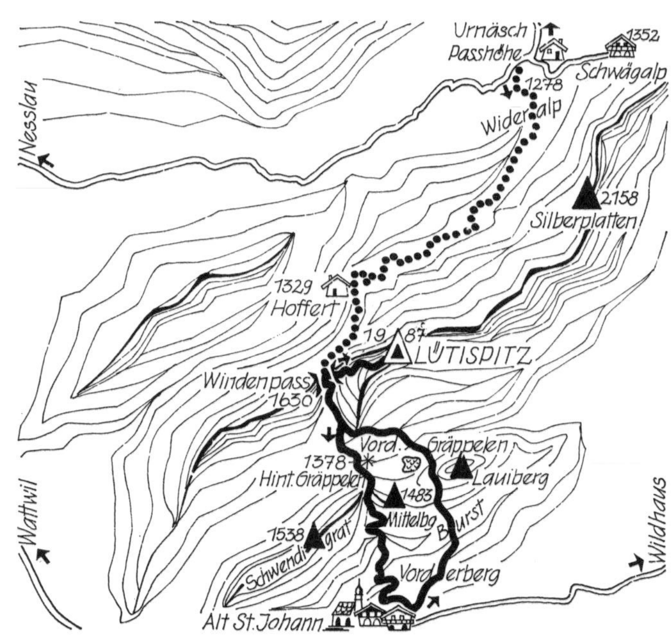

32 Der Säntis, 2501 m, von der Ebenalp

Abstieg über Gross Schnee, Meglisalp und Seealpsee

2 Tage Anfahrt 97 km Kinder ab 14 J. Leichte Bergtour

Der Alpstein über Bodensee und Rheintal, das berühmte Muster eines Faltengebirges mit ebenso katastrophal wie kurios anmutenden Beispielen an Krümmungen und Verwindungen gebündelter Schichtplatten, besitzt ein Netz von alpinen Wanderwegen und wird deshalb viel aufgesucht. Die landschaftlichen Eindrücke sind – abseits des mit Seilbahn und Observatorium bestückten Säntisgipfels – ungewöhnlich stark: interessant durch die Geologie, packend durch die Kraft der Kontraste, rührend durch die märchenhaften Idyllen von Seen und Alpmatten unter schroffen Wänden und Türmen... Kurz: man muss immer wieder in den Alpstein fahren. Alle Welt, und damit auch die meisten Zürcher, gehen über den Seealpsee oder auf dem Schrennenweg zur Meglisalp und dann über die Wagenlücke zum Säntis: das ist ein langer und anstrengender, aber ein schöner Anstieg, kein Zweifel. Wir schlagen hier einen etwas kürzeren, wegen seiner Exponiertheit auch weniger begangenen Anstieg vor: den von der Bergstation der Seilbahn zur Ebenalp. Man beginnt hier schon auf 1591 statt auf 868 m Höhe, und auch der schlechte Rechner begreift, was man sich damit einhandelt... Von der Ebenalp steigen wir stets in Südwestrichtung viel unter, manchmal auf dem Kamm, über die ganze nördliche Säntiskette zwischen Ebenalp, Schäfler, Öhrlisattel, Girensattel und Säntisgipfel. Erste Schaurast die «Chlus» mit dem entzückenden Tiefblick zum Seealpsee. Es folgt der erschreckende Steilabfall dicht hinter dem Berggasthaus am Schäfler (1.15 Std. ab Ebenalp), aber Wegweiser und Drahtseilsicherung leiten uns gut hinab. Wir unterqueren exponiert die Felswände der Läden, schauen vom Filderbettersattel, 1810 m, nochmals in die lockend grüne Seealpseebucht hinab, und steigen dann unter den mächtigen Altenalptürmen zum Lötzlisalpsattel, 1900 m, zuletzt recht steil durch Geröll. Grosser Kulissenwechsel! Wie vom Schäfler umfassender Ausblick nach Norden ins Appenzeller Land! Weiter durch die Vordere Öhrligrube zum Öhrlisattel (2.00 Std. ab Schäfler) – an windstillen Tagen ist die Öhrligrube ein Backofen! –, dann folgt die kurze Querung zum Höch Nideri Sattel, 2121 m, und nun steht der Säntis endlich vor und 400 m über uns... Karrenfelder, Gras, etwas Auf und Ab, immer auf guter Wegspur, dann geht es über den Blauen Schnee zum Girensattel und interessant zum Säntisgipfel hinauf (1.45 Std. ab Öhrlisattel). – Der Säntis ist ein Nationaldenkmal über dem Appenzeller Land und eine Säule des Schweizer Fremdenverkehrs. Aber man kann ihn schnell hinter sich bringen. Es warten drei Möglichkeiten: 1. der längere und viel interessantere Abstiegsweg führt über Chalbersäntis und Lisengrat zu den Schüblig im Gasthaus Rotsteinpass (1.45 Std. ab Säntis) und dann hinab zur Meglisalp und entweder auf dem Schrennenweg oder über den Seealpsee nach Wasserauen zurück (insgesamt 4.00 Std. ab Säntis). 2. Man kann aber auch vom Säntis über Gross Schnee – wie durch die entlegenste Urweltöde – direkt zur Meglisalp absteigen (2.00 Std. höchstens). 3. Möglichkeit: Säntis–Lisengrat–Altmannsattel (guter Weg durch die Fliswand), dann leichte Kletterei (I) zum Gipfel, 2436 m; zurück zum Altmannsattel und hinab zur Meglisalp oder in leichter Kletterei durch das Schaffhauser Kamin zum Rässeggsattel (I) und von da Abstieg zum Fälensee.

TALORT Wasserauen, 868 m, Seilbahn bis Ebenalp, 1591 m.

STÜTZPUNKTE Ebenalp, 1640 m. – Gasthaus Schäfler, 1923 m. – Säntishotel, 2501 m. – Gasthaus Rotsteinpass, 2120 m. – Meglisalp, 1517 m. – Dazu evtl. Bollenwees, 1470 m, oder Plattenbödeli, 1279 m.

CHARAKTER Dies ist eine lange, aber relativ leichte Bergtour auf gut bezeichneten Pfaden. – Eine gewisse Trittsicherheit an den zuweilen ausgesetzt durch steilste Grashänge führenden Wegen ist notwendig! Am Altmann ist Schwindelfreiheit und etwas Klettererfahrung erforderlich. Ausdauer ist eine Voraussetzung, aber die Tour kann ja beliebig verkürzt werden, und auf das ganze Gebiet sind gute Unterkunftsmöglichkeiten verteilt. Landschaftlich von zauberhafter Schönheit! – Beste Zeit: Anfang Juli bis Mitte Oktober! – Ausrüstung C!

FÜHRER/KARTEN Säntisführer (Fehr St. Gallen). – LK 1:25 000, Bl. 1115, Säntis. Oder 1:50 000, Bl. 227, Appenzell.

BILD Luftbild der zentralen Säntisgruppe von Nordosten. Rechts oben der Säntis mit dem rechts anschliessenden Girenspitz. Links unter dem Säntis Chalbersäntis und Lisengrat, anschliessend der Rotsteinpass und der Altmann, 2120 und 2436 m. Links unten vorn die Meglisalp. Von ihr aus ziehen die Abstiegswege zur unteren Bildmitte (links durch die Schrennen und rechts durch den Unterstrich zum Seealpsee).

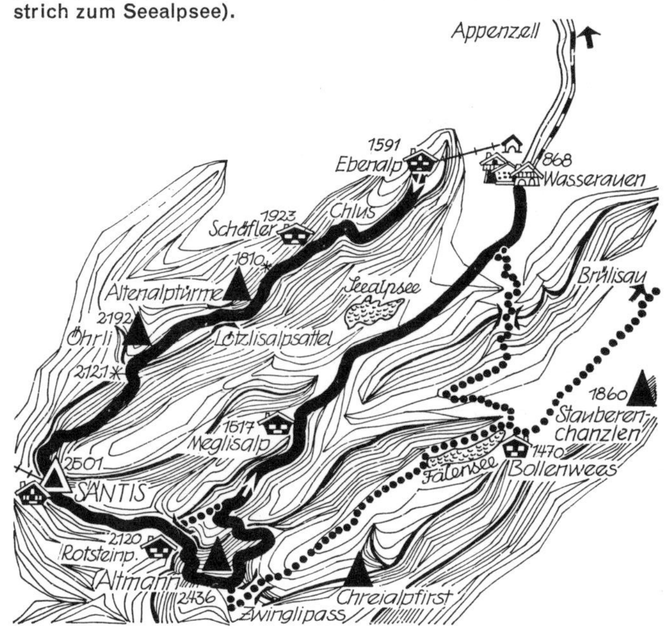

33 Kammwanderung zum Schäfler, 1923 m

Imposanter Unterricht im Faltengebirge

Auf dieser Höhenwanderung mit Starthilfe durch die Seilbahn zur Ebenalp empfangen wir einen klassischen Unterricht in der Architektur von Kalkgebirgen. Kalkgebirge, so lehrt uns dieser Alpstein hoch über Rheintal und Bodensee, besteht aus alten Meeresbodenschichten, die sich vor Jahrmillionen durch mähliche Hebung, Stauung, Faltung und Überschiebung zu Gebirgen formierten. Wobei die in Bewegung gebrachten Schichten höchst kapriziös einmal aufrecht nebeneinander, einmal verwegen gefaltet übereinander stehen und liegen – ganz wie es auf dem Wunschzettel der Ostschweizer Kletterer oder Bergwanderer stand... Man muss vorher den «Säntisführer» (Seite 171–182) studiert haben, ehe einem die neuen Lichter über die Schöpfungszeiten aufgehen. Lichter gehen uns übrigens auch im Dunkel der Wildkirchlihöhlen auf, wenn wir von der Ebenalp-Bergstation zum «Äscher» in 15 Minuten absteigen: diese Höhlen stellen ein prähistorisches Museum dar, und vor 70 Jahren fand man dort im Bodenschutt die Knochen riesengrosser Höhlenbären... Vom Äscher also weitergewandert unter den Südabstürzen durch – immer in Südwestrichtung – und nach dem Wegweiser in gleicher Richtung am Südfuss der Zislerwand entlang, und dann rechts hinauf zur Chlus, 1726 m, und in Serpentinen – wieder südwestwärts – zum Gasthaus auf dem Gipfel des Schäflers, 1923 m (1.45 Std. ab Wildkirchli). Was dort alles zu sehen ist, zeigt unser Bild: zwischen Säntis, Altmann und Seealpsee breitet das Alpsteingebirge mit Wänden, Graten, Türmen und Karen einen richtiggehenden Bergwanderzirkus vor uns aus. Jetzt weiter auf sehr schmalem Weg und in die abschüssige Nordflanke gestiegen, kurz am Drahtseil gesichert hinab in eine kleine Scharte (bei hartem Altschnee heikel!), und nun dem Wegweiser nach direkt steil südlich zur Altenalp hinab. Oder, schöner und kaum weiter, dem Wegweiser «Mesmer» und «Säntis» folgen und horizontal auf schmalen, ausgesetzten Felsbändern (mit tollen Rückblicken auf Schichttürme und Platten) unter den «Läden» bis zum Filderbettersattel, 1810 m, queren und bei der Gabelung auf dem unteren Weg leicht abwärts, aber bereits VOR dem Steckenbergsattel scharf links zurück abbiegen, und wenig fallend zur grossen Altenalp, 1595 m. – Nur 1.00 Std. Gehzeit ab Schäfler. Etwa 100 m östlich der Alp folgen wir rechts (südlich) dem Wegweiser «Seealp» und steigen wenig steil durch Matten, dann steiler und steinig durch Buschwerk, zuletzt aber richtiggehend steil und ausgesetzt über gesicherte Felsstufen in den Talboden hinab – zum Seealpsee, auf den wir schon während des ganzen Abstieges vom hohen Felskamm niedergeschaut haben, begierig auf seine Wasserfluten, begierig auf die Getränkekarten der beiden Wirte. Der Aufblick vom Seealpsee gleicht einer Theaterszene: Zislerwand, Altenalptürme, Hängetenkamm, Fälalp- und Rossmadfelsen, Felsbänke und Terrassen, schmale Pforten in den Felsmauern, und vor allem der leuchtende kleine See, zwei Halbinseln, zwei Wirtshäuser, und hoch droben, in den allerhöchsten Appenzeller Bauämtern ein guter Mann, der dieses Juwel bis heute vor Neubauten geschützt hat... Wir gehen auf dem Strässchen nach Wasserauen zurück, oder – wenn verliebt und Stille bedürftig – über Chli Hütten. Gesamtzeit Ebenalp–Wasserauen 4.00 Std. – 6.45 Std. ohne Seilbahn.

1 Tag Anfahrt 97 km Kinder ab 10 J. (Reepschnur)
Bergwanderung

TALORT Wasserauen, 868 m, über Appenzell–Weissbad.
STÜTZPUNKTE Berggasthaus Ebenalp, 1640 m, Seilbahnverkehr ab Wasserauen. – Berghaus Äscher, 1454 m (sehr einfach), 12 Min. unterhalb Bergstation Ebenalp. – Berghaus Schäfler, 1923 m, 1.15 Std. direkt ab Ebenalp oder 1.45 Std. ab Äscher. – Gasthaus Seealp und Forelle, 1141 m, am Seealpsee, ab hier 1.45 Std. bis Wasserauen
CHARAKTER Aussichtsreiche Kammwanderung, die vom Schäfler an unbedingte Trittsicherheit und Schwindelfreiheit erfordert; Kinder und unsichere Begleiter unbedingt an die Reepschnur nehmen. – Pflanzenschutzgebiet. – Beste Zeit: Mitte Juni bis Ende Oktober! – Ausrüstung A! Mit Reepschnur!
FÜHRER/KARTEN «Säntisführer» (Fehr St. Gallen). LK 1:25 000, Bl. 1115, Säntis; evtl. 1:50 000, Bl. 227, Appenzell.
BILD Die nördliche Kette des Alpsteingebirges, vom Gipfel des Schäflers, 1923 m, gesehen. Im Vordergrund von rechts Läden, Filderbettersattel, Altenalptürme mit dem links am Wandsockel ziehenden Höhenweg zum Lötzlisalpsattel unter der von Sonne und Schatten markierten NO-Kante der Hängeten; rechts darüber das abstehende Öhrli über der Öhrli-Grueb, links darüber Girenspitz und Säntis, 2501 m. Unter dem Säntisgipfel Blau Schnee und Fälalp über dem Mesmer, links unter dem Säntis der Lisengrat, unter dem Lisengrat Wagenlücke und Rossmad.

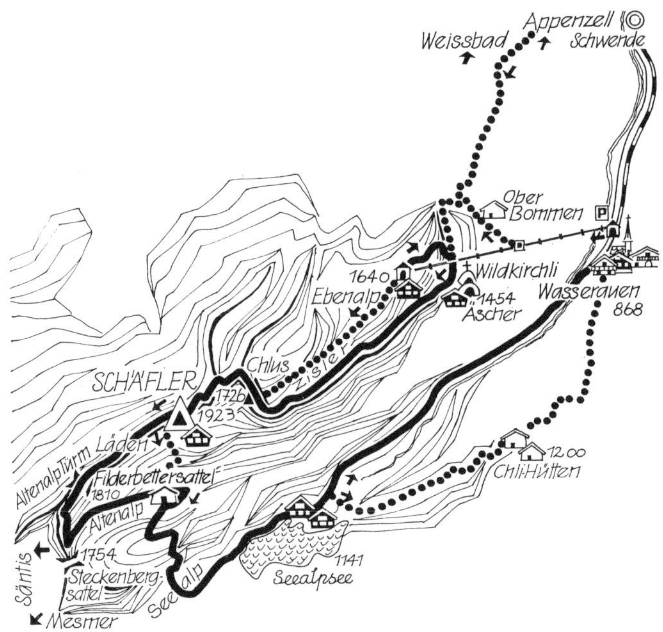

34 Drei Kreuzberge für Kletterfreunde

II., III. und IV. Kreuzberg im Alpstein über dem Rheintal

2 Tage Anfahrt 96 km (118) Keine Kinder!
Klettertouren (II und III)

Die 8 Kreuzberge in der südlichen Kette des Alpsteingebirges um Säntis und Altmann prägen den geologischen Charakter dieser Gruppe am deutlichsten aus: als dichte Bündel senkrecht aufgestellter Schichtplatten stehen sie nebeneinander über grünen Steilflanken.
Der feste Kalk dieser Schichtplatten und das Kamine und Risse bildende Gefüge haben die Kreuzberge zu einem natürlichen und berühmten Klettergarten gemacht, in dem alle Schwierigkeitsgrade anzutreffen sind. Der ausgezeichnete «Säntisführer» schildert auf vollen 30 Seiten die Anstiege zu den Unterkunftshütten und sämtliche Kletterrouten. Wir greifen aus der Überfülle nur drei Besteigungen heraus, die den III. Schwierigkeitsgrad nicht überschreiten. Wir empfehlen für den bereits erfahrenen und entsprechend ausgerüsteten Kletterer, der sich mit einem ebenso guten Kameraden durch das Seil verbindet, folgende Anstiege: Auf Kreuzberg II von Osten nach Route 16a (Normalroute), wobei man von einem Rasensattel in das schräg von der Gratscharte herabziehende Kamin einsteigt. Reizende Kaminkletterei bis zur Gabelung, hier links in eine geräumige Nische. Stemmend über den folgenden Aufschwung und dann durch eine Rinne zum Grat zwischen Kreuzberg I und II. Man kann auch rechts der Rinne ansteigen. Von dem so erreichten Verbindungsgrat zwischen I. und II. Kreuzberg klettern wir nach Route 17b2 direkt in den Felsen rechts des Ostgrates – erst mehr links, dann mehr rechts – bis zu einem guten Standplatz mit Block: hier im Abstieg Abseilstelle! Dann folgt leichte Genusskletterei bis zum Gipfel. – Der Abstieg nach Westen erfolgt nach Route 17a; man gelangt so zu hübscher leichter Kaminkletterei (II) und dort, wo sich das Kamin unten verbreitert, auf die schmale Gratkante und über sie zum Sattel zwischen Kreuzberg II und III. – Der III. Kreuzberg wird von Osten auf Route 18b in einer feinen Gratkletterei erreicht. Der erste Zacken wird umgangen, dann geht es links zu einer schmalen steilen Rinne. Von deren oberem Ende luftig in die Rheintalseite hinausgestiegen und wieder zum Gratrücken emporgeklettert. Nun dem eingekerbten Grat entlang oder durch eine kurze Steilrinne (etwas rechts des Grates) hinauf zum Gipfel. Siehe auch die leichtere Möglichkeit von Variante 18b2 des Führers, nicht ganz so genussreich, aber sicherer! – Der Abstieg von Kreuzberg III nach Route 18a ist sehr leicht (I) und erfolgt grossteils in einer – landschaftlich besonders eindrucksvollen – Rinne, die nur am oberen Einstieg eng ist. Die Ersteigung des IV. Kreuzberges von der Einsattelung zwischen III und IV, also von Osten her nach Route 19a, ist sehr leicht: erst steiler Rasen, dann ein begrünter, aber fester Felsgrat. Als interessante Alternative ist für gute Kletterer die Route 19b (von Nordosten) zu nennen, bei der in sehr hübscher, zuweilen leicht ausgesetzter Kletterei eine kaminartige Rinne stemmend und kletternd überwunden wird. Hinterher folgt nach einem Schuttplatz leichtere Kletterei an der zweitletzten Felsrippe und im westlichen Kamin. – Wer nicht die leichte Route 19a zum Abstieg benützt und sich den Schwierigkeitsgrad II zutrauen darf, steigt zum Westgipfel von Kreuzberg IV hinüber und von dort westwärts in das grosse, oben gut gangbare, dann plattige Westkamin ein. Man halte sich genau an den «Säntisführer»!

TALORTE Sax, 480 m, im Rheintal. – Oder Brülisau, 922 m, Postauto von Station Weissbad der Appenzeller Bahn.

STÜTZPUNKTE Gasthaus Bollenwees, 1470 m (3.00 Std. ab Brülisau). – Hundstein-Hütte SAC, 1551 m (0.15 Std. ab Bollenwees). – Roslenalp, 1767 m (1.15 Std. ab Bollenwees; 3.45 Std. ab Sax).

CHARAKTER Kletterei in relativ sehr festem Kalkgestein, Schwierigkeiten je nach Route I, II oder III (der Schwierigkeitsskala). Landschaftlich und klettermässig sehr hübsch. Beste Zeit: Juli–September. – Ausrüstung C! Ein besonderer Hinweis: die leichtesten (weil über begrasten Fels führenden) Routen sind bei Nässe am schwierigsten!

FÜHRER/KARTEN Säntisführer (Fehr, St. Gallen) S. 35–65. – LK 1:25 000, Bl. 1115, Säntis; 1:50 000, Bl. 227, Appenzell.

BILD Der II. Kreuzberg (links), 1970 m, und der III. Kreuzberg, 2020 m, von Norden gesehen. Man sieht: beinahe senkrecht aufgestellte Bündel von Schichtplatten, die interessante Kletteranstiege erlauben.

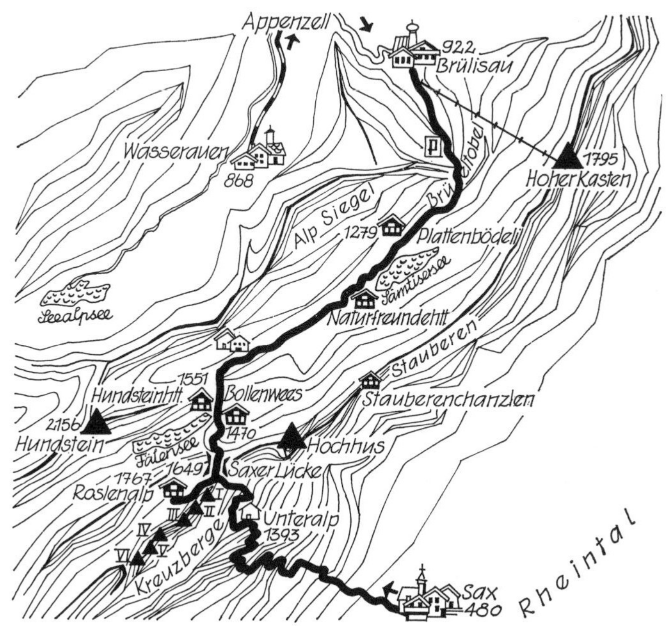

35 Über die Stauberen, 1750 m, zum Fälensee

Grosse Kammwanderung in der südlichen Alpsteinkette

1 Tag, evtl. 1½ Anfahrt 96 km Kinder ab 12 J.
Bergwanderung

Diese grosse Kammwanderung besass lange, ehe man von Brülisau eine Luftseilbahn auf den Hohen Kasten baute, den Ruf einer klassischen Unternehmung, eines einzigartigen Abenteuers für Augenmenschen. Nun wird sie bald immer mehr überlaufen sein, und die grosse strenge Stille, aus der man schlechthin die halbe Ostschweiz übersah, wird vertan sein. So ist jene Seilbahn eben doch nur wieder ein Geschenk an die Geschäftsleute, aber ein Flecken im Wappen des berühmtesten alpinen Fremdenverkehrslandes... Die Kammwanderung sei dennoch als «Zürcher Hausberg» dargestellt; zumindest im Herbst und nun gar im späten Herbst wird sie dem und jenem Bergfreund die alten Reize offenbaren. Man kann sie an einem Tag durchführen: 5.00 Std. mit Seilbahnbenützung; gut 7.00 Std. zu Fuss ab Appenzell – über Stauberen, unter dem Furgglenfirst dahin zur Saxer Lücke, nach Bollenwees am Fälensee, und dann über den Sämtisersee und das Brüeltobel zurück nach Brülisau. Man sollte sich freilich 1½ Tage Zeit nehmen und in einem der höchst verwegen am Kamm sitzenden Berggasthäuser zur Nacht bleiben, um die Sonne unter- und aufgehen zu sehen. Der sehr geschickt, aber auch kühn angelegte Höhenweg führt meist in der rechten oder linken Flanke der Kammhöhe und schenkt neben dem berühmten Ausblick ungewöhnlich interessante Einblicke in die geradezu aufregende Struktur des Alpsteins als Muster eines Faltengebirges. – Zu Fuss geht man nur gut 2.00 Std. zum Hohen Kasten hinauf, was dem Durst zugute kommt, dem Kreislauf und der Selbstachtung. Dann sehen Bodensee, Rheintal, Rätikon, Silvretta, Glarner und Bündner Berge auch ganz anders aus... man probiere das nur mal. Der weitere Verlauf der Kammwanderung: Man strebt immer südwärts, erst in der Ostflanke des Kammes, oder direkt über das gesicherte Weglein des Katzentöpli zum Kastensattel, 1678 m, dort scharf links abgebogen und am grasigen Südwestkamm zum Rohrsattel, 1591 m. Es folgen, einmal am Kamm, meist aber in der rechten Flanke begangen, Wänneli, Nadlen und Stauberenfirst, und schon hat man das nette Berghaus Stauberen dicht am Ostfuss der kreuzgeschmückten Felsen erreicht. Jetzt Achtung: Diese Felsen rechts umgehend, kommen wir in ein kleines Schärtli und steigen aus ihm durch eine steile Rinne mit teils natürlichen, teils künstlichen Felsstufen ab in die aufregend abschüssige Nordwestflanke. Trittsicherheit und Vorsicht unerlässlich! Kinder an Reepschnur! Unter den Hüsern auf gutem Weg zum Furgglenfirst gequert, bei hartem Altschnee oder Neuschnee heikel! Rechts unten sehen wir Bollenwees und Fälensee, darüber den Hundstein – alles pure Alpenromantik! Nun wird der Bollenweeser Schafberg bis in die Saxer Lücke, 1649 m, über- und abgestiegen, dann stehen wir am Sockel der Kreuzberge, staunen, erschauern, und steigen steil in die Wiesenböden um Bollenwees ab, 1470 m, und zum dunklen Fälensee. Dann nördlich durch den «Stifel» steinig hinab, links Hochwald, rechts überhängender Fels, zum Alpboden des Rheintaler Sämtis und zum See, 1209 m. Später auf dem Strässchen, das von Bollenwees kommt, leicht steigend zum Gasthaus Plattenbödeli, 1279 m, dann sehr steil in das Brüeltobel und nochmals steil auf den brettebenen Talboden von Brülisau. Ein romantischer Abstieg!

TALORT Brülisau, 922 m (Autokurs von Weissbad, Bahn von Appenzell nach Weissbad).

STÜTZPUNKTE Die Berggasthäuser Hoher Kasten, 1795 m (Seilbahn von Brülisau), Stauberen, 1750 m (1.20 Std. ab Seilbahn), Bollenwees, 147 m (1.40 Std. ab Stauberenchanzlen), Hundstein-Hütte SAC, 1551 m (0.15 Std. ab Bollenwees), Naturfreundehaus, 1214 m (0.40 Std. ab Bollenwees), Plattenbödeli, 1279 m.

CHARAKTER Berühmte und beliebte Gratwanderung auf gutangelegten, teils exponierten Wegen. Stellenweise absolute Trittsicherheit erforderlich. Dort bei Kindern Reepschnur anlegen! Mittelstück bei Schnee (Vorsommer) heikel! – Beste Zeit: Juli bis Ende Oktober! – Pflanzenschutzgebiet! – Ausrüstung A!

FÜHRER/KARTEN «Säntisführer» (Fehr'sche Buchhandlung), S. 22. – LK 1:25 000, Bl. 1115, Säntis; evtl. 1:50 000, Bl. 227, Appenzell.

BILD Am Hohen Kasten im Alpsteingebirge. Bildmitte: Sämtisersee. Die Berge von links: Stauberenchanzlen, Kreuzberge (unter ihnen, unsichtbar, die Saxer Lücke), Mutschen, Roslenfirst, Zwinglipass, Altmann, Rotsteinpass, Lisengrat, Säntis und Girenspitz.

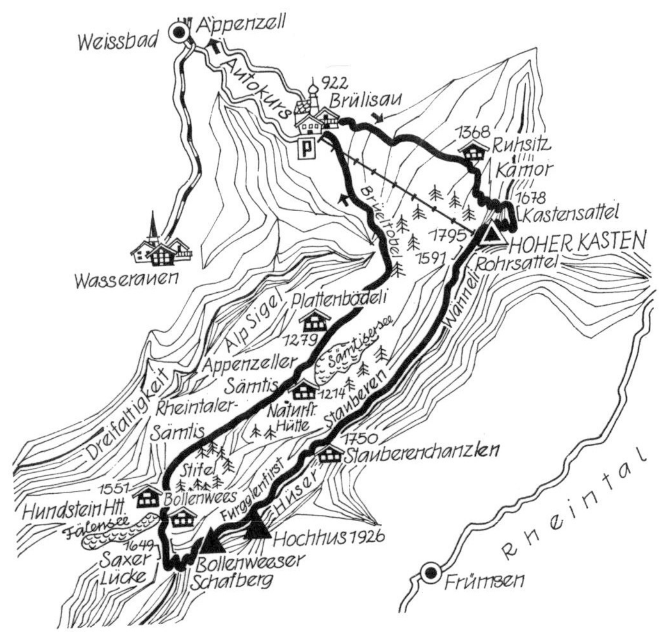

36 Das Glarner Foostöckli, 2535 m, als Aussichtsloge

Aus dem Weisstannental über den Foopass

1 Tag   Anfahrt 95 km   Kinder ab 12 J.   Bergwanderung

«Foostöckli? Nie gehört!» wird mancher Leser zunächst sagen. In der Tat ist dieses Foostöckli zwischen Sernftal und Weisstannental nur ein kleines Felshorn von 2535 m Höhe im weiteren Auslauf des Piz Sardona (nordwärts), und wenn man vom Foostöckli rundum schaut, muss man die Augen heben, um den Kärpf zu sehen, den Ringelspitz, Piz Segnas, Tschingelhörner, Vorab, Hausstock, Tödi, Claridenstock, Ortstock, Höch Turm, Glärnisch, Mürtschenstock und Churfirsten... Man sieht, zumindest als Aussichtsloge scheint dieses versteckte Foostöckli kein schlechtes Ziel. Es kommt hinzu, dass wir durch eine zerschlagene, verworfene Bergwildnis ansteigen und aus ihr in eine melancholische Uröde im Heitel gelangen. Am Gipfelanstieg wartet nur stückweise ganz leichte Kletterei, die nur bei Nässe heikel wäre, und am Gipfel selbst ein grasgrünes, sauberes Rastplätzchen: eine Loge, sozusagen... Von der Kirche in Weisstannen einige 100 m talein zur Strassengabelung, hier rechts, dann stetig steigend rechts des Seezbaches dahin. Bei der Gabelung kurz vor der Alp Vorsiez dem Wegweiser nach links folgen, erneut über den Bach, an der Alp Glätti vorüber und in leichtem Auf und Ab zu den Hütten von Walabütz-Untersäss, 1361 m (2.00 Std. – Bis hierher mit Auto gut möglich!) Reizender Grünkessel, umgeben von schroffen Wänden. Unterhalb der Hütten auf Spuren über die Alpmatten zum Foowäldli im Talschluss, wo der Bach aus einer schwarzen Felsenschlucht rauscht. Auf schlechter Wegspur nun immer südwärts dahin, steil über den von Felsstürzen verwüsteten, von Wasserrinnen durchfurchten, schwarzschieferigen Hang in Serpentinen hinauf, dann flacher und auf besserem Weg links um eine Felsecke und abwärts ins Foobachtal. Oberhalb der «Enggi» verzweigt sich der Weg zweimal, wir bleiben immer rechts, an der weissroten Markierung, bis wir über eine Schrofenstufe die Wiesenterrasse der Fooalp, 1875 m, erreicht haben (1.20 Std. ab Untersäss). – Hinter der oberen Hütte links über den Bach, dann nicht ihm nach, sondern südlich, die obersten Spuren nutzend, auf die wuchtigen Nordflanken des Chli Schiben zu, eines Vorberges des Piz Sardona. Mässig steigend bis P. 1981, dort rechts ab und durch die Heitel gestromert, einen entlegenen Hochkessel, schliesslich Sumpfspuren ausweichend, immer mehr nach rechts, dann in gut 1.00 Std. zum P. 2261 m, knapp nördlich über dem Foopass, 2223 m, den wir gar nicht betreten müssen (ausser abwärts, wer nach Elm absteigen will). – Jetzt, das Foostöckli längst im Auge, immer nördlich am grünen Kamm dahin und dann etwas steiler auf P. 2338: unschwierig bis zwei Meter unter seinen Gipfel, hier einige Meter ausgesetzt westwärts, von dort in ein Schärtli und, Trittspuren folgend, über Schrofen westlich der Gratkante zum Gipfel. Als wir hier 1967 den Kopf über die Kante streckten, lagerten dort mehrere Steinböcke, vornehme, weltläufige Steinböcke, denn sie hauten nicht wie der Wind ab, sondern glotzten uns ruhig an, dann erhob sich das wuchtige Leittier ganz ohne Hast und führte sein Rudel (uns dazu) über den ganzen Kamm zum nahen Foostöckli hinüber. Dort verschwand das Rudel in den überhängenden Ostwänden. Wir selbst stiegen knapp der Abbruchkante (siehe Bild) entlang steil zum Gipfel hinauf (1.00 Std. ab Foopass), wobei wir ein Kind an die Reepschnur nahmen.

TALORTE Weisstannen, 1004 m, Postauto von Sargans; mit Auto bis Walabütz-Untersäss, 1361 m, möglich! – Evtl. für Abstiegvariante Elm, 960 m (Endpunkt Sernftalbahn).

STÜTZPUNKT keiner (evtl. Alphütten).

CHARAKTER Bis zum Foopass eine einfache, sehr stille Wanderung auf Wegen bzw. Wegspuren; Gipfelanstieg teilweise ganz leichte Kletterei (–I). Deshalb Trittsicherheit und Schwindelfreiheit wichtig. Gipfelanstieg bei Nässe oder Neuschnee am besten unterlassen. – Steinböcke! – Beste Zeit: Juni bis Oktober! – Ausrüstung A, evtl. B!

FÜHRER/KARTEN Clubführer «Glarner Alpen», S. 96/97. – LK 1:25 000, Bl. 1174, Elm, und evtl. Bl. 1175, Vättis. – LK 1:50 000, Bl. 247, Sardona, und evtl. Blatt 237, Walenstadt.

BILD Ausblick vom Anstieg aus der Heitel – zwischen Fooalp und Foopass – gegen Nordwesten auf das Foostöckli, 2535 m (rechts oben). Im linken Bildteil oben P. 2338 m, auf dem, als wir, über Blöcke aufsteigend, plötzlich den Kopf über die Gipfelkante streckten, ein ganzes Rudel Steinböcke lagerte. Ganz links der nördliche Foopass.

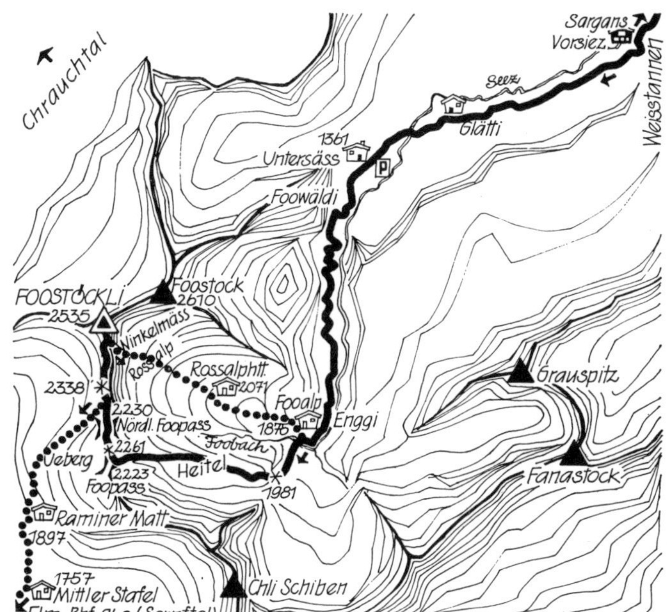

37 Der Spitzmeilen, 2502 m, ob dem Flumserberg

Vom Zigerbödeli auf den schwarzen Zuckerhut

1 bis 1½ Tage Anfahrt 92 km Kinder ab 12 J.
Leichte Bergtour

Er thront spitz über einer ausgedehnten Hochfläche, die karg begrünt ist, aber überreich mit Sand, Geröll und Karren ausgefüllt. Wer auf der schnellen Strasse zwischen Walensee und Sargans rechts das Dorf Flums passiert, entdeckt – nicht nur als Zürcher Bergfreund – für Sekunden hoch am südlichen Horizont, hoch über dem Schilstal, einen schwarzen Zuckerhut: das ist der Spitzmeilen, das ist der alpine Knalleffekt über dem riesigen Flumserberg. Die Tausende von Skiläufern, die winters den Flumserberg hinabwedeln, kennen ihn nicht: Skifahrer schauen nur auf Bindung und Piste, also abwärts. Wir aber schauen aufwärts, wenn wir von der Tannenbodenalp hinauf zum Maschgachamm-Zigerbödeli gefahren sind. Und ob wir nun von der Station, 2047 m, direkt über Alp Banüel, 1803 m, und Alp Fursch, 1792 m, zur Spitzmeilenhütte des SAC auf 2087 m wandern, oder – hübscher – über den Ziger, 2074 m, dann am Grat zur Zigerfurgge, 2001 m, und von da erst über die Alp Fursch – in jedem Falle sehen wir den Spitzmeilen erst nach 1.30 Std. wieder, südlich der Alp Fursch am Rücken des First: plötzlich haben wir die Hütte vor uns und drüber den Spitzmeilen. Jetzt ist er kein schwarzer Zuckerhut mehr, sondern die stolze Ruine einer alten Burg aus Kalk, von tausend Wettern zersägt und zerfetzt. Dennoch bleibt er ein feines Bergsteigerziel: er verspricht eine grosse Aussicht und einen längeren Gratbummel. Dazu leichte Kletterei. – Die Spitzmeilenhütte liegt aufregend nahe am felsigen Steilabfall der Fetschenchöpf, wir haben sie in 2.00 Std. ab Zigerbödeli erreicht und steigen nun von der Hütte weg auf anfangs schlechter Wegspur südwärts hinauf zum Kamm der Schönegg und, auf Westrichtung gehend, zum Sockel der Felsen. Das letzte Gratstück ist sehr steil; die Spuren leiten vor eine steile breite Rinne in der Ostwand des Spitzmeilen, die reichliche 60 Meter hoch ist und gut ausgestattet mit Griffen und Tritten. Die folgende Kletterei in den gutgestuften Felsen dieser Rinne ist leicht; weil aber diese Felsen da und dort mit losen Steinen bedeckt sind, müssen wir auf die Gefahr des Steinschlages achten – falls andere Bergsteiger nachfolgen. Unerfahrene nimmt man hier besser an das Seil, vor allem Kinder. Die schwierigste Stelle befindet sich, auch dies ein Trost, sofort am Einstieg. Nach Erreichen eines Absatzes halten wir uns erst links, dann steigen wir am rechten Rand der Rinne empor. Da die Felsstufen die Exposition verringern, ist die Kletterei ein kleines hübsches Vergnügen – zumindest für bergerfahrene Besucher des Spitzmeilen. Anstiegszeit ab Hütte bis Gipfel 1.30–1.45 Std. Die Aussicht reicht bis hinüber nach Vorarlberg, und alle sieben Churfirsten stehen wieder einmal stramm im Glied... Wem die Kletterei nicht zusagt, der umgeht den Spitzmeilen rechts oder links und begnügt sich mit dem unschwierigen Weissmeilen (Wissmilen), 2483 m. Von hier aus macht auch der Spitzmeilen bessere Figur als von Osten. Abstieg vom Sattel aus direkt über steilen Schutt, der in sanftes Gelände übergeht. – Beim Abstieg kann man den Aufstiegsweg nehmen. Man sollte aber auch einmal zu Fuss zur Tannenbodenalp absteigen, nämlich von Banüel durch den Wald mit vielen Pilzen nach Prod, dann steiler und im Zickzack in die moorigen Gründe von Madils nahe der Tannenbodenalp; man gelangt nach 2.30 Std. direkt neben das Hotel Cresta.

TALORTE Flumserberg–Tannenbodenalp, 1393 m; ab hier Seilbahn zum Maschgachamm-Zigerbödeli, 2047 m. – Für Abstiegsvariante evtl. Matt im Sernftal.

STÜTZPUNKT Spitzmeilenhütte SAC, 2087 m. 2.00 Std. ab Zigerbödeli, oder 3.30 Std. zu Fuss ab Tannenbodenalp.

CHARAKTER Leichtere Bergtour. Bis zum Gipfelstock meist gute, teilweise markierte Wege oder Wegspuren. Kletterei am Gipfelstock kurz und leicht, Fels gut gestuft und fest, nicht exponiert. Gipfelanstieg sehr lohnend und nicht anstrengend. – Beste Zeit: Juli bis Oktober! – Ausrüstung: B (für Kletterungewohnte Seil oder stärkere Reepschnur mitnehmen!)

FÜHRER/KARTEN LK 1:25 000, Blatt 1154, Spitzmeilen. Oder 1:50 000, Bl. 237, Walenstadt. Clubführer «Glarner Alpen».

BILD Der Spitzmeilen, 2502 m – von fernher wie ein schwarzer Zuckerhut wirkend –, ist aus der nächsten Nähe, hier vom Weissmeilen (Wissmilen) gesehen, nur noch eine dunkle, stark verwitterte Ruine einer Kalkburg. Er wird von der jenseitigen Ostseite aus durch eine Rinne kletternd erstiegen. Der Wissmilen wird nach Umgehung des Spitzmeilen südlich oder nördlich ohne Schwierigkeiten erreicht.

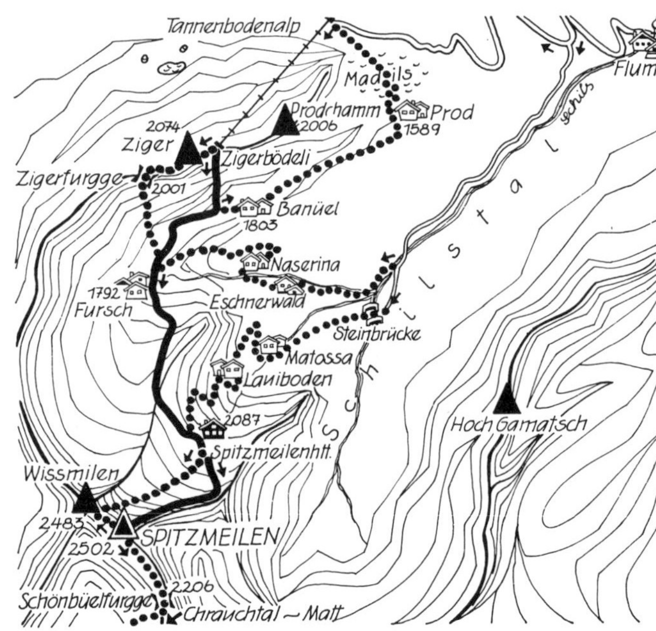

38 Der Pizol, 2844 m, über dem Rheintal

Abstieg als Fünf-Seen-Wanderung

1½ Tage Anfahrt 94 km Kinder ab 14 J. Hochtour

Man unternimmt nicht gerne eine Bergtour, wenn man unterwegs auf jene Globetrotter trifft, die stets den engen Umkreis der Seilbahnstationen bevölkern: mit Shorts, Photogerät und Transistor... Aber wenn wir den Pizol (in aller Welt als idealer Pistenberg bekannt) als Tagestour machen wollen, müssen wir uns in jene Gesellschaft begeben. Natürlich entfliehen wir am erstbesten Fleck, und das ist hier die Pizolhütte auf 2227 m Höhe, einst dem SAC und den Alpinisten gehörig, jetzt als «zweckentfremdet» abgestossen. Jedenfalls fahren wir ab Wangs oder Bad Ragaz bis unter diese Hütte auf, steigen die wenigen Minuten zu ihr empor und verlassen sie auch gleich wieder: westwärts, wo wir bald zwischen Rundhöckern und Gletscherschliffen verschwinden. Wir steuern südwestlich die Wildseelücke an, queren oben am Hang der Schwarzen Hörner und verhalten nur, wenn wir – endlich! – unter uns im Geröll die Murmeltierfamilien entdecken. Diese «süssen kleinen Hündchen», wie zuletzt eine schlecht informierte Sesselliftfahrerin meinte. An der Wildseelücke (Bild) kommen wir endgültig in eine andere Welt; vor uns der kleine Wildsee, dessen Name gut gewählt ist, und über seinem Schuttkessel das kleine magere Pizolgletscherchen. Natürlich wird er zum Gletscher, wenn wir ihn nach der Traverse in Südrichtung betreten und besteigen müssen. Man sollte dies nicht, wozu manches falsche Spurentrassee zuweilen auffordert, am Rande der Felsen rechts versuchen, sondern immer nur links, also am Ostrand. Denn drüben unter dem Pizol warten neben Rand- auch diverse Querspalten, wir können es bezeugen... Aus der riesigen Hohlkehle unter der Skischarte, wo sich bei scharfem Wind so fein rasten lässt, kann man, von Süden her, zum Gipfel ansteigen. Unschwierig für trittsichere Geher. – Der Abstieg ist diesmal unser Hauptziel und Hauptgenuss: denn wir gehen, wenn wir den Gletscher überquert haben und querend bis unter die Wildseelücke geraten sind, neue und geheime Wege – aber auch viel weglos. Der Wildseeabfluss drängt in eine Art Schlucht gegen Norden, hier müssen wir versuchen, rechts oberhalb, also in der Westflanke des Schottenseehorns (in der Karte: Sichler), zu queren und über Schrofen und Schutt zum zweiten See, dem Schottensee, zu gelangen (das westliche Umgehen des Wildseeabsturzes ist umständlicher). Wilde Einsamkeit am Schottensee, milchig-blaugrüne Wasser! Dazu eine fast unheimliche Stille. Vom Schottensee auf Spuren streng nordwärts, dann in der Südwestflanke über karge Weide und Schieferschutt zum Schwarzplangg und vom Schwarzplanggrat auf Spuren ostwärts steil hinab (nur bei klarer Sicht möglich) zum kleinen Schwarzsee: 2368 m hoch gelegen, einsam, blauschwarz verdüstert und zu Recht mit einer alten Weisstanner Sage behaftet. – Von diesem Seelein queren wir nordwärts auf den Baseggla-Kamm, um von diesem, nordostwärts auf Spuren absteigend, das winzige Baschalva-Seelein zu erreichen, 2174 m hoch gelegen – unentschieden zwischen lieblicher Idylle und heroischem Chaos. Von hier weiter absteigend dürfen wir uns nur noch Wegen bzw. Wegspuren anvertrauen, denn hier ist die Welt voller Felsabbrüche – trotzdem keine 600 Meter entfernt Sessellifte durch die Landschaft schaukeln. Wir steuern also, südostwärts zielend, die Liftstation Gaffia an oder die Gondelbahn bei Furt.

TALORTE Wangs, 500–531 m; Gondelbahn und Sessellifte bis 2230 m. – Bad Ragaz, 514 m; Gondelbahn und Lifte bis 2222 m.

STÜTZPUNKT Pizolhütte, 2227 m. Von beiden Seilbahnstationen in 10 bzw. 25 Minuten zu erreichen.

CHARAKTER Bei 2.30–2.45 Std. Aufstieg bis zum Gipfel, und einem zwar wunderschönen, aber doch umständlichen, oft kaum mit Wegspuren gezeichneten Abstiegsweg von 3.00–3.30 Std. Dauer bis zur Sesselliftstation Gaffia, 1830 m, ist diese Bergtour keinesfalls zu unterschätzen. Sie ist keine Bergwanderung! Man begeht einen kleinen Gletscher, und man braucht zum Abstieg über die fünf kleinen Seen bis Gaffia ausgeprägten Orientierungssinn. Nicht ohne Landeskarte auf den Weg! Bei Nebel oder Schlechtwettereinbruch unbedingt über die Wildseelücke und die Pizolhütte absteigen! Landschaftlich ist diese Tour an Zauber kaum zu überbieten. – Beste Zeit: Ende Juli bis Oktober! – Ausrüstung C!

FÜHRER/KARTEN SAC-Clubführer «Bündner Alpen», Band I, S. 28, 50. – LK 1:25 000, Bl. 1155, Sargans, und Bl. 1175, Vättis. – Evtl. 1:50 000, Bl. 237, Walenstadt, und Bl. 247, Sardona.

BILD Ausblick von der Wildseelücke, 2493 m, auf Wildsee und Pizolgletscher. In Bildmitte oben der Pizol, 2844 m.

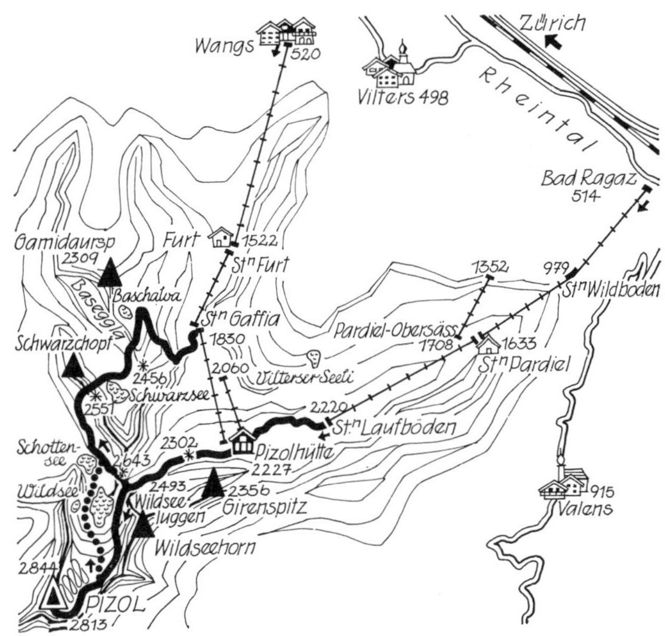

39 Zum Piz Sardona (Surenstock), 3055 m

Leichte Gletschertour für erfahrene Bergsteiger

1 ½ bis 2 Tage Anfahrt 108 km Keine Kinder!
Gletschertour

Der Piz Sardona steht als überfirnter Urgesteinsrücken mit einer auf 3055 m reichenden Felskappe zwischen Walensee, Glarner Tal und Vorderrhein; in engerem und interessanterem Sinne aber zwischen Sernftal, Calfeisental und Weisstannental. Auch die über den Sonnenkessel von Flims hinausragende Nachbarschaft von Piz Segnas, 3098 m, Piz Dolf, 3028m, und Bündner Vorab, 3028 m, ist überfirnt, aber keiner dieser Berge ist so schnell zu erreichen wie der Piz Sardona. Er ist sozusagen ein Gletscherberg der Zürcher Autofahrer, denn sie können bis zur Alp Sardona im Calfeisentai hinauffahren und gehen nur noch 1.15 Std. zur Sardonahütte, und von ihr am anderen Morgen in 4.00 Std. zum Gipfel... Eine andere Sache ist es, ob sie bis zur Alp Sardona auffahren sollen: denn dieses kostbar unberührte, im Wechsel von grossen strengen Formen und rührenden kleinen Idyllen immerzu reizvolle Calfeisental müsste zu Fuss abgelaufen werden. Zumal von Neulingen im Tal. – Ab Alp Sardona folgt man dem gut markierten Hüttenweg, wandert über die letzten Alpweiden wie durch einen englischen Park, quert nochmals den Bach und steigt dann in vielen Serpentinen zur erneuerten SAC-Hütte hinauf. Sie steht auf einer kleinen Terrasse, und der Rückblick ins Calfeisental bedrängt unser Gemüt; der Aufblick aber westwärts, immer an unheimlich steilen Felsabstürzen empor gegen den Sardonagletscher zu, wirkt erschreckend und abweisend. Immerhin sehen wir am folgenden Morgen, dass durch diese Abstürze ein vorzüglicher, im Neigungswinkel sogar idealer Weg so geschickt ins Gelände plaziert wurde, dass man die Höhendifferenz von 450 m (bis zum Gletscherrand) in einer einzigen sehr guten Stunde überwinden kann. Bei P. 2563, knapp vor dem Firn, sollten wir noch einmal auf die düsteren Nordwände der Ringelspitzkette zurückschauen. Vor uns blicken wir jetzt nur noch auf die Tagesziele, Piz Sardona und Piz Segnas. Der meist spaltenlose Gletscher wird zunächst nach Norden, dann aber bald in Südwestrichtung erstiegen, am Ende in Richtung Sardonapass, 2790 m; doch schon vor diesem Punkt streben wir streng westlich jenem Couloir dicht östlich der Kantonsgrenze zu, deren Linie hier zum oberen Gletscher zieht (2.30 Std. ab Hütte). Spätestens vor diesem Couloir sollte man anseilen (mit Anfängern seilt man bei Betreten des Gletschers an), denn dort kann es tückische Spalten geben. Oberhalb dieses Couloirs, das in jedem Falle sicherer ist als der auffallende breite Gletschersteilhang unter dem Surenjoch mit seiner starken Zerklüftung und oft auch Vereisung, steigt man am Firnhang schräg links westlich auf, bis man südwestlich von P. 3013 den Südgrat erreicht. Hier am breiten Firnrücken, dann über Schutt zum Gipfel des Piz Sardona (1.15 Std. ab Couloir). – Wer zum Piz Segnas will, quert aus dem Couloir etwas tiefer im Hang zum Surenjoch, 2946 m, und geht dann am Schneerücken zum 3098 m hohen Gipfel. – Beide Gipfel sind überaus aussichtsreich, am schönsten aber bleibt der Tiefblick ins grüne Calfeisental. Querung von Gipfel zu Gipfel leicht, etwa 1.00 Std. – Abstieg wie Aufstieg, mit der gehörigen Vorsicht im Couloir. Das Trinserhorn (Piz Dolf) wäre für einen zweiten freien Tag ab Sardonahütte das gegebene, höchst lohnende Ziel: Höhe 3028 m, 3.30–4.00 Std. Anstiegszeit mit unschwierigem Felsgrat.

TALORT Vättis, 943 m (Postauto); Autos bis Alp Sardona, 1745 m.

STÜTZPUNKTE Alp Sardona, 1745 m, Strohlager, 3.30–4.00 Std. ab Vättis zu Fuss; Autozufahrt möglich. – Sardonahütte SAC, 2157 m, 50 Schlafplätze (1967 erneuert), 1.15 Std. ab Alp Sardona.

CHARAKTER Eine leichtere Gletschertour bei guten Verhältnissen, günstig für Anfänger unter guter Führung. Der Anstieg ab Hütte ist relativ kurz und bei normalen Bedingungen ohne Schwierigkeiten, nur das Couloir zwischen Sardonagletscher und oberem Sardonafirn verlangt Vorsicht (evtl. Spalten). – Der Weg von Vättis zu Fuss durch eines der allerschönsten Alpentäler ist sehr eindrucksvoll. – Beste Zeit: Juli bis Ende September! – Ausrüstung D!

FÜHRER/KARTEN SAC-Führer «Glarner Alpen», S. 218/219. – LK 1 : 25 000, Bl. 1174, Elm, und Bl. 1175, Vättis. – Oder 1 : 50 000, Bl. 247, Sardona.

BILD Trinserhorn mit Nordwestgrat (links oben, auch Piz Dolf), dann Piz Segnas, Sardonapass und Piz Sardona (Surenstock, rechts oben, überfirnt mit Felskuppe rechts), gesehen von der Malanseralp über dem Calfeisental (Bildmitte unten). Die Lage der Sardonahütte über dem Talschluss, links in der Sonnseite des spitzen Sporns in der genauen Bildmitte, ist gut auszumachen.

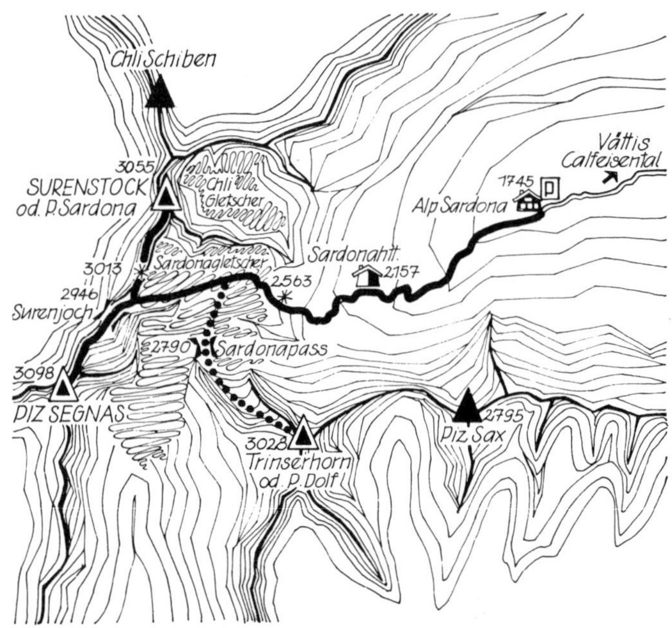

40 Der Ringelspitz, 3247 m

Strenge Bergtour mit Kletterei vom Kunkelspass

1½ Tage Anfahrt 100 km Ohne Kinder! Klettertour (II)

Der Ringelspitz, vielfach nur «Ringel» genannt, steht reichlich keck über dem Tal des Vorderrheins: das machen die schroffen Wandabstürze nach Nord und Süd, das macht der kühne Doppelgipfel, und dazu der kaum fassbare Höhenunterschied von 2650 Meter zwischen Rheinufer und Gipfel. Der Name kommt von dem dünnen hellen Kalkband, das den dunklen Flyschschiefersockel von dem grünen Verrucano-Gestein des Gipfelstockes markant trennt. Gegen Norden schickt der «Ringel» den kleinen Ringelfirn, gegen Süden das Taminser Gletscherchen zu Tal, das gibt Farbtupfen ins Gemälde und macht die Tour interessant. Ringelspitzbesteiger geniessen Hochachtung bei den Einheimischen; trotzdem man heute von Süden her zwar lang, aber nicht mehr auf «schwierige» Weise auf den Gipfel steigt. Es gibt nicht nur viel Föhn um den Ringelspitz, sondern auch viel Nebel und Wetterlaunen, deshalb: in jedem Falle Aufbruch vor Tagwerden! Die eben neu erbaute, von Dr. Moritz Blumenthal (Rätia) gestiftete schöne Ringelspitzhütte ist während der Drucklegung dieses Buches (Juni 1968) – abgebrannt! Vermutlich durch Blitzschlag... jedenfalls eine Katastrophe! Man muss nun wieder wie früher auf der Grossalp unterzukommen suchen. Grossalp wie Hüttenplatz werden vom alten Römerübergang des Kunkelspasses her erreicht. Die Strasse über diesen Pass ist gesperrt, es drohen wahrhaft drastische Strafen. Aber man kann im Vättnertal ungestraft bis Gravasils, 1056 m, fahren. Ab Vättis läuft man 1.30 Std. zum Pass; ab Tamins steiler in 2.00 Std. auf der Strasse, aber nicht dem alten Weg durchs Foppaloch, der rauh ist. Ab Kunkelspass westlich auf Fahrweg, dann geradeaus über den Rücken zur Grossalp, 1833 m. – Dann früh aufgebrochen, nordwestlich in einen Talboden und mit dem Weglein zum Berghüttli, 2126 m. Immer weiter am Bach, den man überschreitet, und durch Rasen und Geröll westlich, unter kleineren Felsen vorbei, zur Kuppe des Augstberges. Nun auf Wegspuren, teilweise von Steindauben an der Ostflanke von Crap Mats geführt, zu den Sandböden, 2449 m. Von hier immer nordwestwärts über den links plattendurchsetzten Rücken in eine Geröllmulde und auf den Taminser Gletscher. Über ihn in flachem Bogen nach rechts an den Mittelgrat des Ringelspitzes. Sind die Verhältnisse am Gletscher nicht gut, so steigt man von den Sandböden direkt zum Mittelgrat empor, folgt dem aufsteigenden Gratrücken und umgeht die erste schwierige Gratkante beim Steilaufschwung in der Westseite in guten Rissen. Der zweite Felsaufschwung wird über die Kante direkt erklettert oder links umgangen. Über den Mittelgrat, den man oberhalb des genannten ersten Steilaufschwunges vom Gletscherchen her erreicht, geht man bis zu dem markanten Felsblock, etwa in der Hälfte des ersten Gratstückes, wo er ganz schmal wird. Diesem scharfen, schiefrigen, aber gut begehbaren Grat folgt man bis zum «Band», wo er sich senkrecht aufbäumt. Die ersten drei überhängenden Meter können dank bester Griffe direkt genommen (aber auch links umgangen) werden. Man studiere diese Einzelheiten genau im SAC-Führer! – Vom Vorgipfel des Vorder-Ringel steigt man zum Ringelfirn und von diesem zum schwarzen Gipfelturm. – Der Fels am Mittelgrat ist gut und griffig. Man rechnet ab Hütte 3.30–4.00 Std., dazu etwa 2.30 Std. für den Abstieg (evtl. nach Tamins).

TALORTE Vättis, 943 m, Bus von Bad Ragaz; Autos können bis Gravasils, 1056 m, fahren! – Tamins, 670 m, Bus oder Bahn von Chur.

STÜTZPUNKT Neue Ringelspitzhütte SAC, 2000 m, an Wochenenden bestens bewartet; 4.00 Std. ab Vättis oder Tamins. Ab Parkplatz Gravasils 3.30 Std., 44 Lager. (Hütte Juni 1968 abgebrannt! Lager einstweilen in der Grossalp).

CHARAKTER Der mutmasslich aussichtsreichste Berg der Ostschweiz, der 3247 m hohe Ringelspitz zwischen Vorderrhein und Calfeisental, wird hier als Geh- und Klettertour empfohlen. Die technischen Schwierigkeiten gehen aber, trotz Exposition am Gipfelturm, über den Grad II (mässig schwierig) nicht hinaus, wobei Nebel, Nässe oder gar Neuschnee selbstverständlich eine Steigerung der Schwierigkeiten mit sich bringen können. – Beste Zeit: Mitte Juli bis Mitte September. – Ausrüstung C!

FÜHRER/KARTEN SAC Clubführer «Bündner Alpen», Band I, S, 23, 47, 133. – LK 1 : 25 000, Bl. 1175, Vättis, u. Bl. 1195, Reichenau. – evtl. 1 : 50 000, Bl. 247, Sardona.

BILD Der Ringelspitz über Sandböden und Taminser Gletscherchen. Links unter dem Gipfel der Tschepgrat (Südgrat), links am Bildrand der dunkle Felssockel von Crap Mats.

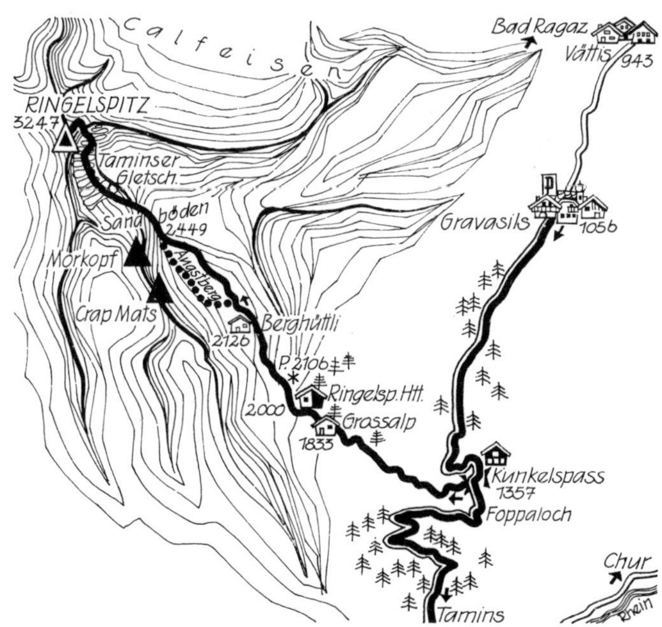

41 Auf den Gonzen, 1829 m

Felsbänke über Schloss Sargans

1 bis 1½ Tage Anfahrt 92–102 km Kinder ab 10 J.
Bergwanderung

Wer vom Bodensee her kommt, erkennt ihn nicht. Wer aber von Chur zum Bodensee oder Walensee steuert, dem fällt der Gonzen über Schloss Sargans auf mit seiner kräftigen Felsstirn über einem dichten steilen Waldpelz. Wer ganz genau hinsieht, etwa von Balzers her im Liechtensteinischen, der entdeckt hinter der das Rhein- und Seeztal unangefochten dominierenden Felsstirn des Gonzen eine beinahe parkähnliche Höhenregion im Nordostabfall, die Rietalp. Sie zieht von der Waldgrenze unter dem Walserberg bis hinauf zum Grat und verspricht heroisch aufgelegten Gemütern ungewöhnliche Augenweiden. Über diese Rietalp steigen wir zum Gonzen auf; begonnen wird am Schloss Sargans, das auf einem Felsblock aufsitzt, einst den Grafen Werdenberg gehörte und neben dem kräftigen Turm aus dem 13. Jahrhundert einen grossartigen alten Gerichtssaal und am Hügel nebenan die St.-Sebastian-Kapelle von 1502 (mit barocker Ausstattung) besitzt. Hier hört man noch die «Melodien unseres Jahrhunderts», denn Sargans ist Kreuzungspunkt dreier vielbefahrener Autostrassen. Deshalb gehen wir vom Schloss ein kleines Stück die alte Stadtmauer entlang, dicht über Rebhügeln dahin, biegen am Ende rechts ein und steigen auf dem schmalen Wiesenweg gerade nördlich aufwärts. Dabei wird das Strässchen nach Prod dreimal gekreuzt. Am Waldrand treffen wir ein neues Strässchen, das von dem alten nordöstlich durch Wald hinüber zum Walserberg führt. Hier wird lange und tapfer ausgeschritten! Bei Alp Lanaberg endet das Strässchen; wir drehen links ab und steigen wieder auf einem schmalen, markierten Wiesenweg, jetzt aber streng westlich und steil auf bis zum Kurhaus Gonzen, 1540 m, das auf einem kleinen feinen Absatz sitzt. Man könnte hier schon tun, was der schöne Durst befiehlt und auch die Aussicht nahelegt: rasten und schauen, und dabei trinken. Denn der Falknis gegenüber mitsamt dem wackeren Fläscherberg mitten im Rheintal, den die Bündner Wassermassen in Millionen Jahren nicht wegzufräsen vermochten, ist schon des Ansehens wert. Aber wir gehen weiter: denn zuweilen fahren Autoknechte auf dem winzigen schmalen Versorgungssträsschen hierher und verderben, was nicht verdorben werden dürfte. Aber wir lassen unserem gerechten Zorn keinen Auslauf und gehen plötzlich durch eine Art Parklandschaft, über die Untere und auch über die Obere Rietalp bis hinauf zum flachen Gratkamm zwischen Gonzen und Tschuggen auf 1668 m. Schon hier kann man lange faul auf dem Bauch liegen und Pizol, Graue Hörner und Flumserberg studieren. Aber vom Gipfelkreuz sieht man noch viel mehr. Also hinauf, es sind noch 160 Höhenmeter. Zuletzt geht es etwas steil zum Gipfel – mehr als 1300 Meter über Rheintal und Seeztal: 4.30 Std. ab Sargans. Es gehört zu den Ausnahmegenüssen unserer rückschrittlichen Zeit, von ganz hoch oben und aus sagenhafter Stille hinunterzuschauen – auf den endlosen Schwarm der Autofahrer in ihren dichten schönen Abgaswolken... Abstieg wie Aufstieg, es lohnt sich! – Man kann aber auch nach Trübbach zum Zug absteigen über Kurhaus Gonzen, Walserberg und Matug. – Und für ganz Faule: Man kann bis Oberschan hinauffahren, dort die Luftseilbahn zum Kurhaus Alvier, 975 m, nehmen und ab hier in 3.00 Std. zum Gonzen ansteigen. Die Landeskarte zeigt den Weg.

TALORTE Sargans, 483 m. – Trübbach, 479 m, – Oberschan, 668 m, ab hier Luftseilbahn zum Kurhaus Alvier, 975 m.

STÜTZPUNKT Kurhaus Gonzen, 1540 m, bewirtschaftet; 1.45 Std. ab Kurhaus Alvier (Seilbahn); etwa 3.15 ab Bhf. Sargans; etwa 2.45 Std. ab Bhf. Trübbach. Autozufahrt beschränkt möglich.

CHARAKTER Grössere, sehr dankbare Bergwanderung auf überwiegend guten, teils markiertenWegen, ohne Schwierigkeiten. Landschaftlich sehr reizvoll und instruktiv. – Beste Zeit: Juni bis November! – Ausrüstung A!

FÜHRER/KARTEN LK 1 : 25 000, Bl. 1155, Sargans. – Oder 1 : 50 000, Bl. 237, Walenstadt.

BILD Luftbild von Südosten: die kräftige Felsstirne des Gonzen, 1829 m, über Schloss Sargans (links unten) und dem nur knapp 500 m hoch liegenden Rheintalboden. Rechts vom Gonzengipfel Walserberg und Rietalp, über die wir ansteigen. Die Berge von rechts oben nach links: Gauschla, 2310 m, Alvier, 2343 m (lugt hinter Gauschla hervor), Fulfirst, 2383 m, Gamsberg, 2384 m, Sichelchamm, 2269 m; dazu links vom Gonzen die Südabstürze der Churfirsten.

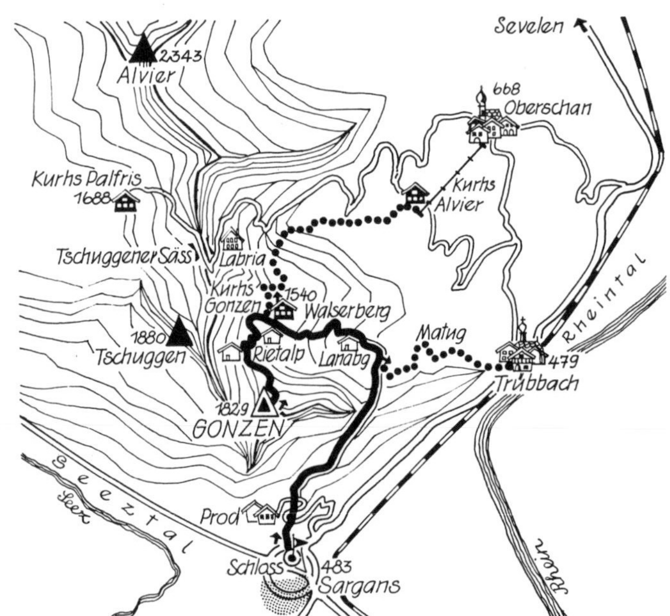

42 Der Alvier, 2343 m, vom Buchser Berg

Stolzer Gipfel zwischen Walensee und Rheintal

1 bis 1½ Tage Anfahrt 108 km Kinder ab 12 J.
Bergwanderung

Der Alvier, mit 2343 m dritthöchster Gipfel der nach ihm benannten Gruppe zwischen Walensee und Rheintalboden, ist der Prototyp eines «Traumgipfels»: Hunderttausende fahren vom Bodensee oder Zürichsee an ihm vorbei, bewundern mit Seitenblicken seinen kühnenAufschwung, und nehmen sich immer wieder vor, ihn «endlich» zu besteigen. Sie tun es nicht, sie träumen nur davon. Aber auch das will schon viel besagen, denn letztlich hat die Schweiz Tausende von Gipfeln... Am schönsten geht man den Alvier und sein bewirtschaftetes Gipfelhaus vom Buchser Berg her an. Da kann man bis Malbun auf 1373 m fahren und steigt dann südwärts auf dem Wiesenpfad zum Strässchen und auf diesem (Fahrverbot!) hinüber in den Riesenalptrichter von Malschüel. Hier passiert man erst die Alp Untersäss, dann den neuen langen Stall mit dem hellen Dach (Bild) und endlich Obersäss; erst von dort geht es steiler hinauf zum Barbielergrat und zum Sattel, 1977 m, am Fuss der Nordostabdachung und auf dieser in Kehren zum Gipfelhaus: etwa 3.30 Std. ab Malbun, immer mit dem Tiefblick zum Rheinboden und – vom Ostgrat – dem Fernblick auf Rätikon und Bündner Alpen... Ein völlig anderer Weg zum Alvier führt von Oberschan, genauer: von dem mit Seilbahn erreichbaren Kurhaus Alvier, 975 m, durch eine mächtige Waldzone, dann über freies, überraschend weites Alpland, zur Alp Labria, 1629 m, und von hier über den Kamm Gonzen–Gauschla–Alvier hinweg in die offene Südwestflanke zum Kurhaus Palfris, 1688 m. Bis hierher kann der, der kein Mitleid mit seinem Auto hat, auf steinigem Strässchen auch fahren. Der Fahrkünstler und der tüchtige Bergwanderer gehen dann ab Kurhaus Palfris den gleichen Weg zum Gipfel: erst nordwestlich am Hang querend, immer auf gutem Weg, dann nördlich steil in die Südwestflanke und in vielen Zickzacks hinauf. Dabei geht es über Felsabsätze und Bänder, man muss trittsicher sein und Nässe oder Neuschnee respektieren. In 1.30 Std. ist der Sattel zwischen Gauschla und Alvier erreicht bei P. 2185 m, dann führt uns ein Weglein in der Südflanke direkt zum Gipfel. Zusammen 2.15 Std. ab Palfris. – Für diese beiden Anstiege spricht, dass am Kamm plötzlich die Szene wechselt: erst Rheintalboden, Falknis und Drei Schwestern, und plötzlich Seeztaltiefe, Walensee, ein kompletter Flumserberg, Pizol, Ringelspitz und so einer nach dem anderen. Die Churfirsten zeigen ihre felsigen Rückseiten, fast alle Glarner Hochgipfel stehen Parade. – In beiden Fällen, ob man vom Buchser Berg her gekommen ist oder von Oberschan herauf, hat man die Chance, Sonnenuntergang und -aufgang von einem Gipfel aus oder doch zumindest von der hohen Gratschneide zwischen Gauschla und Alvier aus zu erleben. Wie viele Stadtmenschen kennen Sonnenaufgänge nur noch von Film und Fernsehen her, und – Hand aufs Herz! – wie viele autofahrende Bergwanderer machen sich schon die Mühe... Alle unsere Wege sind markiert bzw. mit Wegweisern ausgestattet. Ausgenommen ist der stark abkürzende Pfad, den man zu Fuss vom Kurhaus Alvier erst durch den mächtigen Bannwald, dann durch die freie Alp über Labria bis zum Kammrücken verfolgt. Ab Labria endet der Fussweg, und man nimmt die einzigartig aussichtsreiche Strasse über den Kamm hinweg, wechselt aus der Ost- in die Westflanke: jedes Mal ein grosser Augenblick!

TALORTE Oberschan, 668, Seilbahn bis Kurhaus Alvier, 975 m. Mit Auto möglich auf schmaler Strasse über Labria bis Kurhaus Palfris, 1688 m. – Buchs, 447 m; mit Auto bis Berghaus Malbun, 1373 m.
STÜTZPUNKTE 1. Kurhaus Palfris, 1688 m, bewirtsch., Autozufahrt, oder 3.00 Std. ab Kurhaus Alvier. – Berghaus Malbun, 1373 m, bewirtsch.; Autozufahrt, oder 3.00 Std. ab Buchs. – 3. Berghaus Alvier, 2340 m, bewirtsch., Massenlager; 2.15 Std. ab Palfris, 3.30 Std. ab Malbun.
CHARAKTER Grössere Bergwanderung auf markierten, unschwierigen Wegen. Beim Aufstieg ab Palfris Trittsicherheit nötig. Landschaftlich ausserordentlich lohnend: man nütze die Möglichkeit, bei Sonnenaufgang am Grat bzw. Gipfel zu stehen. – Beste Zeit: Ende Juni bis Ende Oktober! – Ausrüstung: A, evtl. B!
FÜHRER/KARTEN LK 1 : 25 000, Bl. 1135, Buchs. – Bl. 1155, Sargans. – Oder 1 : 50 000, Bl. 237, Walenstadt.
BILD Luftbild, aufgenommen über dem Buchser Berg, gegen Alvier (rechts oben) und Gauschla, links anschliessend. Im Kessel leicht rechts unter dem Alvier die gut erkennbare lange weisse Alphütte, die wir beim Anstieg von Malbun zum Alvier passieren. Im linken Bildteil der vom Hurst, 1970 m, abfallende Seveler Berg. Links oben im Hintergrund neben Gauschla Pizol, Zanaihorn und Calanda.

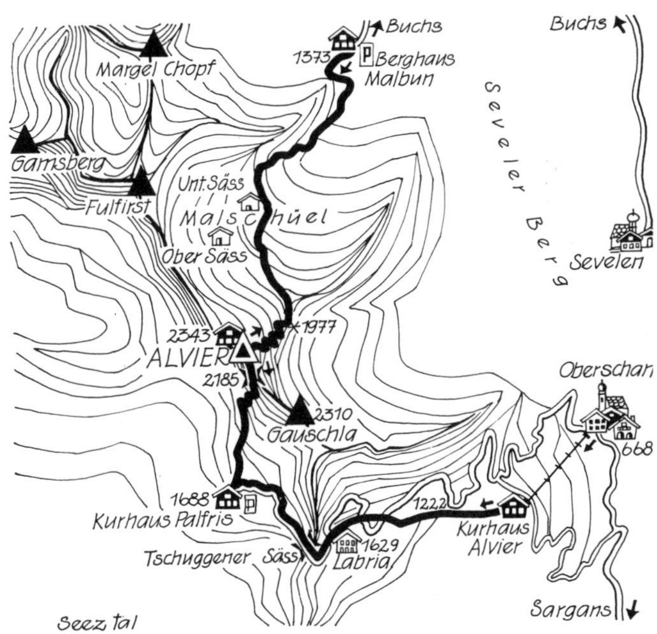

43 Der Margelchopf, 2163 m

Stiller Nebengipfel über dem Rheintalboden

1 bis 1½ Tage Anfahrt 110 km Kinder ab 12 J.
Bergwanderung

Wäre er nicht der Buchser Hausberg, so würden diesen Margelchopf über Buchs und Grabs nur wenige Bergfreunde kennen – die aber müsste man als alpine Feinschmecker bezeichnen. Der Margelchopf spielt nämlich in der volle 1900 Meter den Rheintalboden überragenden Alviergruppe keine andere Rolle als die einer abseitigen Aussichtskanzel von besonderen Graden. Zwar kann man nicht, wie von der hohen Nachbarschaft Gamsberg, Fulfirst und Alvier, über die jenseitige Südwestflanke auf Seeztal, Walensee und Flumserberge hinabschauen, es bieten sich nur die Churfirsten im Profil an, der komplette Alpstein und jenseits des Rheins die Vorarlberger «Ostalpen». Aber die unmittelbare Gegenwart des riesigen ebenen Rheintalbodens bewirkt doch, dass man die anderen Berge nicht als Gipfel unter Gipfeln sieht, sondern dass sich durch den Gegensatz von ebenem Stromtal und Gebirge der Begriff BERG erst richtig verwirklicht. Nicht umsonst haben die guten Maler des letzten Jahrhunderts, auch die Schweizer, die Berge entweder von der Ebene aus oder mit dem Blick zur Ebene gemalt. Nie ist das Gebirge schöner als von der Ebene her... oder vom Margelchopf, wo das ebene Rheinbecken immerfort für den Gegensatz sorgt: für den Knalleffekt. – Unter uns: eigentlich ist er ein Berg der alpinen Autofahrer und für sie eine kleine hübsche Tagestour; denn man kann meist auf geteertem Strässchen (kein Postauto!) bis zum Berghaus Malbun fahren, ohne Teer sogar bis Malbun-Untersäss, 1411 m. Der Fussgänger geht auf ständig abkürzenden Wegen durch Wald und Wiesen 2.45 Std. bis Berghaus Malbun und weiter, wiederum das Alpsträsschen fortwährend schneidend, bis Obersäss, 1743 m, eine weitere Stunde ab Malbun. Man kann nun, immer auf dem markanten Rücken des Dossen, weglos zum Hanenspil, 1889 m, aufsteigen, um von dort in schaurige Tiefen zu schauen, oder auf dem Fussweg den Hanenspil unterlaufen, bis nach einer Rechtskurve links zwei Wege abzweigen. Auf dem zweiten Weg, der anfangs schlecht ausgeprägt ist, gelangt man dicht unter dem felsigen Margelchopf zu zwei Miniaturseelein und dann steiler zu P. 2016, das ist der Sattel zwischen Margel- und Glannachopf. Vom Sattel geht es, gut markiert, direkt nördlich über den Grat zu den Gipfelfelsen und dann steil über Schutt und Felsstufen (teilweis Drahtseile) zum Gipfel (5.00 Std. ab Buchs, 2.30 Std. ab Malbun). – Es scheint dort oben, als strömten die beiden Riesenkämme von Buchserberg und Gamperneirücken vom Margelchopf hinab ins grosse Rheinbecken, jedenfalls haben glückliche Augen oben ihre grosse Chance. Man kann den Aufstiegsweg zum Abstieg benützen. Der Nichtautofahrer aber hat grössere Chancen, er findet reizvollere Abstiege, zum Beispiel: 1. zurück zum Sattel, westwärts zur Sisitzalp hinab, dort nördlich zum Chapf, dem obersten Punkt des mächtigen Gamperneirückens (im Bild rechts oben), und dann auf seinem Scheitel herabgebummelt, immer auf freier Höhe, immer mit weitem Ausblick, bis man am Studner Berg rechts nach Buchs abschwenken kann, das man bei Schloss und Dorf Werdenberg mit seinem feinen, guterhaltenen Ortskern erreicht. Oder 2: Abstieg wie vorher zur Sisitzalp, dann weiter nach Ober und Unter Länggli, Schlösslichopf, Chalchofen, 1183 m, und zum Postauto nach Grabs-Buchs.

TALORT Buchs, 446 m; schmales, gutes Bergsträsschen bis Berghaus Malbun, 1373 m. – Für Abstieg evtl. Grabs, 467 m (Postauto).

STÜTZPUNKT Berghaus Malbun, 1373 m; zu Fuss 2.45–3.00 Std. ab Buchs, mit Auto gut 20 Minuten; im Sommer bewirtschaftet.

CHARAKTER Grössere Bergwanderung auf guten grösstenteils markierten Wegen. Im obersten Teil Trittsicherheit nötig. Kinder evtl. am Gipfelstock an Reepschnur nehmen! Dort stellenweise Drahtseile, jedoch unschwierig. – Die gemütliche Bergwanderung bietet ein liebliches Landschaftsbild und zugleich dramatische Ausblicke! Überaus lohnend. – Beste Zeit: Juni bis Anfang Oktober! – Ausrüstung: A, mit Proviant! Evtl. B.

FÜHRER/KARTEN LK 1 : 25 000, Bl. 1135 Buchs; evtl. 1 : 50 000, Bl. 237, Walenstadt.

BILD Luftbild aus Nordost gegen Gamperneikamm (rechts vorn nach oben ziehend) und Buchser Berg mit der Alp Obersäss, 1743 m (links am Bildrand). Dazwischen das tiefeingeschnittene Tobel um Falspuus (tief beschattet). Über dem oberen Tobelende der (nicht gegen den Horizont stehende) felsige Margelchopf. Genau über diesem die hintere Rosswies, 2334 m, ein berühmtes Frühjahrs-Skitourenziel. Rechts davon Sichli, 2320 m, und Gamsberg, 2384 m.

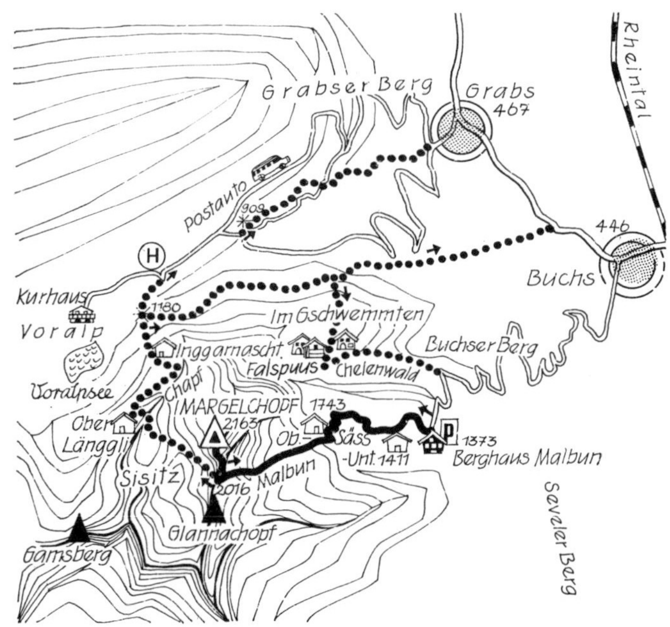

44 Auf den Falknis, 2562 m

Von Maienfeld über die Enderlinhütte

1½ bis 2 Tage   Anfahrt 104 km   Ohne Kinder
Bergwanderung

Knapp drei Stunden zur Hütte am Vortag, gut drei Stunden Aufstieg zum Gipfel, und das in einer reinen, ungewöhnlich steilen Südflanke, und schliesslich noch reichliche drei Stunden Abstieg: dies sollte auch den passioniertesten Bergfreund abschrecken... wenn es sich nicht gerade um diesen Falknis handeln würde. Die Sache ist die, dass der Falknis die Westschulter des ganzen riesigen Rätikonkammes ist, in dem immerhin Schesaplana, Drusenfluh, Drusentürme und Sulzfluh stehen und der im Falknis 2100 Höhenmeter über dem Rheinboden endet. Wer das Rheintal befährt, ins Bündnerland hinein oder heraus, der schaut bei Sargans wie hingerissen über die hartnäckigen Granithöcker des Fläscher Berges hinweg zur Falknisspitze empor – und geht eines späten Tages doch hinauf. – Wir wollen sehen: Wer ohne Auto kommt, startet in Maienfeld zwischen Rebhügeln und plagt sich dann gemütlich durch den Steigwald hinauf, bis er das Strässchen zwischen Luziensteig und Heidihof gekreuzt hat. Vom Waldrand führt ein Forststrässchen bis ins Gleggtobel. – Der Autofahrer parkiert 500 m südlich von Luziensteig, wo von der Hauptstrasse östlich ein breiter Fussweg abzweigt (Wegweiser). Am Weg zum Gleggtobel treffen sich Autofahrer und bessere Menschen. Beim Ausgang des Gleggtobels (Wegweiser) verlässt man den Fahrweg nach links, überquert den Bach und folgt dem gut markierten, steilen Fussweg streng nordwärts hinauf zur Enderlinhütte. Die Steilheit bleibt, die Aussicht aber wird mählich besser. Nahe der Hütte studiert man den Haldensteiner Calanda und den Pizol vis-à-vis mit all seinen unabsehbaren Falten und Geheimnissen (von denen kein Pistenfahrer je etwas ahnt). Bis zum Hüttenplatz also in 1501 m Höhe 2.15 bzw. 3.00 Std., und dann nur 25 Lager... Aber sie ist immerhin gemütlich, diese Holzhütte, und weil wir an einem strengen Berg sind, ist die Gesellschaft angenehm. – Anderntags, bitte vor Tagwerden, steil aufwärts auf dem Pfad und nicht vor den Türmen zurückgeschreckt, die über uns drohend in den Himmel ragen. Kurz unter ihnen weicht unser Weg brav nach rechts aus, quert ihre Flanken etwas ausgesetzt, doch ungefährlich bei entsprechender Vorsicht, und dann geht es nochmals überaus steil bis ins Fläscher Fürggli auf 2247 m hinauf, wo man verschnauft und die Flüche von unterwegs bedauert. – Nun geht es erst ostwärts, dann westwärts des Südgrates, auf ihn selbst und zum Gipfel: 3.00 Std. ab Hütte. – Wer auf dem gleichen Wege absteigt, verschiebe die Falknisfeier auf die Wirte unterhalb der Maienfelder Rebgärten, denn in der Südflanke wartet oft eine Bruthitze! – Ein sehr trittsicherer, sehr erfahrener Bergsteiger wählt eine andere Route: Vom Gipfel ein Stück in der Nordflanke des Westgrates hinab, dann auf gut markierter Spur nach Westen und durch die steile Südflanke des Verbindungsgrates zum Mazorakopf, 2451 m... Vorsicht bei Nässe! Unter dem Gipfel wird die Spur besser, der Tiefblick aufregender. Nun über den Guschagrat (Nordwestgrat) hinab, erst auf breiter Gratschneide, dann in der linken Flanke. Der Weg ist gut. Wir kommen nach Guscha, ein aussterbendes Bergdorf, in dem nur noch EINE Familie lebt: es ist das Dörfli aus der berühmten «Heidi»-Geschichte von Johanna Spyri! Und erreichen 1 km nördlich von Luziensteig die Hauptstrasse Maienfeld–Balzers. Abstiegszeit Gipfel–Luziensteig: 3.45 Std.

TALORT Maienfeld, 537 m.
STÜTZPUNKT Enderlinhütte SAC, 1501 m, am Südsporn unter dem Gir. 2.30–3.00 Std. ab Maienfeld über Steigwald und Lochrüfi. Meist Pfingsten bis Oktober am Wochenende bewirtschaftet, nur 25 Lager. – Ab Parkplatz Luziensteig 0.40 Std. kürzer.
CHARAKTER Grössere Bergwanderung auf steilen, aber gut angelegten und markierten Wegen. Trittsicherheit und Schwindelfreiheit unerlässlich! Am besten keine Kinder mitführen. – Übergang Mazorakopf bzw. Abstieg über den Guschagrat schwieriger! – Der gut trainierte Bergsteiger profitiert von diesem wie ein Wachtturm volle 2100 Meter das Rheintal überragenden Gipfel: die Aussicht reicht vom Bodensee und Schwarzwald bis in fernste Bündner, Urner und Vorarlberger Bereiche. – Beste Zeit: Juli bis Oktober! – Ausrüstung B, mit Proviant!
FÜHRER/KARTEN LK 1:25 000, Bl. 1155, Sargans, und Bl. 1156, Schesaplana. – 1:50000, Bl. 237, Walenstadt, und Bl. 238, Montafon.
BILD Flugbild von Westen über Rhein und Fläscher Berg hinweg auf den Falknis, die letzte hohe Westschulter des mächtigen Rätikonzuges von der Schesaplana her. Nach der Karte lässt sich auf diesem Bild der Anstieg samt Standort der Hütte verhältnismässig gut ausmachen.

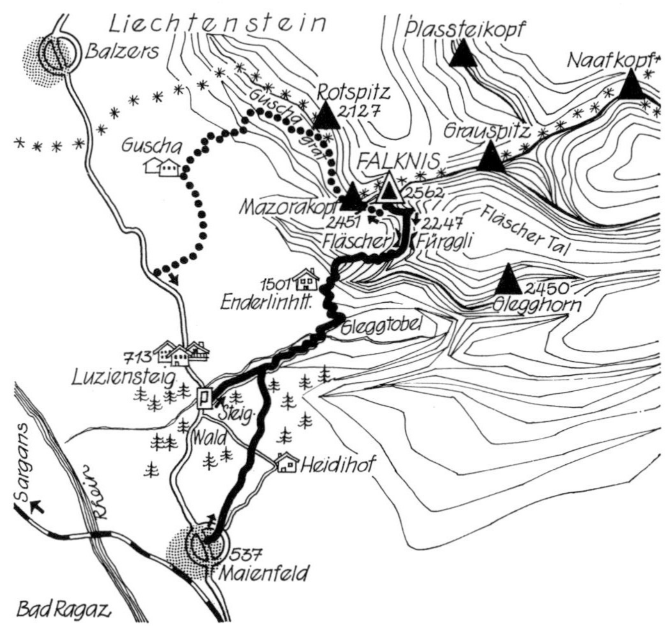

45 Zum Haldensteiner Calanda, 2805 m

Grosse stille Wandertage über Chur

Man ist als Bergästhet nicht nur vom Namen entzückt, wiewohl «Calanda» (von calare) nichts weiter heisst als das Rutschende, das Gleitende – nein, man ist vom ganzen Berg begeistert, der ja ein ganzes mächtiges Kalkgebirge darstellt, vom Ringelspitzmassiv entschieden abgetrennt durch Vättner Tal und Kunkelspass. Sieht man den Calanda von Chur her, so schaut man wie zu einer riesigen Bergfestung auf, bewehrt von Festungsgürteln, die, diagonal abfallend, Terrassen bilden und endlich ein scharfes felsiges Dach, das fast 2300 Meter über dem Rhein schwebt. Der gewaltige Felskamm hat gleich mehrere Gipfel, aber der klangvolle Name Calanda vereinigt sie alle: Taminser Calanda, 2389 m, Felsberger Calanda, 2696 m, Haldensteiner Calanda, 2805 m. Wer in der Stille wandern will, der muss auf den Calanda gehen – sagen sich viele Liebhaber, aber der Weg ist lang. Andererseits verteilt sich der genaue Höhenunterschied von 2250 m auf 1500 m vom Dorf Haldenstein bis zur Hütte, und auf 732 m von der Hütte bis zum Gipfel. Das heisst in Gehstunden etwa: am Vortag gute 4.00 Std. zur Hütte, am zweiten Tag 2.30 Std. zum Gipfel und dazu ein Abstieg von mindestens 4.15 Std. – Nach diesem deutlichen Bekenntnis dürfen wir auch Lob spenden: vom Gipfel entdeckt man nicht nur die steil durchfurchte, von Lawinenrunsen vielfach gespaltene Westwand (die mutmasslich den Namen gespendet hat), man schaut auch aus unendlicher Stille weit in den Bündner Kronschatz hinein: Schanfigg, Prätigau, Calfeisen- und Safiental mitsamt ihren Nebenfalten haben nichts mehr zu verbergen... Von Dorf und Schloss Haldenstein folgen wir dem markierten Alpweg nach Arella, 989 m, steigen in Serpentinen westlich durch Bergwald bis Fontanullia, 1514 m – oft mit feinen Talblicken auf Chur –, dann nordwärts an Bärenhag, 1601 m, vorbei und, auf West drehend, steiler hinauf und gleichzeitig den felsigen Sperring durchbrechend, auf Alp Calanda und zur Calandahütte SAC, 2073 m. Dieser Anstieg sollte möglichst in den späteren Nachmittagstunden gemacht werden, denn um den Mittag heizt die Sonne den breiten Calandahang wie einen Ofen auf; gegen Abend wehen kühle Lüftchen. Auf der Hütte schwört man, dass es in der Welt keine Autos gibt. – Anderntags geht es unproblematisch zum Gipfel: westlich gegen einen steilen Hang und in vielen Serpentinen über ihn empor. Nach 1.30 Std. wird das Gelände etwas flacher, wir passieren ein Schuttfeld, erreichen den Gipfelgrat und vergessen im selben Augenblick alle gehabte Mühe. Das machen die vielbeschäftigten Augen. Man kommt nördlich von P. 2634 m auf den Kamm und geht zwar müde, aber selbstbewusst wie ein Monarch dem höchsten Punkt entgegen. Währenddem grüssen bereits die hohen Nachbarn herüber, Ringelspitz, Piz Sardona, Vorab, Tödi, dazwischen viel Eis und unabsehbar tiefe blaue Talfurchen. Das Rheintal sähe aus wie das Rhonetal, so souverän, so reich, hätte es nur mehr und bessere Rebhänge: der Churer Schiller rettet da nicht viel. – Beim Abstieg halten wir uns am besten an den Anstiegsweg. Man kann aber auch mit Genuss den Gipfelkamm südwärts bis zum Tüfels Chilchli, 2460 m, verfolgen und erst von dort östlich über Schutt und Grashänge absteigen. Man kommt so auf den normalen Weg. – Eine märchenhaft schöne Calandawanderung verrät das «Wanderbuch» Nr. 9.

1½ bis 2 Tage   Anfahrt 120 km   Kinder ab 14 J.
Bergwanderung

TALORT   Haldenstein, 572 m, nördlich Chur am Rheinufer.

STÜTZPUNKT   Calandahütte SAC, 2073 m, auf einer Terrasse der Südostflanke. 40 Lager, März bis Anfang November an Wochenenden bewartet. 4.00 Std. ab Haldenstein.

CHARAKTER   Grosse und grossartige Bergwanderung auf guten Wegen hoch über dem Rheintalboden. Langer Hüttenanstieg. Bedeutende Umschau vom langen felsigen Gipfelkamm: 2233 m hoch über dem darunter fliessenden Rhein. – Beste Zeit: Ende Juni bis Mitte Oktober. – Mit Kindern ab 14 J. und etwas bergerfahren, langsam ansteigen! – Ausrüstung A genügt, mit viel Obst!

FÜHRER/KARTEN   «Schweizer Wanderbuch» Nr. 9, Calandawanderungen S. 37–44 mit interessanten historischen Einzelheiten. – LK 1 : 25 000, Bl. 1175, Vättis. – Evtl. 1 : 50 000, Bl. 247, Sardona.

BILD   Der Haldensteiner Calanda, hier aus der Luft von Nordosten aufgenommen, liegt wie ein altes mächtiges Gebirge, scharf abgeschieden vom Ringelspitz, dicht am berühmten Rheinknie bei Chur. Die Länge und Einsamkeit der Besteigung dieses aussichtsreichen Berges sollte keinen wahren Bergfreund davon abhalten.

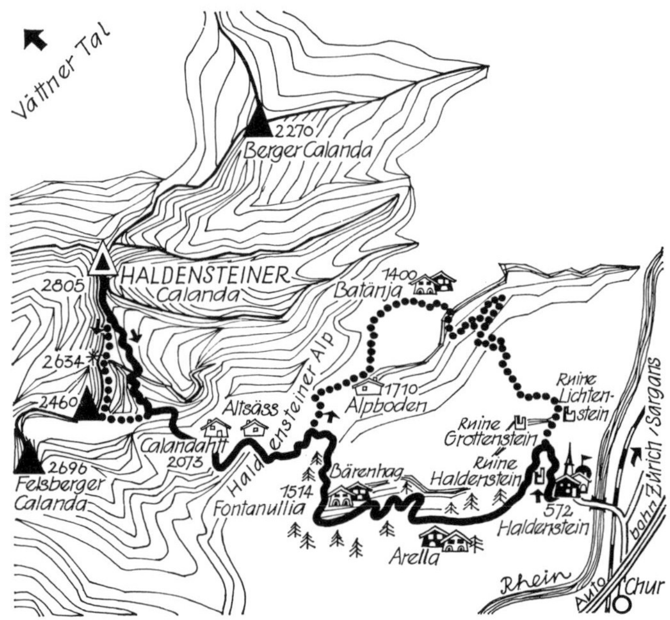

46 Am Chöpfenberg über der Linthebene, 1879 m

Grasberg mit Felsbesatz als Vorbergidylle

1 Tag Anfahrt 54 km Kinder ab 10 J. Bergwanderung

Er steht abseits der grossen Gipfelrunde um den Wägitalersee, und er ist nur ein felsbestückter Grasberg. Schlimmer noch: die ganze Nachbarschaft macht ihm seinen Ruf als Berggipfel streitig. Man sieht es beim Anstieg, wenn man erst den in kräftiger Karrenwand aufkeilenden Schiberg (Scheinberg) passiert und wenig später die senkrechten Bockmattliwände, und wenn rückwärts Gross Aubrig und Fluebrig aufsteigen. Übrigens schaut dieser armselige Chöpfenberg von Westen wie eine steile schlanke Pyramide aus, und von Süden her muss man ihn halt nicht anschauen. Wenn der Wägitalersee mit seiner ach so notwendigen und ach so naturfeindlichen Staumauer ganz voll ist, im Frühjahr also, geht man am besten zum Chöpfenberg. Fünf Minuten nach den letzten Häusern von Innerthal zweigt vom Seesträsschen links ein Fahrweg ab. Der Weg steigt kräftig am Hang an, zuerst in Südostrichtung, dann geringer steigend durch einen Hof und anschliessend durch saftige Weidewiesen. Kurz bevor das erste Heu eingebracht wird, soll man hier mit den Kindern wandern. Wir kommen durch einen zweiten Hof, der Weg steigt nun nochmals kräftig an, nachdem er auf Ostnordostrichtung gewechselt hat, und wir haben ausgiebig Gelegenheit, Schiberg und Bockmattliwände zu besichtigen, die mit hochalpiner Gebärde auftrumpfen, als fielen sie rückwärts nicht mit Grasflanken fromm in die Tiefe. Ein Rückblick noch auf Gross Aubrig, der jetzt gute Figur macht, und auf Fluebrig, und in den Wald gestiefelt. Er wird erst kurz unterhalb Schwarzenegg, 1324 m, verlassen; nochmals ein Stück höher gestiegen, und wir haben die Passhöhe erreicht, Schwarzenegghöchi, 1365 m. 1.30 Std. vom See. Das Zürcher Kletterparadies für gute Felsgeher, die Bockmattlitürme, stehen nun in voller Pracht vor und über uns. Wer Photograph ist, nützt raffiniertes Gegenlicht und schockierende Überschneidungen — oder macht, glücklich mit sich selber, eine Allerweltsphoto. Aber wir haben im selben Augenblick auch den Chöpfenberg vor uns und folgen dem guten Weg (Wegweiser), der horizontal unter den Bockmattlitürmen an der oberen Waldgrenze entlangzieht. Über die Trepsenalp geht es hinauf zur Chöpfenalp auf gute 1410 m (+ 1.00 Std.), und dann steigt man über die steilen Grashalden der Südflanke auf. Man muss den felsigen Gipfelstock nicht ersteigen, aber man kann es, wenn man trittsicher ist und Weib und Kind sorgfältig mit der Reepschnur sichert und vor Kapriolen warnt: man quert am grasigen Sockel der Gipfelwand so lange nach links, bis man an ein gelbes Kamin gelangt; durch dieses lässt sich der Gipfelturm unschwierig ersteigen (3.45 Std. ab Wägitalersee). – Abstieg wie Aufstieg, oder 2 Varianten: 1. zurück zur Chöpfenalp, südöstlich schräg am Hang hinab zur Scheidegg, 1431 m (Kantonsgrenze), und auf dem Wanderweg (markiert!) nach Näfels, zuletzt auf der Obersee-Strasse mit abkürzenden Fusswegen (3.30 Std.). – Oder 2: Über ein breites Grasband (Weg) längs des Chöpfenberg-Ostgrates, über den Brüggler, 1776 m, und Wageten Sattel, 1610 m, und hier scharf links und steil in Kehren ins Niederurnertal und nach Niederurnen (etwa 3.30 Std.). – Es gibt ausser dem ersten gelben Kamin in der Südflanke noch einen weiteren Zugang zum Gipfel des Chöpfenberges: die Umgehung von der Nordostseite und der leichte Aufstieg von Osten.

TALORT Wägital-Innerthal, 906 m (Postauto Siebnen–Innerthal), evtl. für Abstiegsvariante: Näfels, 445 m, Niederurnen, 435 m.

STÜTZPUNKT Keiner.

CHARAKTER Voralpine Wanderung in lieblicher Landschaft, aber vor imposanten Felskulissen. Bis Chöpfenalp gute, markierte Wege, bequem zu gehen. Schlussanstieg steil! Trittsicherheit wichtig! Nie bei nassem Gras oder Neuschnee! Der Felsgipfel verlangt leichte Kletterei. Also wenn Kinder, dann nur an der Reepschnur gesichert, oder unter dem Gipfelstock abstellen. – Beste Zeit: Mitte Mai bis Ende Oktober! – Ausrüstung B, mit Proviant!

FÜHRER/KARTEN SAC-Führer «Glarner Alpen», S. 8. – LK 1:25 000, Bl. 1133, Linthebene. – Evtl. 1:50 000, Bl. 236, Lachen.

BILD Unter dem Gipfel des Chöpfenberges, 1879 m, über dem Wägitalersee. Der auf steilen Grashängen aufsitzende felsige Gipfelblock muss erklettert werden. Links im Hintergrund der Mürtschenstock, rechts am Bildrand der Rautispitz.

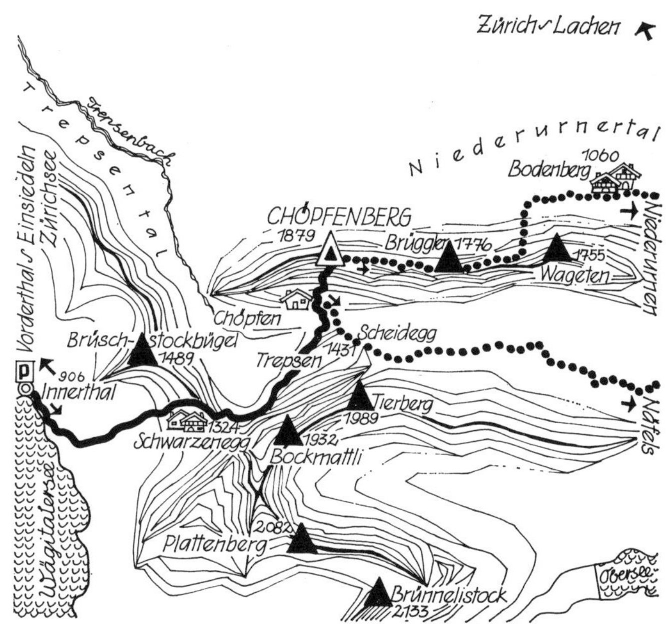

47 Bockmattli, 1924 m, und Schiberg, 2043 m

Bergwege hinter dem Zürcher Klettergarten

1 Tag Anfahrt 54 km Kinder ab 14 J. Bergtour

Nur 54 Kilometer fahren wir von Zürich über Siebnen zum Wägitalersee, um zum klassischen Klettergarten der Zürcher Bergsteiger anzusteigen. Hier regieren seit drei Jahrzehnten die extremen Kletterer, und man tut sich gar nicht leicht, als namenloser Bergwanderer seine Chance zu suchen. Andererseits beweist schon die Landeskarte, dass – wie hinter manch blutigem Ernst eines extremen Kletterers ein kindliches Gemüt – auch hinter der gewaltigen Kalkfassade der Bockmattliwände ein reichlich harmloses Bergwandergebiet wartet, das unverfroren auch noch mit grünen Grashängen aufwartet... Der Normalweg ist relativ einfach für den trittsicheren Berggeher: wie bei Tour 46 (Chöpfenberg) steigt man von Innerthal bis zur Schwarzenegg an (1.15–1.30 Std.), zweigt rechts ab, passiert nach 20 Minuten das kleine Kletterhüttli und nimmt den endlosen Zickzackweg durchs riesige Couloir, links Bockmattliwände, rechts Schibergfassade – bis man nach links abdrehen und über die begrünten Abhänge der Südflanke den Gipfel erreichen kann (+ 1.20 Std., ab Innerthal etwa 3.00 Std.). Der Weg ist ordentlich, Wegweiser und enorme Gehspuren führen uns! – Ganz anderer Art ist die grosse Überschreitung von Nord nach Süd, über Bockmattli und Schiberg zur Hohfläschenhütte gegenüber dem Zindlenspitz. Da müssen wir ab Kletterhüttli ebenfalls ins grosse Couloir queren, steigen aber nur bis zur ZWEITEN Serpentine an. Von dort auf guter Wegspur sofort links (östlich) in die Runse gestiegen zwischen Kleinem Bockmattliturm und Bockmattli-Hauptmassiv. Man bleibt auf der Wegspur, bis uns die steile Runse ganz leichte Kletterei hinauf in den engen Sattel anbietet: unerhört eindrucksvoll stehen wir hier zwischen senkrechten Kalkwänden, man spürt den Atem der «grossen Welt» der Extremen, man blickt neugierig und betroffen in ihre Intimsphäre. Der Tiefblick vom Sattel auf die gegenüberliegenden Rippen des Bockmattliturmes ist abermals faszinierend: man schaut in ein aufgeklapptes extrem-alpinistisches Bilderbuch hinein!... Ab Sattel nun südwärts durch ein Drei-Meter-Kamin ganz leicht auf die Nordwestgrasflanke des Bockmattli und über sie auf guter Spur zum Gipfel. Nie bei Schnee, nie bei Nässe! Unterhalb des Gipfels kommen wir auf die geschilderte Normalroute. Nur im Aufstieg zu machen, 10 Minuten länger als Normalweg! – Der Übergang vom Bockmattli auf dem Terrassenband («Schneeschmelzi») zur Schmelzifurgge, 1920 m, kann wegen der Schneereste nie vor Mitte Juni gemacht werden! Schlechter Weg, vielfach abgerutscht! Trittsicherheit und Schwindelfreiheit unerlässlich! Zeit ab Bockmattli 1.00 Std. – Ab Furgge, 1920 m, Sattel zwischen Plattenberg und Schiberg (letzteren haben wir bis zur Furgge in seiner Ostflanke unterlaufen), steigt man nun sehr angenehm und interessant in 0.50 Std. zum Schiberg auf. – Abstieg zur Furgge wie Aufstieg; dann teils auf schwach angedeuteter, teils ohne Wegspur, genau südwärts, später leicht südöstlich hinab zur Hohfläschenhütte, und nach der Einkehr über Aberli und Blattli zurück nach Innerthal. Diese Bergtour ist lang, aber stark an Eindrücken, wozu auch die geradezu feierlichen Ausblicke von den Gipfeln zur Felsbastei des Glärnisch, auf die blinkenden Seeaugen rechts und links und weit hinaus ins Zürcher Oberland beitragen. Siehe auch Klettertour 48.

TALORT Wägital-Innerthal, 906 m (Postauto Siebnen–Innerthal).
STÜTZPUNKT Hohfläschenhütte (Naturfreunde), 1368 m.
CHARAKTER Das den (geübten und trittsicheren) Bergwanderer zunächst durch seine senkrechten und mauerglatten Nordwände abschreckende Bergrevier um Bockmattli und Schiberg (Scheinberg) bietet – wenn völlige Schneefreiheit eingetreten ist! – eine Bergwanderung auf markierten Wegen von 3.00 Std. Dauer, mit Abstieg 5.00 Std. Es ist die Normalroute! – Dazu schlagen wir eine Überwanderung von Bockmattli und Schiberg vor mit Abstieg nach Süden zur Hohfläschenhütte bei etwa 7.30 Std. Dauer: eine solide Bergtour, nur für erfahrene Berggeher, Kinder ab 14 J. möglich, wenn ebenfalls gute Berggeher, evtl. an der Reepschnur, wo nötig! Kein Leichtsinn! Keine ausgesprochene Kletterei, doch eine gewisse Klettergewandtheit nötig. – Beste Zeit: Bockmattli Juni bis Oktober! – Übergang oder Terrassenband erst ab Mitte oder Ende Juni. – Ausrüstung: Bockmattli A, Übergang B!
KARTEN/FÜHRER SAC-Führer «Glarner Alpen», S. 11. – LK 1:25 000, Bl. 1133 und Bl. 1153. – Evtl. 1:50 000, Bl. 236, Lachen.
BILD Am Anstiegsweg zum Bockmattli. Links oben Kleiner Bockmattliturm, rechts oben Schiberg (Scheinberg), dazwischen die grosse Schuttkehle mit dem bekannten Zickzackweg.

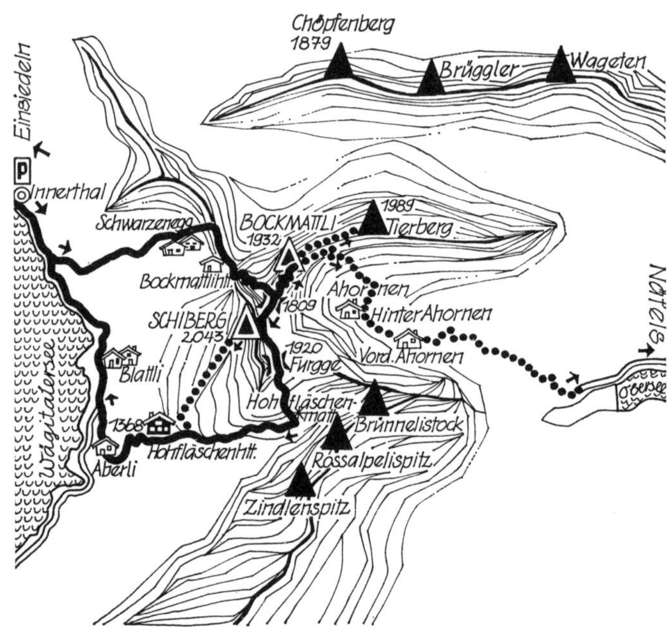

Die beiden Bockmattlitürme über dem Wägitalersee, von Norden gesehen. Links Grosser, rechts Kleiner Turm. Zwischen beiden Türmen die tiefgerissene Nordschlucht, hinter der sich der Grosse Kessel verbirgt. Der Grosse Bockmattliturm wird auch Plattenkopf genannt. An ihm vollzieht sich unsere Genusskletterei.

48 Grosser Bockmattliturm (Plattenkopf), 1835 m

Schwierige Klettertour: Westriss/Westkante

1 Tag Anfahrt 54 km Keine Kinder! Klettertour (III–IV)

Hier stellt sich – inmitten des Klettergartens der Extremen – eine klassische, eine sogenannte Genusskletterei vor: der Plattenkopf über Westriss/Westkante. Diese zweistündige, recht exponierte Kletterfahrt über dem Wägitalersee darf man als die mutmasslich dankbarste Klettertour in diesem Gebiet ansehen. Die Zürcher Kletterer kennen sie wie ihre Hosentasche, so wie sie die Fallätschen am Üetliberg kennen oder die klassischen Routen an den beiden Mythen. Klettern ritzt an den Nerven, es ist in einem guten Sinne «gefährliches Leben» und kann bei intellektuellen Bergsteigern – auch die gibt es doch! – immer aufs neue die souveräne Distanz zu den Minireizen unseres modernen städtischen Alltags wiederherstellen... Also hinauf von Innerthal wie bei den Touren 46 und 47 zur Schwarzenegg und ins Schuttkar zwischen Bockmattliwänden und Schiberg. Gleich beim Beginn der Enge aber nach links und auf Wegspuren in eine steile Grasrinne, die hinter (südlich) dem Kleinen Bockmattliturm in die Kleine Turmscharte zieht. Von dieser Scharte nun in einer jäh abfallenden Rinne hinab in den grossen Kessel, von dort in einer neuen Rinne (welche von der Scharte zwischen dem ERSTEN und dem ZWEITEN Gendarm des Südgrates in den Grossen Kessel abfällt) etwa 50 m bis zu einem Grasflecken empor und dann über ein Wändchen auf die linksseitige Rippe. Von hier quert man nach links in die DRITTE Rinne zu einem Haken, steigt 10 m ab und erreicht so, die Rinne querend, einen guten Sicherungsplatz. Nun klettert man über eine senkrechte Wandstufe (Haken) auf eine kleine Plattform: ebendort setzt der Westriss an. Den studiere man zu Hause genau im SAC-Führer! Und dann erst verfolge man ihn genussvoll über zwei Seillängen, verlasse ihn dann nach links (nördlich) zu einer geräumigen Plattform und steige gleich von dort zu einer zweiten Plattform auf, auf der man wieder links quert, so lange, bis man über die Plattenschüsse der Nordwand hinabschauen kann. Von hier schwingt sich die Westkante verwegen in den Himmel. Man klettert erst in einer Verschneidung, dann unmittelbar an der Kante. Sehr ausgesetzt, aber griffig für die Augen des Könners! Weiter oben wechselt man in die Westwand, bis sich der Fels zurücklegt. Bald sind wir auf dem Gipfel... 1.30–2.00 Std. (Schwierigkeitsgrad III und IV). – Der Abstieg erfolgt über den Normalweg oder kletternd wie folgt: Man steigt über die Gendarmen des Südgrates zurück, bis der Fels steiler wird. Unter einem grossen Block steigt man auf eine Wandstufe hinab, oder vom Westgrat eine Platte traversierend, nun exponiert um eine Ecke hangeln, unter der Schlusswand (im Aufstiegssinne) nach LINKS. Dann wird der Dritte Gendarm erreicht. Von hier zwischen Zweitem und Erstem Gendarm hinab, das Schlussstück über einen Überhang. Dann an kleinen Zacken vorbei und auf den Ersten Turm. Dort links, also auf der Ostseite, hinunter in die Scharte nach dem Turm und in einem leichten, nach links abbiegenden Kamin in den Schutt des Grossen Kessels. Von diesem, nun wie beim Anstieg, wieder zurück über die Kleine Turmscharte in das grosse Schuttkar zwischen Bockmattli und Schiberg. Dieser Abstieg bedeutet im Aufstieg: 1.15–2.00 Std., Schwierigkeitsgrad II und III!... Abstieg evtl. besser: aus der letzten Scharte gerade hinauf und oben über das Gras in die Südflanken des Bockmattlistockes und zum Normalabstieg.

TALORT Wägital-Innerthal, 906 m (Postauto Siebnen-Innerthal).

STÜTZPUNKT Kletterhüttli (privat) unter dem Bockmattli; sonst evtl. Alp Gwürz oder Heulager auf Alp Schwarzenegg.

CHARAKTER Die Bockmattlitürme verraten schon durch ihre Nordwände, dass sie ein Revier der extremen Kletterei sind. Es gibt dort keine leichte Tour, aber sogenannte klassische, also «Genuss-Klettertouren». Unsere Tour «Plattenkopf Westriss/Westkante» ist die Route 43 und 44 des Glarner Führers, siehe dort Skizze auf Seite 16. Zweistündige Kletterei, sehr ausgesetzt, aber an solidem Fels. Grad III und IV (ziemlich schwierig und schwierig). – Beste Zeit: wenn schneefrei, ab Juni bis Oktober! – Ausrüstung: reine Kletterausrüstung, C!

FÜHRER/KARTEN SAC-Führer «Glarner Alpen», S. 15. – LK 1:25 000, Bl. 1133, Linthebene, und Bl. 1153, Klöntal. – Evtl. auch 1:50 000, Bl. 236, Lachen.

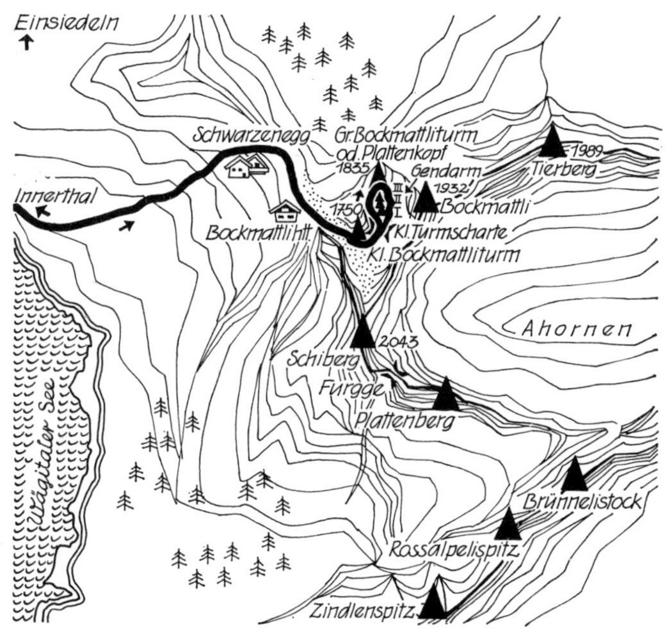

49 Am Grat Zindlenspitz, 2097 m — Rossalpelispitz

Grosse Bergwanderung im stadtnahen Vorgebirge

1 bis 1½ Tage Anfahrt 54 km Ohne Kinder!
Bergwanderung

Schiberg und Bockmattlitürme dominieren nach dem Eintritt ins Wägitaler Seebecken so stark, dass man ihren Fortgang südwärts in einem – immerhin höheren – Gipfelkamm nicht vermutet. Man muss erst das Westufer entlang gelaufen sein, oder am Ostufer bis Ziggen, ehe man wenigstens den Zindlenspitz erblickt: eine halbrunde Felsrampe aus gefalteten Schichtbändern mit einer grasgrünen Pyramide darüber, auf der zur grössten Überraschung ein abschreckend steiler, abermals aus Schichtbändern gebauter Gipfelblock aufsitzt. Hinter ihm, aber das sieht man erst viel später, fügen sich in weniger kapriziösem Stil, aber als Verformung von Schichtplatten nicht minder interessant, der Rossalpelispitz und der Brünnelistock an; alle drei über 2000 m hoch, alle drei ihre dramatisch aufsteilenden «Vorberge» Schiberg und Bockmattli überragend. – Der Zindlenspitz ist die beliebteste Bergtour um den Wägitalersee, weil er zur Besteigung herausfordert. Er ist auch eine bequeme Tagestour. Sogar die Überschreitung aller drei Gipfel ist an einem Tage zu bewältigen – am besten freilich, wenn man auf der am Wochenende oft überfüllten Hohfläschenhütte, 1368 m, nächtigen kann (wo man von einem liebenswerten Hüttenwart versorgt wird). – Hier die Überschreitung als Eintagestour: Von Innerthal auf der Seestrasse nach Süden und gut fünf Minuten hinter der Siedlung Blattli (0.35 Std.) beim Wegweiser links ab, durch ein Gatter und auf gutem Wege aufwärts durch Wiese und Wald zur Alp Aberli, 1085 m. Der Anblick des mächtigen Fluebrig, den die Morgensonne überschäumt, muss uns trösten. Bei der Gabelung auf dem rechten, breiteren Weg geblieben, am Bach über die Brücke und aus dem Wald auf den wie eine Theaterbühne anmutenden Aberliboden, 1109 m, den ringsum steile Felskulissen einrahmen (Bild): Über allem, unerhört steil auffahrend, der Zindlenspitz (ab Blattli 0.50 Std. bis zum Aberliboden). – Über die Bachbrücke und noch vor den Alphütten auf kaum sichtbarem Weg – fast südwestlich – steil in kleinen Kehren hinauf: so wird elegant die grosse Felsrampe (im Bild ganz rechts) umgangen. Wir kommen zur Alp Zindlen, 1535 m, hoch am Bergkamm, mit freiem Ausblick auf den gewaltigen Mutteriberg (1.10 Std. ab Aberliboden), und in einer weiteren Stunde ist Ober Zindlen, 1853 m, unmittelbar im Südrücken des Zindlenspitzes erreicht. Hier nur noch undeutliche Wegspuren. Erst unterhalb der Gipfelfelsen erkennen wir eine genaue Spur und erreichen über einige Felsabsätze leicht den Gipfel (etwa 0.45 Std. ab Ober Zindlen) ... das Glarner Land zu Füssen, den Obersee, die kräftigen Nordabstürze des Glärnisch gegenüber. – Nun UNBEDINGT auf der Anstiegsroute vom Gipfel zum Fuss der Felsen zurück. Dort biegt eine Spur scharf nach links (Norden), und lässt uns ein breites Band durch die steile Ostflanke passieren, über das wir den Verbindungsgrat zum Rossalpelispitz erreichen. Über diesen teilweise recht ausgesetzten Grat (nichts für Schwindlige, nichts für Kinder!), zuletzt etwas steil, auf den Rossalpelispitz, 2075 m, (+knapp 1.00 Std.). – Der Weiterweg zum Brünnelistock ist schwieriger als alles Vorangegangene, wieder sehr exponiert! Dazu kommt leichte Kletterei bis zum Gipfel, 2133 m (+etwa 0.45 Std.) – Abstieg vom Rossalpelispitz nur vom Sattel zum Zindlenspitz, P. 1902; hier nördlich sehr steil durch den Trichter ins Tal.

TALORTE Für Autofahrer Wägital-Blattli, 923 m, sonst Innerthal, 906 m (Postauto von Siebnen her).

STÜTZPUNKT Hohfläschenhütte (Naturfreunde), 1368 m, im Sommer bewirtschaftet. – Gasthäuser: Innerthal und am See.

CHARAKTER Grössere Bergwanderung in einem der schönsten und stadtnächsten «Zürcher» Tourengebiete. Die Gratwanderung ist ungewöhnlich dankbar, dazu äusserst reizvoll, was freilich NUR für trittsichere und schwindelfreie, also geübte Bergwanderer gilt! Niemals bei Neuschnee! – Übergang zum Brünnelistock schwieriger: hier absolute Trittsicherheit und Schwindelfreiheit vonnöten! Mitunter leichte Felskletterei. – Beste Zeit: Mitte Juni bis Ende Oktober! – Ausrüstung B!

FÜHRER/KARTEN SAC-Führer «Glarner Alpen», S. 35, 37, 39. – LK 1:25 000, Bl. 1153, Klöntal. – 1:50 000, Bl. 236, Lachen.

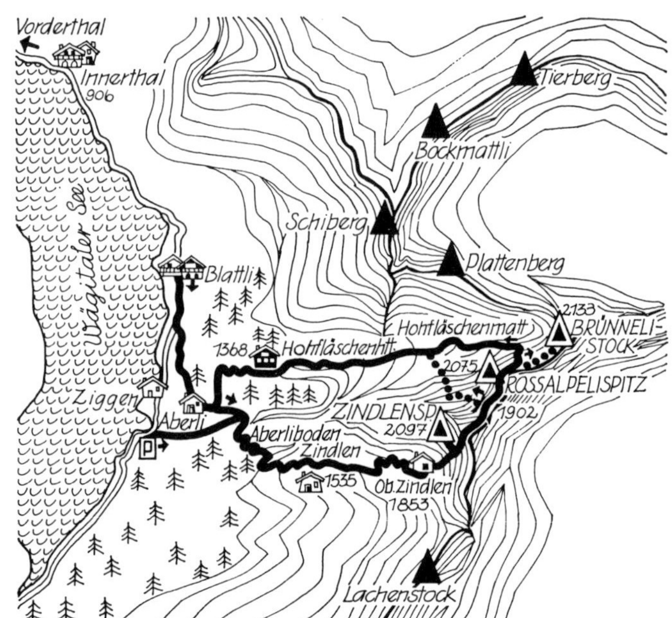

Aufblick vom Aberliboden, 1109 m, südöstlich über dem Wägitalersee, auf Zindlenspitz (Mitte), und Rossalpelispitz (ganz links am Bildrand). Der Zindlenspitz steht mit seinen 2097 m Höhe um kaum glaubliche 1000 m über diesem Aberliboden! Die Felsbank am rechten Bildrand wird vom Aberliboden aus direkt rechts, noch vor ihrem (ausserhalb des Bildes liegenden) Beginn, in einigen kurzen, steilen Wegkehren überwunden. Der Gipfelstock wird relativ leicht von Süden erstiegen. Der Gipfel ist auch beim Übergang zum Rossalpelispitz südöstlich zu unterlaufen.

50 Der gewaltige Rautispitz, 2283 m, über Glarus

Grössere, unschwierige Bergwanderung ab Obersee

1 bis 1½ Tage   Anfahrt 64 bzw. 70 km   Kinder ab 14 J.
Bergwanderung

Durch einen schmalen Sattel vereinigt, verteidigen Rautispitz und Wiggis, 2283 und 2282 m hoch, den Eintritt ins Klöntal und Oberseetal. Wer sie von Netstal oder Glarus her sieht – er muss da nahezu senkrecht aufschauen! – der respektiert sie, fürchtet sie: niemals da hinauf! Wie turmartige Forts liegen riesige Schichtplatten übereinander gestapelt und doch weit hinauf mit Waldpelz besetzt: das macht die tiefe Tallage um die Linth. Als nicht erfahrener Bergsteiger sucht man vergeblich nach Anstiegsmöglichkeiten, und ahnt nicht, dass es von Westen her einen bei trockenem Wetter völlig unschwierigen, ja leichten, wenn auch langen Anstieg zum Rautispitz gibt. Nur der Wiggis macht am Gipfelstock Umstände und verlangt Trittsicherheit. Dass diese Bergwanderung über alle Massen schön ist, weil sie vom Obersee weg bezaubert, kann man sich am Linthufer nicht vorstellen: aber um diesen Obersee gibt es wirklich eine lautlose grüne Idylle, verstärkt durch den Ernst der Felskulissen. Und der Weg über die von Bergsturztrümmern übersäte und oberhalb der Vegetationsgrenze bedrückend strenge Urlandschaft bis zu den Gipfeln kann für den nicht vollends gemütslosen Bergwanderer zum starken Erlebnis werden. Die Aussicht kann man von der Landeskarte ablesen: da sind die Glarner Alpen wie ein buntes Buch aufgeblättert, man sieht alles ausser dem Tödi – denn ausgerechnet den verdeckt das Riesengebirge der Glärnischgruppe. – Ab Näfels 1850 m Höhendifferenz sind zu fürchten, ab Obersee sind es aber nur noch 1280 m, ab Parkierstelle Sulzboden nur noch 1135 m... im letzteren Falle rentiert sich die weit westlich führende Umwanderung der mächtigen Felsstufen unter dem Rautiwald nur, wenn man wirklich bis Sulzboden fahren kann. – Sonst ist der schönste Anstieg der vom Gasthaus Obersee her, wo man auch gut übernachtet. Bis Obersee fährt man oder geht ab Näfels 2.00 Std. zu Fuss. – Beim Gasthaus am Ostufer des Sees folgen wir dem Wegweiser südlich und dann dem Alpweg zum Grapplistafel, 1442 m. Erst spiegelt sich der westwärts aufragende Brünnelistock im Seespiegel, dann steigen wir im tiefen Waldschatten steil aufwärts, bis es flacher in die Weideböden geht um Grappli- und Rautialp, 1647 m (2.00–2.30 Std. ab See). – Vom Sulzboden gelangt man in 1.30–1.45 Std. zu den Rautihütten auf der Rautialp, muss aber genau die Wegweiser beachten. – Ab Rautihütten hat man der teilweise nicht mehr deutlichen roten Markierung zu folgen, die erst über Alpmatten, dann durch das «Kampfgebiet» der Vegetationsgrenze und endlich durch Blockfelder hinauf zum Sattel leitet. Von hier, 2163 m, geht es über einen karg begrünten Hang leicht zum Rautispitz (ab Rautihütten 2.00–2.30 Std.). Spätestens hier wird man den Entschluss zu dieser Bergwanderung hoch loben – es sei denn, man hat Nebel erwischt oder kommt nach Regentagen oder Neuschnee: da hat man oft stundenlang durch Morast zu waten. – Trittsichere und völlig schwindelfreie Bergwanderer queren in der Wiggis-Nordostflanke auf erkennbarem Pfad hinaus zur Höchnase und ersteigen den Gipfel über seine Ostflanke. Nicht schwierig, aber etwas ausgesetzt, und völlig unmöglich bei Schnee (0.50 Std. ab Rautispitz). – Abstieg wie Aufstieg. Dieser Abstieg ist schön, wenn auch unsere Wadenmuskeln anderer Meinung sind beim Eintritt in die dichte Fülle der Wälder, Wiesen und Wasser.

TALORTE Näfels, 445 m, bzw. Obersee ob Näfels, 992 m. Mit Auto bis Sulzboden, 1146 m, möglich!

STÜTZPUNKTE Nur am Bergsockel: Gasthaus im Äschen, 870 m. – Gasthaus Obersee, 992 m.

CHARAKTER Rautispitz: Grössere, bei Gutwetter unschwierige Bergwanderung in alpinem Gelände bei (ab Obersee) 1280 m Höhendifferenz = 4.30–5.00 Std. Aufstieg/knapp 3.00 Std. Abstieg. Landschaftlich ab Obersee reizend, dann von ernster Romantik, am Gipfel ungewöhnliche interessante Aussicht! – Wiggis: etwas schwieriger, nur für völlig trittsichere und schwindelfreie Geher bei trockenem Fels (und Gras), keinesfalls bei Schnee! – Beste Zeit Ende Juni bis Oktober. – Ausrüstung A! Bzw. B (Wiggis).

FÜHRER/KARTEN SAC-Führer «Glarner Alpen», S. 45/46. – LK 1:25 000, Bl. 1153, Klöntal; und 1:50 000, Bl. 236, Lachen.

BILD Am Sattel, 2163 m hoch, zwischen Rautispitz und Wiggis (rechts oben). Unterhalb der im Schatten liegenden Felswand zieht die Wegspur durch die Nordostflanke des Wiggis auf die neuschneebedeckte Höchnase, 2193 m. Von dort geht es nach rechts zum Wiggis, 2282 m. Im Hintergrund Vrenelisgärtli und Vorderglärnisch.

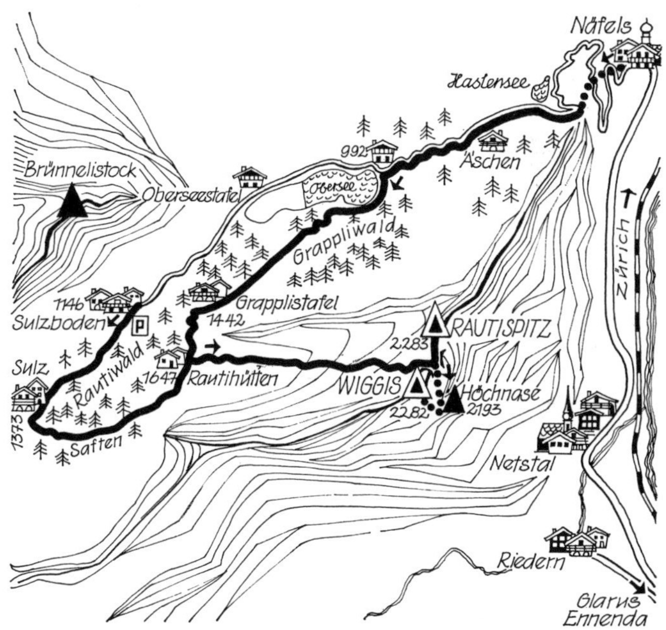

51 Der Vorderglärnisch, 2328 m – unter dem Vrenelisgärtli

Leichte Bergtour unter Riesenkulissen

1 Tag Anfahrt 75 km Kinder ab 14 J. Bergtour

Unser Bild besagt mehr als viele Worte: der felsige Rastplatz am Gipfel des Vorderglärnisch ist auf erregende Weise exponiert, wiewohl doch volle 500 Meter tiefer gelegen als das berühmte Vrenelisgärtli. Der dennoch gewaltige Vorderglärnisch steht so dicht über dem 1861 völlig abgebrannten Glarus, die reich gebankte, 1800 Meter unmittelbar aus dem Tal zum Gipfel ansteigende Felsflanke schaut so bedrohlich in die kleine Kantonshauptstadt hernieder, dass Versicherungsgesellschaften keine geringen Chancen haben sollten bei den Glarnern. Trotzdem führt dieser Vorderglärnisch ein Schattendasein neben Ruchen und Vrenelisgärtli, seinen berühmten Nachbarn: neben ihnen ist er ein Vorgipfel, mehr nicht. – Der Normalanstieg, das lässt sich schon am Ufer der Linth ausrechnen, führt natürlich von der jenseitigen Westflanke zum Gipfel: er zieht durch den Schutt- und Gerölltrichter des Gleiters, und schon dieser Name verspricht dem Alpinisten wenig Gutes. Was mag da an Felsen, Firn- und Schuttlawinen schon donnernd herabgeglitten sein! Dennoch: mit Trittsicherheit und etlicher Ausdauer begehen wir diesen leidlich markierten Weg ohne Gefahr bei trockenem Wetter. Ausgangspunkt sind die Höfe von Hinter Saggberg, 1053 m, über dem Klöntaler Seebecken. Für das erste Wegdrittel bieten sich zwei Varianten an: 1. man steigt längs des Gleiterbaches auf schmalem, steilem Pfad in etwa 1.15 Std. direkt in das Gleiter hinauf, oder 2. man benutzt den 200 m westlich beginnenden Viehfahrweg über das Vorder Schlattalpli, der zwar 30 Minuten länger, dafür aber weniger steil und sehr aussichtsreich ist. Nach dem Zusammentreffen beider Wege befindet man sich schon mitten im Felstrichter des Gleiters, wir folgen kurz dem Bachlauf, wobei wir uns bei der ersten Gabelung nach dem Stacheldrahtzaun rechts halten, dann geht es schräg nach links aufwärts gegen die erste Wandstufe. Sie wird mit Hilfe eines fixen Seiles ohne Schwierigkeiten überwunden. In einer weit ausholenden Linksserpentine gewinnt der Weg die nächste Wandstufe: auch hier findet man in dem sie durchbrechenden Couloir Drahtseile, feste Tritte und Griffe. Auf der Stufe nicht links dem scheinbar guten Weg nach, vielmehr rechts bleiben, ein Stück eben, um eine Felsnase herum und zu einem neuen, weniger steilen Couloir, durch das wir die grosse Gipfelrisi gewinnen: für Nichtkletterer der einzige Zugang. Der letzte Teil des Aufstieges ist steil und erschöpfend. Generalrichtung: stets schräg nach links durch die Glärnischplanggen. Dann verfolgt man den breiten Nordwestgrat, wobei man stellenweise nach rechts in die Flanke ausweicht, bis zum Gipfel (Bild). – Abstieg wie Aufstieg! Vorsicht: frühzeitig absteigen, wenn Nebel oder Wetterumschlag drohen. Klare Sicht ist auf diesem Wege eine Vorbedingung, denn die Spuren sind oft schwach, und ein Verirren wäre wegen der stark abschüssigen Halden und der darunter drohenden Wandstufen äusserst gefährlich! – Gesamtaufstieg ab Hinter Saggberg um 4.00–4.30 Std. – Abstiegszeit 2.30–3.00 Std., da man im oberen Teil weder abfahren noch rennen kann. – Eine Abstiegsvariante, nicht ungefährlich, wäre der Weg: Südwestgrat–Furggle – dann auf Wegspuren, später Weg durch die Abbrüche der Südostflanke über Sienen, Sienentobel und Guppenrus nach Schwändi und Schwanden (4.00 Std.) in den Talboden.

TALORTE Klöntaler See (Seerüti), 851 m; Autozufahrt bis Hinter Saggberg, 1053 m, möglich.

STÜTZPUNKT Evtl. Schwammhöchi, 1100 m. Autozufahrt!

CHARAKTER Leichte Bergtour in dramatischer Konstellation: man steigt unmittelbar am Sockel der 2000 Meter abstürzenden Nordostwände des Vrenelisgärtli, 2904 m, auf. Schwach markierte Wegspur bis zum Gipfel, am Ende sehr steil. Schwierige Stellen mit fixen Seilen versehen. Eindrucksvolle Tiefblicke! – Beste Zeit: Ende Juni bis Oktober! – Ausrüstung B! Bei Nässe, vor allem im Frühsommer, Reepschnur für Frau oder (trittsichere) Kinder ab 14 Jahren mitführen! Genauestes Studium des Glarner Führers unerlässlich!

FÜHRER/KARTEN SAC-Führer «Glarner Alpen», S. 107. – LK 1 : 25 000, Bl. 1153 Klöntal; 1 : 50 000, Bl. 236, Lachen.

Auf dem Gipfel des Vorderglärnisch, fast 600 m unter dem unmittelbar benachbarten Vrenelisgärtli (rechts oben). Unten links das von uns nicht berührte Furggle, 2058 m, darüber das Höchtor, 2266 m. Links unter dem Vrenelisgärtli das Chanzle, 2604 m rechts oberhalb Teile des Firnkessels.

52 Das Vrenelisgärtli am Glärnisch, 2904 m

Leichte Gletschertour und leichte Kletterei mit Superlativen

1½ bis 2 Tage Anfahrt 82 km Kinder ab 16 J.
Gletschertour

Man sieht ihn vom Zürcher Limmatquai, von den Kuppen des Oberlandes, vom Bodenseeufer, ein alle Vorberge souverän übersteigendes Gebirge von drei Gipfeln, in der Höhe allseits mit Firndecken umlagert, aber steil und tief in die Täler abstürzend: das ist der Glärnisch, das sind Ruchen, 2901 m (mit dem leichtesten Anstieg), Vrenelisgärtli, 2904 m (mit der schönsten Aussicht) und Bächistock, 2914 m (mit der grössten Höhe). Man muss diesen Glärnisch einmal gemacht haben, um zu wissen, was nahe dem Flachland eine wahre Genusstour ist: eine kombinierte Gletscher-, Fels- und Schuttour, die immer prickelnd interessant ist und das Herz jedes Naturfreundes salbt. Vom Gipfel senkrecht 2400 Höhenmeter zum Linthufer hinabzusehen und zugleich hinaus übers ganze Zürcher Oberland, dann auf Firngraten über Tausendmeterwänden anzusteigen – das bedeutet die Erfüllung eines Bergsteigertraumes. Übrigens gehört auch ein besonders vorbildlicher Hüttenwart dazu, der von der Glärnischhütte. Und es gehören die 3.00 Std. Hüttenanstieg vom Klöntalersee dazu und die gut 3.00 Std. Aufstieg zum Gipfel. Dass der Name des meistbegangenen Gipfels – des Vrenelisgärtli – so unangemessen klingt und nur von einer derben Sage her legitimiert wird, ist übrigens auch interessant. – Wir wandern also von der Postautohaltestelle Vorauen in 2.00 Std. durch das schöne, immer dramatischer in die Felsenge drängende Rossmatter Tal zur Alp Chäseren, wo es bereits ein Heulager gäbe: aber da der Weg bis hierher durch schattigen Wald führte, nehmen wir die Glärnischhütte zum Ziel. Wir gehen weiter. Bei der Alp Wärben, 1385 m, betreten wir einen zauberhaft grünen, von Steilwänden umschlossenen Talkessel, und schon steigt der Weg nach wenigen harmlosen Metern plötzlich links, nördlich, steil hinauf. Durch zahllose Serpentinen kommen wir auf ein Felsband, das nur mit Hilfe eines Drahtseiles zu begehen ist. Hinterher leitet eine ansteigende Grünterrasse durch die Flanke, dann halten wir uns an der Gabelung links (rechts geht es zum Bächistafel), absolvieren abermals viele Kehren und sind vor der Hütte. – An heissen Tagen staut sich auf diesem Steilanstieg ab Mittag die Hitze, deshalb: vormittags oder gegen Abend ansteigen. Die Hütte ist oft voll, der Wirt ein feiner Kerl. Anderntags über Gras und Schutt ostwärts aufwärts, und nach einem unschwierig zu ersteigenden Felsgürtel, von Steinmannli geleitet, bei 2400 m auf den Gletscher. Wir bleiben an seinem nördlichen Ufer und schwenken in halber Höhe unter dem Ruchen nach rechts oben in den breiten Firnsattel am Schwandengrat. Das Vrenelisgärtli steht gegenüber (Bild). 80 Höhenmeter Abstieg (mit grosser Vorsicht!), dann über den Verbindungsgrat und auf Schutt zum Gipfel bei etlicher leichter Kletterei. Der Ausblick ist einzigartig schön! Denselben Weg zurück und vom Sattel auf dem breiten Südostgrat auch noch auf den Ruchen. Von dort lässt sich der Abstieg zum Gletscher etwas abkürzen. Wer zum Bächistock will, auf den höchsten Glärnischgipfel, geht, am Firn aufsteigend, auf dessen grossem Plateau, also oberhalb der Spaltenzone, genau südwärts auf das mächtige Couloir zu, durchsteigt es sichernd und gelangt dergestalt über den Nordwest-Gletscherrücken auf 2914 m Höhe. Auch hier ist die Aussicht überwältigend. Das erklärt uns die feine Landeskarte zur Genüge!

TALORT Hinter Klöntal (Vorauen), 850 m (Postauto ab Glarus).

STÜTZPUNKTE Glärnischhütte SAC, 1990 m, 70 Lager, im Sommer bewirtschaftet. 3.00 Std. ab Hinter Klöntal. – Berggasthaus Alp Chäseren, 1218 m, Massen- bzw. Heulager (evtl. Zufahrt mit Jeep).

CHARAKTER Einfache Gletschertour, ideal für Gletscherneulinge bei guter Führung. Besonders lohnend Vrenelisgärtli und Ruchen. Vorsicht, nur angeseilt den kurzen 80-m-Abstieg vom Sattel am Ruchen-Südostgrat auf den Verbindungsgrat zum Vrenelisgärtli! Etwas leichte Kletterei beim Aufstieg zu letzterem. Berühmte und auch wahrhaft grossartige Aussicht! Leider oft überlaufen. – Beste Zeit: Juli bis Mitte Oktober! – Ausrüstung C!

FÜHRER/KARTEN SAC-Führer «Glarner Alpen», S. 103, 122, 116. – LK 1:25 000, Bl. 1153, Klöntal, und 1:50 000, Bl. 236, Lachen.

BILD Blick von Westen vom Schwandengrat (dicht über dem Gletschersattel am Ende des Ruchen-Südostgrates) auf den Verbindungsgrat zum Vrenelisgärtli und den Gipfel, 2904 m. Zwischen dem Photographen und den unten sichtbaren Spuren ist ein etwas heikler Steilabstieg über 80 Höhenmeter durchzuführen. Bei hartem Firn unbedingt sichern, evtl. Steigeisen benützen!

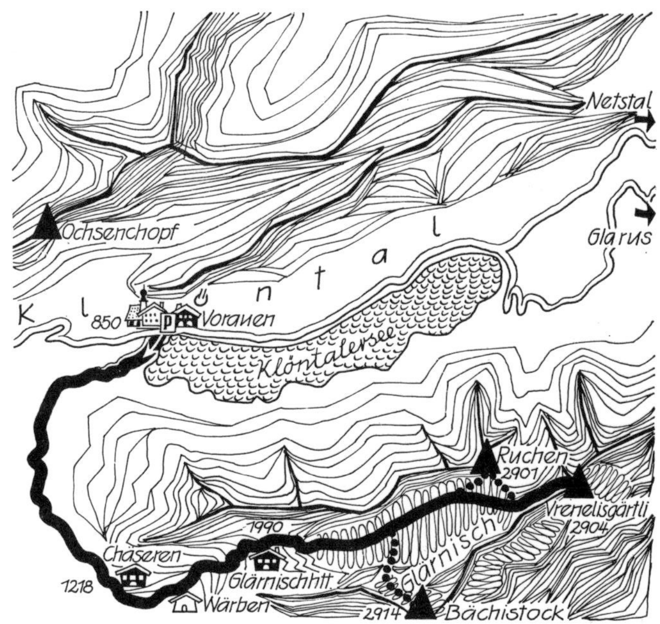

53 Auf den Ortstock, 2716 m

1 Tag Anfahrt 88 km Kinder ab 12 J. Bergtour

Ein Berg aus Felskeilen über Braunwald

Dieser wie aus Felskeilen gebaute Ortstock über der – von Autos verschonten – Parklandschaft von Braunwald, ansehnliche 2716 m hoch, in vier Stunden ab Braunwald durch teils romantische, teils heroisch vereinsamte Hochböden zu erreichen, ist vielleicht die lohnendste Tagestour für Zürcher Bergfreunde. Vielleicht sogar der schönste «Zürcher Hausberg», wenn man alles in allem nimmt, die Stadtnähe, die Freuden an einer erst grünen, dann steinernen Idylle, und den kräftigen Ruch des Hochalpinen. Man sollte bergtüchtige Kinder ab 12 Jahren mitnehmen, um ihnen die Bergpassion fürs ganze Leben zu stiften... Wer in Zürich früh genug abfährt, entkommt dem «Rennen» und erreicht die erste Bahn von Linthal nach Braunwald. Damit ist die Eintagestour gerettet. Braunwald wartet mit welligen Hochböden, Hainen von alten Ahornen und Fichten und locker verstreuten Häuschen. Das Grün ist – vor allem nach der Tour – von einer hinreissenden Frische. Über uns der Ortstock und der Höch Turm, die beiden Häupter des Chilchberges, wie Burgen über sperrigen Felswällen stehend, mit dem einladenden Furggele in der Mitte. Dazwischen liegen alle Zonen des Entzückens und des Schreckens, vom Blumenduft bis zum geröllübersäten Lawinenrest. – Von Braunwald zum Ober Stafel, 1602 m, auf der ersten Terrasse geht man dem Wegweiser «Nussbüel» nach, erst eben, beim «Uhu» zur Brücke links und dann direkt in Serpentinen empor und durch schattigen Mischwald über die erste Steilstufe (1.20–1.30 Std.). Man könnte auch über das Ortstockhaus gehen, 10 Minuten länger, beinahe schöner. Oder ganz faul: man könnte mit der Sesselbahn nördlich (also entgegengesetzt!) nach Gumen, 1904 m, hinauffahren, und dann leicht fallend über das Ortstockhaus wandernd den «Bärentritt» erreichen... Jedenfalls steigen wir ab Brächalp–Ober Stafel auf breitem Weg erst zum vermoosten Bergetenseeli, folgen dort dem Wegweiser «Ortstock» und einer schwachen Markierung nach rechts und plagen uns etwas mühsam durch Schotter gegen die Felsen und den in sie gelegten, exponierten und deshalb teilweise gesicherten Felssteig empor, «Bärentritt» genannt: und landen im schönen stillen Lauchboden, 2009 m, wie in einer anderen Welt (+ 1.00 Std.). Rasengrün ist nun rar, Moränenwälle warten auf uns. Am südwestlichen Ende des Lauchbodens treffen wir auf deren schwächste Stelle; hier kurz auf Pfadspuren (Markierungsreste) durch Geröll, später auf Schneeresten hinauf gegen einen auffallenden Zacken unter dem Ortstockfurggele. Dann steiler links davon über Schnee oder schmutzige Spuren hinauf auf den Kamm des vom Zacken zum Furggele ziehenden Rückens und zum «Grossen Stein» im Ortstockfurggele, 2395 m (+ gut 1.00 Std.). Jetzt könnten wir schon allerlei sehen vom grossen Glarner Gipfelschatz, aber wir steigen bald weiter, links, südöstlich auf Spuren den Schotterrücken hinauf und, ein winziges, unschwieriges Wändlein mitnehmend, zum Gipfelplateau des Ortstocks, 2716 m, (+knapp 1.00 Std.). – Abgestiegen wird am besten auf dem Aufstiegsweg. – Wem die Plage noch nicht ausreicht, der merke sich folgende feine Variante: ab Bergeten rechts ab zum «Tüfels Chilchli», dann fallend zur Rieter Ortstafel und steiler zum Berggasthaus Nussbüel, 1263 m (knapp 2.00 Std. ab Bergeten). Nun auf dem Promenadenweg in 0.45 Std. nach Braunwald.

TALORTE Linthal, 648 m, Bahnstation. – Ab hier Standseilbahn nach Braunwald (Höhenterrasse ohne Autos), 1256 m.

STÜTZPUNKTE Ortstockhaus, 1772 m, privat, im Sommer bewirtschaftet.

CHARAKTER Leichte, etwa vierstündige Bergtour ohne Schwierigkeiten und Kletterei in einzigartig schöner Berglandschaft mit besonderen dramatischen Akzenten durch die festungsartig das Alpland trennenden schweren Felsgürtel, die wir passieren müssen. Trittsicherheit erforderlich. Auch ausgeruhten Kindern ab 10–12 Jahren möglich, wenn etwas bergerfahren. – Beste Zeit: Mitte Juni bis Oktober! – Ausrüstung A, mit viel Proviant!

FÜHRER/KARTEN SAC-Führer «Glarner Alpen», S. 141, 168. – LK 1:25 000, Bl. 1173, Linthal. – LK 1:50 000, Klausenpass.

BILD Aufblick von Brächalp–Ober Stafel gegen den Ortstock, 2716 m (links oben), und den Höch Turm, 2666 m (rechts). Dazwischen das Ortstockfurggele, 2395 m, das wir am «Grossen Stein» erreichen. Der drahtseilgesicherte «Bärentritt» befindet sich in der Felsrampe, etwa unter dem Ortstockfurggele, in der rechten Bildhälfte.

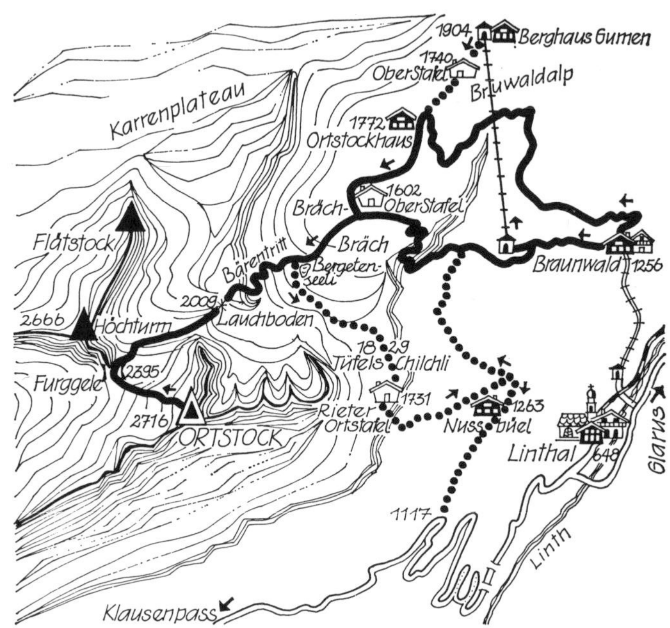

54 Höch Turm, 2666 m, über Erigsmatt

Schwierige Kletterei am Westgrat

1 bis 1½ Tage Anfahrt 88 km Ohne Kinder!
Kletterei (II)

Höch Turm und Ortstock beherrschen die Terrasse von Braunwald über dem Linthtal. Anders als auf unserem Bild wirkt der Höch Turm vom Furggele zwischen beiden Gipfeln. Von dort ist der «Turm» vollkommen, über einer abweisenden Steilrampe hängt dort marmorglatter Fels. Wir besuchen seinen Gipfel auf dem einzigen relativ leichten Anstiegsweg von Norden her, der immerhin nur dem Kletterer offensteht; besuchen ihn zugleich auf wunderbaren Umwegen. Das Bergland um Braunwald teilt sich dramatisch in vier Terrassen, entschieden getrennt durch drei kilometerweit ablaufende Felsgürtel. Die erste Mauer ist bewaldet und wird von der Standbahn nach Braunwald überwunden; die zweite Mauer trennt Braunwald von Ober Stafel und lässt die Vegetationsgrenze zurück, kann aber vom Sessellift zum Gumen überlistet werden; die dritte Mauer gleicht einer Sperre vor dem Unerforschlichen. Sie führt in unabsehbare Karrenfelder. Man kann sie nur durch die Engpässe des «Bärentritts» südlich und «Bützi» nördlich steigend überwinden. Die letzte Mauer bilden die fels- und firnumborteten Hochgipfel selbst mit ihren weiten Senken um Furggele, Erigsmatt und Flätstock. So steigen wir von Terrasse zu Terrasse auf wie von einer Wunderwelt zur andern: immer gespannt, immer überrascht... Zwischen der Bahn nach Braunwald und dem Sessellift nach Gumen empfangen uns Haine uralter, bemooster Ahorne zwischen blumenreichen Matten. Vom Gumenberghaus auf 1904 m oder von dem zu Fuss in 1.30 Std. erreichbaren Ortstockhaus auf 1772 m schauen wir ost- und südwärts vom Piz Sardona bis zum Tödi. Bergpfade und Spuren führen von beiden Punkten empor und durchbrechen den Felsgürtel der Legerwand nur noch in schmalen Felspforten. Da wir von Gumen ansteigen und über den «Bärentritt» südwärts zurückkommen, erreichen wir das riesige Karrenplateau zwischen Bös Fulen und Höch Turm erst durch das «Bützi», eine kleine Felsgrube, von der dann eine deutliche Weiss-Rot-Markierung auf und ab in die Unendlichkeit zieht. Karrentälchen um Karrentälchen wandern und steigen wir westwärts, bis wir endlich den Flätstock, 2401 m, links von uns, und die Erigsmatt erreicht haben. Die Hütte mit dem Notlager (ohne Wirt und Wart auf 2082 m) sehen wir erst im letzten Augenblick (Bild) – man kann sie in einem flachen Supermarsch auch aus dem Bisistal über die Glattalphütte, 1896 m, erreichen. Sie steht einsam am Rande eines ungeheuren Hochplateaus ohne jedwedes Leben. Unser Anstieg führt nun erst streng südwärts, dann östlich auf den Südsockel des Flätstockes zu, dann begehen wir den Flätstockgrat bis an die Nordecke des Höch Turms; hier Einstieg in das auffallend breite, dann schmäler werdende Band durch die Nordwestwand bis zum Westgrat, den man an einem grossen Gendarm erreicht. Der vielfach zerborstene Grat wird nun steil und exponiert in teilweise brüchigem Kalkfels erklettert. (0.30 ab Gratbeginn, 1.15 ab Nordsockel, 2.15 ab Erigsmatt, 4.00 Std. ab Gumen, 4.45 Std. ab Ortstockhaus). – Abstieg wie Anstieg bis Erigsmatt, dann aber südöstlich um den Flätstock absteigend in den Lauchboden, dort durch den «Bärentritt» (Markierungsstange) zum vermoosten Bergetenseeli und unter Ober Stafel mit Riesenschritten in die grüne Welt um Braunwald zurück.

TALORT Linthal, 648 m, mit Bahn bis Braunwald, 1256 m.
STÜTZPUNKTE Berghaus Gumen, 1904 m, privat, bewirtschaftet, neben Sesselbahnstation. – Ortstockhaus, 1772 m, privat, bewirt. – Erigsmatthütte, 2082 m (Heulager, primitiv).
CHARAKTER Bis Erigsmatt unschwierig, überaus abwechslungsreiche Landschaft. Kaum begangen. Im riesigen Karrenplateau zwischen Legerwand und Erigsmatt Orientierungssinn notwendig! Niemals bei Neuschnee, weil Markierung verdeckt! Die Kletterei am Westgrat ist mässig schwierig, daher NUR für gute Kletterer mit Seilsicherung anzuraten. – Ausrüstung C!
FÜHRER/KARTEN SAC-Führer «Glarner Alpen», S. 137, 165. – LK 1:25 000, Bl. 1173, Linthal. – 1:50 000, Bl. 246, Klausenpass.
BILD Aufblick von Erigsmatt bei P. 2082 m, zwischen Charetalp und Bruwaldalp, gegen Südosten auf Flätstock, 2401 m (links), und Höch Turm, 2666 m (rechts). Das Bild ist, da von unten aufgenommen, verzerrt: der gestufte Hang hinauf zum Flätstock-Südgrat und der einigermassen gut sichtbare Höch-Turm-Westgrat sind in Wirklichkeit viel steiler. Unser Anstieg führt von der Alp nach links zum Sockel des Flätstockes, dann über den Südgrat nach rechts, auf dem mit Schneeresten angedeuteten Band durch die Nordwestwand des Höch Turmes und zum Westgrat.

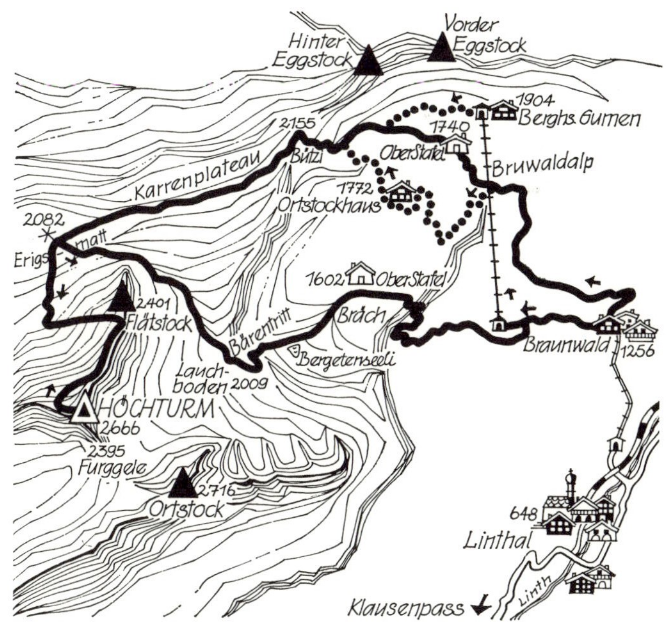

55 Fronalpstock, 2124 m, und Schilt, 2299 m

Grosse Bergwanderung mit kleiner Autohilfe

1 bis 1½ Tage Anfahrt 64 km Kinder ab 8 oder 12 J.
Bergwanderung

Der abnorm tief liegende Walensee, das Linthtal um Glarus und das wundervoll vereinsamte Murgtal umfassen die Mürtschengruppe der Glarner Alpen – rings um diese Gruppe aber warten Glärnisch, Churfirsten, Flumserberge und der Freiberg unter dem Kärpf. Fronalpstock und Schilt als klassische «Zürcher Hausberge» und Vorwerke des Mürtschenstockes sollen hier eine Würdigung erfahren. Sie stellen relativ einfache Wanderungen dar und sind obendrein durch Autoanfahrt aus dem sehr tiefgelegenen Linthtal leichter erreichbar denn je. Fronalpstöcke gibt es zwei: In der Zentralschweiz einen hochberühmten, für den Fremdenverkehr eingerichteten Fronalpstock über dem Vierwaldstättersee bei Stoos-Schwyz, und einen vor allem den Zürcher Bergfreunden wichtigen, einen relativ stillen Fronalpstock ganz weit vorgeschoben über Walensee-Kerenzerberg und vorderem Linthtal. Mollis und Ennenda heissen die Talorte, und zu Fuss steigt man in 2–3 Std. auf die beiden Hütten bei Unter Stafel und Ober Ruestel, mit Auto oder Jeep geht es schneller und müheloser. Dabei versteht sich, dass der ab Tal aufsteigende Bergfreund nicht nur besser schläft in einer der Hütten, sondern auch mehr sieht, vom besseren Appetit und schöneren Durst nicht erst zu reden. Die Hüttenwege sind markiert, wir brauchen sie hier nur anzudeuten: ab Mollis von der Kirche über Mulleren- bzw. Fronalpstrasse zur ersten Linkskurve, beim Stall rechts ab bis zum Bergbach, ihm entlang, bei zwei freistehenden Linden die Strasse gequert, dann über Wiesen und durch Wald östlich steil hinauf in vielen Kehren – ein «Saunaweg»... aber an Rückblicken auf Rautispitz-Wiggis und Glärnisch, die sich über ihrem tiefen Tal wie Viertausender gebärden, so fesselnd, dass man reich belohnt wird. Oben noch einmal über die Strasse und durch Wald, dann auf einer köstlichen «Promenade» quer durchs Chenel zu den Hütten. Der Weg ab Ennenda über den Ennetberg ist gut bezeichnet. – Anderntags von den Hütten, die etwa 10 Minuten voneinander entfernt liegen, südwärts zum Mittler Stafel, ostwärts zum Ober Stafel, 1816 m, dann auf dem guten Weg am Kamm der Zelsegg hinüber zum «Kamin», durch das man drahtseilgesichert zum Grat und Gipfel des Fronalpstockes ansteigt. – Ab Ober Stafel bzw. Fronalppass, 1861 m, kann man aber auch rechts abbiegen und südlich davon den Schilt besteigen, wobei man den Färistock östlich umgeht, den folgenden Siwellen westlich; so kommt man höchst kurzweilig auf den 2299 m hohen Gipfel: den ersten mit Ski bestiegenen der Schweiz. Das felsige Chaos ringsum, schon auf dem stillen Anstiegsweg, ist für den von Lärm und Abgasen geschundenen Städter eine Wohltat ohnegleichen, zu der nun auch ein Augentrost von besonderer Eigenart kommt: die umfassende Aussicht auf die Glarner Berge, und die faszinierende Einsicht ins Sernftal, ins Klöntal und in die nasse Walenseefurche. – Zwei kostbare Varianten für Weltenbummler (ohne Autoverpflichtung) seien angedeutet: Vom Fronalppass über Plattenalp am Spaneggsee vorbei zum Talsee und hinaus bis Filzbach oder Obstalden (3.30 Std. ab Fronalppass). – Oder noch grossartiger: Schiltgipfel-Gratweg nordöstlich zum Rotärdsattel, 2216 m, Wisschamm-Überschreitung bis Schwarzstöckli, 2384 m, dann Murgseefurggel-Murgseen und das lange, schöne Murgtal hinaus (ca. 5.00–5.30 Std.).

TALORTE Mollis, 501 m. – Ennenda, 487 m. – Talort für den Abstieg durch das Murgtal ist Murg, 427 m. – Talort für den Spaneggabstieg ist Filzbach, 682 m.

STÜTZPUNKTE Berggasthaus Fronalpstock, etwa 1330 m; 2.30 Std. ab Mollis (in LK Unter Stafel). – Ferienheim Neumünster im Chenel, 1144 m; 2.00 Std. ab Mollis. – Naturfreundehaus, 1389 m (in LK Ober Ruestel), 2.45 Std. ab Mollis. – Autokurs durch Jakob Zweifel, Mollis; von Näfels SBB über Mulleren zur Fronalp.

CHARAKTER Grössere (als Varianten sehr grosse) Bergwanderungen auf bezeichneten Wegen. Das «Kamin» im NW-Grat des Fronalpstockes ist mit Drahtseilen bzw. Seil gesichert. Landschaftlich sind beide Gipfel von ungewöhnlicher Schönheit – Die schönen, teils überlangen Abstiege zum Walensee für Bergwanderer ohne Auto erfordern Gutwetter und Kondition. – Beste Zeit: Anfang Juli bis Ende Oktober! – Ausrüstung A!

FÜHRER/KARTEN SAC-Führer «Glarner Alpen». LK 1:25 000, Bl. 1154, Spitzmeilen, und 1153, Klöntal; oder 1:50 000, Bl. 237, Walenstadt, und 236, Lachen.

BILD Rückblick unter dem Gipfel des Schilt auf den Fronalpstock, 2124 m (rechts). Links unter der Bildmitte, nahe der Felsinsel, der Ober Stafel. Im Talboden der Linth Näfels und Niederurnen.

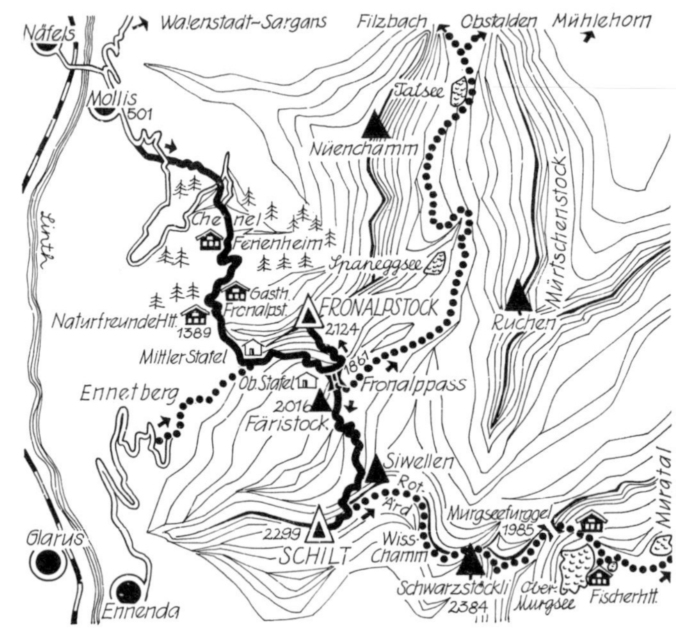

56 Auf den Mürtschenstock (Ruchen), 2441 m

Über Talalp-Spanegg und den Südgrat, zumeist allein

1½ Tage Anfahrt 74 km Keine Kinder!
Leichte Klettertour (II)

Der vielgipfelige Mürtschenstock ist nie aus der Nähe, immer nur von weither oder von anderen Gipfeln zu sehen: da aber ragt er dann wie ein selbständiges Gebirge mit vielen Scharten, Graten, Rippen und Bändern über seine Nachbarschaft weit hinaus. Die Nachbarschaft, die ihn von allen befahrenen Tälern abtrennt, heisst Schilt, Fronalpstock, Nüenechamm, Gulmen und Gufelstock. Sogar der Zugang ist geschickt verstellt, denn Talalp und Spanegg wirken wie Sperriegel. Das Herrlichste an diesem verborgenen Berg ist, dass er gerne eine Eintagestour wäre, aber die Bahn- und Postverbindungen sind dergestalt, dass sie dies verunmöglichen. Nicht-Autobesitzer richten sich danach ein. Im übrigen ersteigt sich dieser Ruchen-Mürtschen, südlichster und höchster aller Mürtschengipfel, am schönsten und gemütlichsten, wenn man ihm 1½ Tage gönnt und bei Sennen auf Talalp oder noch eher auf der Spanegg im Heu nächtigt. Von Filzbach (Rössli) geht übrigens eine kleine Luftseilbahn in Richtung Habergschwänd, von da rennt sich leicht und schnell zum Talsee hinüber und dann hinauf die Stufe zur Spanegg: beide Seen sind wie Juwelen in einer Urwelt, abgelegen, versteckt, bestrickend durch Melancholie... Die Routenführung ist bei den vielen Kletterrouten am Mürtschenstock immer etwas verzwickt; dazu kommt, dass das Gestein «im Gebrauch» doch etwas spröde und brüchig ist. Wir haben deshalb die leichteste und am besten überschaubare Route zum Ruchen-Mürtschen ausgesucht: morgens also so früh als möglich Aufbruch an der Spanegg und südlich gegen die Mürtschenfurggel so weit hinauf, bis man knapp westlich unter dem Ruchengipfel steigt, hier scharf links ab und über die lange Sandreisse empor – das ist eine abschrekkend grosse Schuttrunse, die aber nur halb so schlimm ist, wie sie aussieht. Meist ist der Schutt fest zusammengebacken. Man kommt so, vielfach auf Spuren, ganz von selbst in die Höhe und zuletzt in eine Art Couloir, welches genau auf den gewaltigen Gendarm im Südgrat zielt; bei der Gabelung dieses Couloirs hält man sich erst rechts, traversiert aber dann doch unter der Turmwand nach links und kommt dann in steiler, aber nicht schwieriger Kletterei leicht in die Scharte NÖRDLICH des grossen Gendarmen. Hier beginnt die Kletterei am Südgrat. Man bleibe hier in «mässig schwieriger» (II) Kletterei zunächst an den Gratfelsen, wird aber dann wie von selbst nach rechts in die Ostflanke abgedrängt. Die Neigung nimmt bald ab, und über die Südflanke erreichen wir den Gipfel, 2441 m. Interessante Anstiegsskizze auf Seite 63 des SAC-Führers! Zeit gut 5.00 Std. ab Kerenzerberg, oder 4.00 Std. ab Talalpsee, oder 3.00 Std. ab Spanegg. – Abstieg wie Aufstieg: wem die Knie schlottern vor Ermüdung, der wende sich heimwärts ab Talsee – mit leichter Gegenleistung – Richtung Habergschwänd zu und nütze dort die Seilbahn nach Filzbach. – Anstrengende, aber sehr schöne Abstiegsvariante: Mürtschenfurggel–Robmen, 1750 m – Meerenboden–Alt Stafel–Obstalden, 3.30 Std. – landschaftlich eindrucksvoll und still. – Wer kein sehr erfahrener Kletterer ist, der lasse sich nicht dazu verleiten, vom Ruchen aus einen anderen Abstieg zu versuchen als den hier erwähnten (den Aufstiegsweg). Seilsicherung für Ungeübte ab Couloir-Gabel unerlässlich! Merke: Dies gilt für den Abstieg fast mehr als für den Aufstieg!

TALORTE Filzbach, 706 m; Postauto von Mühlehorn (Haltestelle Filzbach-Rössli). – Obstalden, 682 m; Postauto von Mühlehorn.

STÜTZPUNKTE Evtl. primitives Heulager in Alphütte am Nordufer des Talalpsees, 1086 m, ab Filzbach etwa 1.15–1.30 Std.

CHARAKTER Eine bislang relativ stille, weil auch sehr abgelegene Bergtour mit leichter Kletterei am Südgrat; nichts für Anfänger. Wer mit sich und der Natur gerne allein ist, kommt am Ruchen-Mürtschen auf seine Rechnung. Aufstieg ab Talalpsee zum Ruchen-Mürtschen (dem höchsten Gipfel im Mürtschenstock) 4.00–4.15 Std. – Abstieg wie Aufstieg 2.15 Std. – Beste Zeit: Ende Juni bis Oktober! – Ausrüstung C!

FÜHRER/KARTEN SAC-Führer «Glarner Alpen», S. 54, 65. – LK 1:25 000, Bl. 1154, Spitzmeilen, und Bl. 1134, Walensee. – Evtl. 1:50 000, Bl. 237, Walenstadt.

BILD Der Mürtschenstock, von Südsüdost – von der Murgseefurggel – gesehen. Wir sehen nur den Ruchen-Mürtschen, 2441 m, den wir über den hier sichtbaren Südgrat besteigen. Wir erreichen den Südgrat oberhalb seiner Mitte in der Scharte nördlich des grossen Turmes: im Bild genau dort, wo der untere, stark beschattete Gratteil gegen den besonnten Teil eine Scharte bildet.

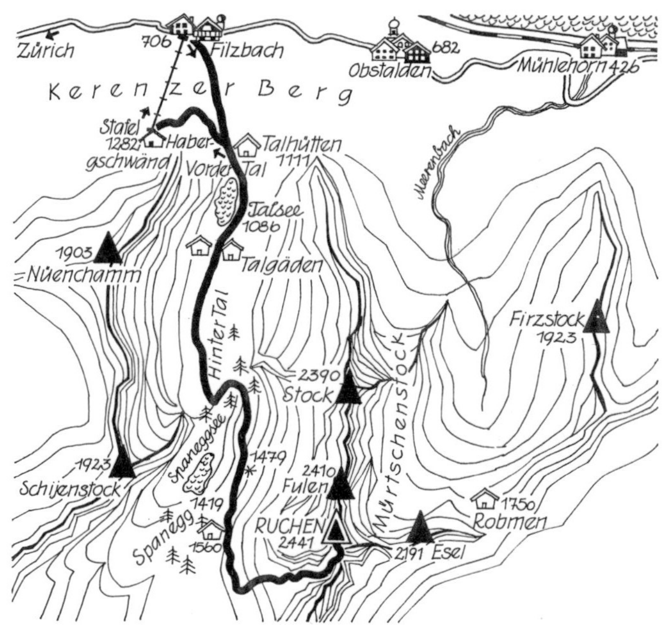

57 Grosse Berglandschaft unter dem Gufelstock, 2436 m

Vom Walensee durch das Murgtal

1 bis 1½ Tage   Anfahrt 79 km   Kinder ab 14 J.
Bergwanderung

Auch der Gufelstock im Rücken von Mürtschenstock und Schilt kann trotz 2436 m Höhe nicht zur Prominenz der Glarner Alpen zählen. Aber das ist gut so, gut für das Landschaftsschutzgebiet im Murgtal und gut für alle wahren Bergfreunde, die die Hürde eines vielstündigen Aufstieges tapfer überwinden. Dass der Gipfel aussichtsreich ist, versteht sich von selber: Glarner Boden, Tödi, Clariden, Hausstock, Kärpf, Glärnisch, Ortstock und Höch Turm stellen eine Kulisse, die bei Gutwetter Überschwang auslösen kann – wie ins Jenseits entrückt, zartgolden im Licht, bläulich-dumpf in den Schatten, überragen Gipfel und Grat im Herbst die bewohnten Täler. ...wenn's nicht regnet! Aber den Witz dieser langen Bergwanderung bietet hier nicht der Gipfel, sondern das überlange Tal hinauf zu den drei kleinen Bergseen. Hochwald vom Walenseeufer weg, erst durch düstere Enge, dann am Hang dahin, und immer wieder die Gesellschaft der uns entgegenspringenden Wasser, die freien kargen Alpinseln dann und wann. Endlich Talweite, grün bemooste Riesenblöcke in einer feierlich strengen Urlandschaft mit schwarzen Moostümpeln und glasklaren Gumpen, schutzsuchend unter überhängendem Felsen die Guflenalp, und dann Bergsee um Bergsee, von braunen Mooswiesen umrandet, mit dunklen knorrigen Arven über Alpenrosengärten, hoch oben ein Wasserfall, und über ihm knochenbleiche Karrenfelder, roter Schutt und endlich, endlich der erlösende Gipfelkamm – herb und streng, und zugleich von inniger Süsse, wenn man mit allen fünf Sinnen unterwegs ist. – Von Zürich den Walensee entlang fahrend, zweigen wir in Murg ab und plagen uns nicht ohne Mühsal und Gefahr hinauf zur Alp Mornen, 1335 m. Andere gehen zu Fuss in 3.00 Std. Die Karte zeigt uns präzise, wie es weitergeht, erst an Nordwesthängen dahin die Stufe zur felsüberdachten Guflenalp überwindend, es blinkt der untere See auf, und nochmals eine Stufe, und die beiden oberen Seen liegen da, die Fischerhütte einschliessend, unser Nachtquartier oder der Rastort. Der Anstieg nordwestlich zur Murgseefurggel, 1985 m, über P. 1836 lässt sich trotz vieler Spuren nicht verfehlen – und schon grüsst der Mürtschenstock wie eine mächtige Bastion herüber. Dann auf markiertem Weg erst steil, dann flacher in eine von zerfressenen Kalkfelsen überragte grüne Mulde, westwärts weiter, gut markiert über nackte Karren, unter den Felsen auf ein Wiesenplateau, und über Schutt und Dreck auf den Sockel des Schwarzstöckli, 2384 m (1.00 Std. ab Furggel, 1.30 Std. ab Hütte). Jetzt ab vom Wege und südlich das Schwarzstöckli unter seinen Gipfelfelsen unterlaufen bis zum Wiesensattel, 2314 m, und nun immer südöstlich über den grasigen Heustock, 2384 m, Chli Höch, 2400 m, und Höch, 2426 m, zum Kamm und durch letzte Schrofen zum Gipfel (+ 1.15 Std. ab Schwarzstöckli). Hier wartet phantastische Aussicht, prall von Superlativen! Absteigend nimmt man den Aufstiegsweg und vergisst den versteckten Badetümpel auf der Felsenkante westlich über dem unteren Murgsee nicht: ein Traumplatz von Rang! – Der Mann ohne Auto, aber mit trainierten Muskeln, steigt vom Gipfel bis VOR das Schwarzstöckli ab, quert hier links, westlich, zum Sattel P. 2306, überläuft den Wisschamm zum Rotärdsattel und rennt dann über den Schilt oder über die Alp Begligen nach Ennenda (3.00 Std.).

TALORTE Murg, 448 m, am Walensee. Mit Auto bis Alp Mornen, 1335 m, im Murgtal (evtl. Taxi, Tel. 085 4 12 54, Willy Gubser, Oberterzen, bestellen).

STÜTZPUNKT Fischerhütte, 1817 m, an den oberen Murgseen, privat. Ab Alp Mornen (P) 1.30 Std., ab Murg zu Fuss 4.30 Std. In der Tourenzeit bewirtschaftet, Lager.

CHARAKTER Sehr lange, landschaftlich überragend eindrucksvolle Berg- und Talwanderung, ohne Schwierigkeiten, jedoch bei Nässe oder gar Schnee in der ausgesetzten Passage Heustock–Höch–Gufelstock heikel, nur für trittsichere Geher! Reepschnur mitnehmen! – Naturschutzgebiet! – Beste Zeit: Juni bis Ende Oktober! – Ausrüstung A! Mit Proviant.

FÜHRER/KARTEN SAC-Führer «Glarner Alpen», S. 54, S. 79. – LK 1:25 000, Bl. 1154, Spitzmeilen, evtl. dazu Bl. 1134, Walensee. – Evtl. 1:50 000, Bl. 237, Walenstadt.

BILD Ausblick vom Anstieg von den Murgseen zum Gufelstock über dem Walensee. Zwischen den Seen die Fischerhütte. Rechts unten das Murgtal, hoch über dem mittleren See Hochmättli, 2252 m, und Silberspitz, 2236 m. Im Hintergrund die Churfirsten mit dem Säntis, rechts die Alviergruppe.

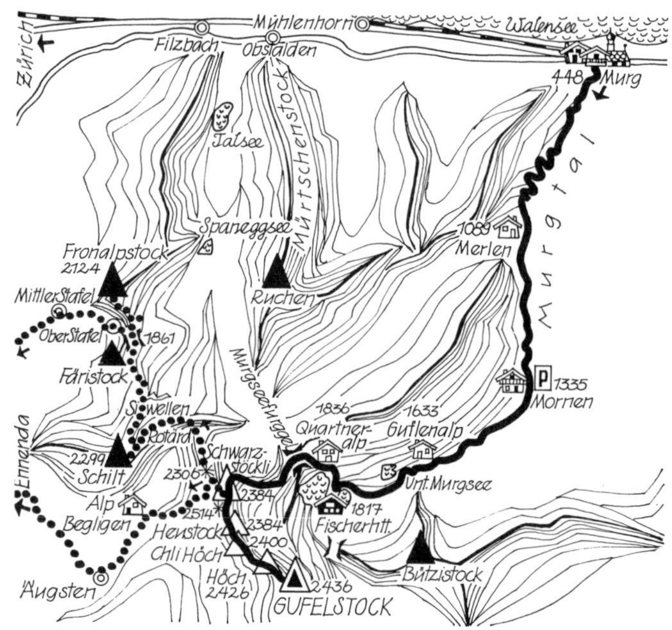

58 Der Grosse Kärpf, 2794 m, zwischen Elm und Linthal

Von Schwanden über Leglerhütte und Kärpftor

1½ Tage Anfahrt 73 km Ohne Kinder! Leichte Bergtour

Der Grosse Kärpf steht zwischen Linthtal und Sernftal und dominiert den «Freiberg» – seit 400 Jahren Wildschutzgebiet, neuerdings auch mit Steinwild – ist aber doch von lauter Dreitausendern umgeben, so von Sardona, Vorab, Hausstock, Tödi, Clariden, dazu vom Fastdreitausender Glärnisch. Man überblickt also vom Gipfel keine komplette Ostschweiz, aber das Glarner Land souverän. Der Kärpf wird gern besucht, denn Autofahrt bis Chis und Seilbahn bis Stausee Garichti erlauben einen Hüttenanstieg von nur 2.15 Std. (gegenüber einst 4.45 Std.) Dauer. Der Anstieg ist interessant. Rückwärts schaut man immer wieder auf das Glärnischmassiv gegenüber, das gegen Abend besonders plastisch hervortritt, und vor sich hat man die Nordwand des Kleinen Kärpf. Die Wege sind gut, erst wenige Minuten vor der Hütte, von der Sunnenberg-furggel aus, sehen wir sie. Sie trägt den Namen des einst ärgsten Wilderers im Freiberg, Mathias Legler. Aber der wilderte mit stiller Duldung von seiten der Gemeinde, denn er war steinreich und deshalb in allen Dingen grosszügig. Aus Grosszügigkeit stiftete er auch die Leglerhütte... Ab Hütte, die mit ihren 60 Lagern oft nicht ausreicht, steigen wir in der Südwestflanke des Unter Kärpf, immer unmittelbar am Fuss steiler Wände, auf, biegen aber nach 0.15 Std. schon rechts ab, um südlich über leichte Felsabsätze, Geröll und Firnfelder auf das über uns stehende grosse, viereckige Kärpftor zu zielen (die rechte Furggel in unserem Bild, die linke ist die Kärpfscharte). Vereinzelte Steinmannli und eine fast immer vorhandene ausgetretene Spur führen uns in dem an sich etwas unübersichtlichen Gelände unter den breit auslaufenden Riesenfelskamm des Kärpfstockes. Das letzte Stück ins Kärpftor ist sehr steil; beim Übergang vom Firn in den Fels sollte man besonders vorsichtig sein – vor allem im Abstieg! – und Anfänger unbedingt an das Seil nehmen. Der Fels ist gut gestuft, aber zuweilen brüchig und schuttbedeckt. Tauender Schnee kann ihn auch glitschig machen. Von der Leglerhütte bis auf das Kärpftor, 2645 m, brauchen wir 1.15 Std. Die Überraschung im Tor ist gross, denn unmittelbar gegenüber tauchen mit dem letzten Meter die Vorab- und die Sardonagruppe auf, vom Hausstock bis zum Piz Segnas glänzt und funkelt Firn und Urgestein. – Vom Kärpftor erst östlich über leichte Felsen bergab gestiegen, dann auf einem Schuttband in der Südflanke auf guter Wegspur aufwärts, anfangs etwas exponiert, aber bei trockenem Fels ohne Gefahr. Bei Schnee ist diese Traverse als gefährlich zu respektieren! Hüttenwart fragen! – Am Schluss kommen wir über ein Firnfeld an den Südfuss des Gipfels. Dort leiten abermals gutgestufte leichte Felsen schräg nach links, so dass wir von Nordwesten am Gipfelgrat aufsteigen. Wer partout klettern will (und kann), der halte sich rechts und klettere über die sehr ausgesetzte, aber unschwierige Südgratkante zum Gipfelgrat. Der breite Blockgrat zum Schluss ist reines Vergnügen, denn da schaut längst der weisse Firndom des Tödi zu. 1.45–2.00 Std. ab Hütte, 0.45 Std. ab Kärpftor, das sind die Normalzeiten. – Aufstieg wie Abstieg! Nur der Weltenbummler (ohne Autozwang) kann südwärts in absoluter Einsamkeit über die Erbsalp nach Elm absteigen: vorher genau Karte anschauen! – Abstiegsvariante: Leglerhütte–Diesbachtal–Dornhaus oder Betschwanden, etwa 2.30 Std.

TALORTE Schwanden (Glarus), 527 m (Bahnstation). – Evtl. für Abstieg: Elm (Sernftalbahn), 977 m, oder Station Diesbach-Betschwanden, 597 m. – Autos ab Schwanden auf schmalem Strässchen bis Chis, 1029 m (grosser Parkplatz). Ab Chis Seilbahn zum Stausee Garichti (Mettmen), 1610 m.

STÜTZPUNKTE Leglerhütte SAC, 2273 m. 2.15 Std. ab Stausee. – Mettmenalp (Naturfreunde), 1590 m, 5 Min. ab Stausee. – Berggasthaus Garichti, 1600 m, 2 Min. ab Bergstation.

CHARAKTER Leichte Bergtour, teilweise auf Wegspur, auch über Firnfelder, Schlussanstieg zum Kärpftor erfordert alpine Vorsicht und Erfahrung in steilem Firn und brüchigem Fels! Gipfelanstieg von Süden in gutgestuftem, aber bröckeligem Fels. – Bei Neuschnee gefährlich. Beliebter Gipfel mit souveränem Umblick innerhalb der Glarner Berge. – Beste Zeit: Juli bis Oktober! – Ausrüstung D!

FÜHRER/KARTEN SAC-Führer «Glarner Alpen», S. 183, S. 196. – LK 1:25 000, Bl. 1174, Elm, und Bl. 1173, Linthal, oder 1:50 000, Bl. 247, Sardona, mit Bl. 246, Klausenpass.

BILD Vor der Leglerhütte SAC in den Glarner Alpen. Der Anstieg von der Hütte bis ins Kärpftor (rechts oben im Grat) ist gut erkennbar. Der Grosse Kärpf, 2794 m, oben in der Bildmitte.

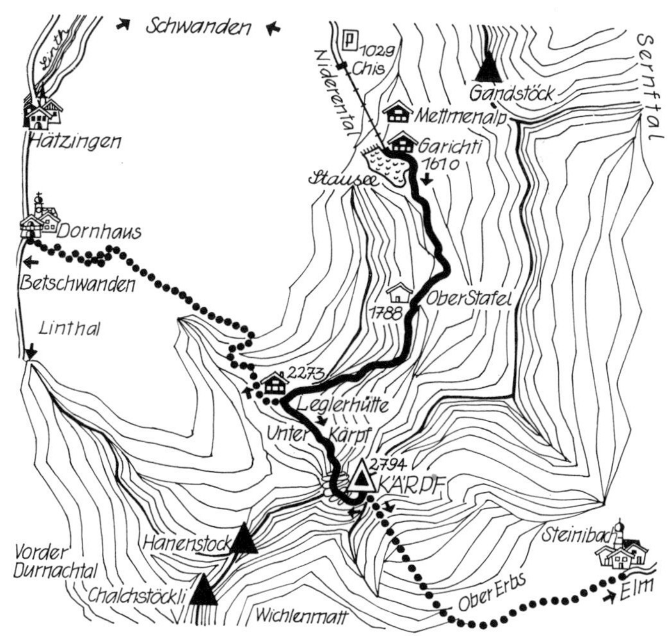

59 Das Chalchstöckli, 2499 m, aus dem Sernftal

Von Elm in die Uröde am Richetlipass

1 bis 1½ Tage Anfahrt 88 km Kinder ab 15 J.
Leichte Bergtour

Unser Bild charakterisiert die Situation am Richetlipass in 2261 m Höhe nicht schlecht: es ist das hochalpine Chaos schlechthin, das uns dort, die wir aus üppig grünenden Talböden kommen, empfängt. Es ist nackter, brüchiger Fels, hier in abweisenden Wänden verwitternd, dort in Trümmerkaren gehäuft, und überall mit Altschneetüchern bedeckt, die unter den Wänden schmutzigbraun verblassen. Keine schöne Welt bei Wolken, bei Sonne aber das glanzvolle Chaos, das herrlich Ordnungswidrige, das uns in kleinen Genüssen darbenden Grossstädtern den grossen Atem unendlicher Weltweite in Lunge und Herz spült... Man beginnt in Elm, das auch ohne sein berühmtes Mineralwasser eine Reise wert ist, oder wir beginnen als Autofahrer sogar erst in Steinibach, also in 960 oder in 1140 m Höhe: über uns prominenteste Glarner Gipfel – Piz Sardona, Vorab, Hausstock und Grosser Kärpf. Wir sehen sie alle noch. Zwischen Hausstock und Kärpf im Westen von Elm ist der Richetlipass eingelagert, 2261 m hoch, öde, einsam, und nach unserem Geschmack doch grossartig. Dorthin müssen wir zielen: südwestlich auf dem Strässchen, das über dem Talboden nach Steinibach und dann (gesperrt für Autos) bis Walenbrugg, 1278 m, zieht: 0.45 Std. ab Steinibach, 1.45 Std. ab Elm. Nun über die Bachbrücke und gleich rechts auf dem neuen Strässchen weiter bis Ober Stafel, 1482 m, auf der Wichlenalp. Wenn wir am Bach unterhalb der Alp das Strässchen verlassen und auf dem Fussweg, an den Alphütten vorbei und erneut den Bach querend, bis an den Fuss der steilen Hänge des Leiterberges gelangen, geraten wir auch immer mehr in die gewaltige Südflanke des Grossen Kärpf. Der Weg wendet sich ihm nördlich zu, steigt in Kehren empor und passiert eine schluchtartige Verengung: hier Einmündung des Weges von der Erbsalp! Gewaltig und drohend steigen gegenüber die Riesenwände des Hausstockes auf: unheimlich, wenn Wolken das Bild verfinstern. Ein Trost, dann und wann einen Blick hinüber auf den Vorab, auf Piz Segnas und Piz Sardona zu tun, die von hier viel manierlicher wirken als dieser grobe Hausstock. Ein schwankender Steg führt über den polternden Bergbach, und am anderen Hang wird steil die neue Talstufe erreicht, Wichlenmatt auf 2037 m Höhe. Hinter den Alphütten wird der bisher gute Weg schlecht, ist oft nur schwach erkennbar, die Markierung spärlich. Man folgt in westlicher Richtung dem Wasser; einige Wasseradern fordern zeitraubende Umwege, am Ende des Hochtalbodens steigt die wieder erkennbare Spur über das letzte Gras, dann über Schutt und Schnee zum Richetlipass: ab Walenbrugg, 3.00–3.15 Std. Als wir diesen Pass angingen, bei Schlechtwetter, glaubten wir in die Unterwelt einzugehen – aber am Pass brach völlig unverhofft die Sonne durch, und wir waren so naiv, unsere vielen guten Taten für die Sinnesänderung des hl. Petrus verantwortlich zu machen... Nun, vom Pass geht es rechts (Bild) steil über Schutt zum Chalchstöckli, aber in 0.45 Std. ist es geschafft: 2499 m sind unser und ein Glarner Feldherrenhügel zugleich. Denn bei Gutwetter und mit allen Landeskarten versehen wird man hier zum Fachmann und Liebhaber in Sachen «Glarner Alpen». – Abstieg wie Anstieg. – Eine Abstiegsvariante: steil hinab ins Richetli, am Schäferhüttli vorbei ins Durnachtal und dann lang hinaus nach Matt. Ab Gipfel 3.15–4.00 Std.

TALORT Elm im Sernftal, 960 m (Bahnstation). – Für Abstieg evtl. Matt bei Linthal, 663 m.

STÜTZPUNKTE Mehrere Gasthäuser in Elm. – Evtl. gastweise in der Skihütte Ober Stafel, 1482 m (in Elm erkundigen!), 2.30 Std. ab Bhf. Elm. – Oder auf der Erbsalp (Erbser Matt), 1695 m!

CHARAKTER Eine leichte, aber lange Bergtour! Vor allem für Nichtautofahrer, die ab Bahnhof Elm gehen müssen. Mit Auto Fahrt bis Steinibach, etwa 1140 m, möglich. Bis Richetlipass meist gute, teilweise markierte Wege und Wegspuren (ausser in der Wichlenmatt!), dann weglos über Schutt. Landschaftlich abwechslungsreich, instruktiv und ab Wichlenmatt eine grossartige Ödlandschaft. Beste Zeit: Juli bis Oktober! – Ausrüstung B, mit Proviant!

FÜHRER/KARTEN SAC-Führer «Glarner Alpen», S. 184 und 187. – LK 1:25 000, Bl. 1173, Linthal, und Bl. 1174, Elm. – Evtl. 1:50 000, Bl. 246, Klausenpass, und Bl. 247, Sardona.

BILD Blick vom Hanenstock, 2561 m, auf Chalchstöckli (vorne rechts), Richetlipass, 2261 m (genau unter der Bildmitte), Leiterberg und Hausstockmassiv (links oben). Der Ruchi (Bildmitte oben) ist in Wolken versteckt. Rechts oben über der Hintersulzlücke das Massiv des Bifertenstockes. Von links unten führt der Aufstieg von Wichlenmatt zum Pass und Gipfel.

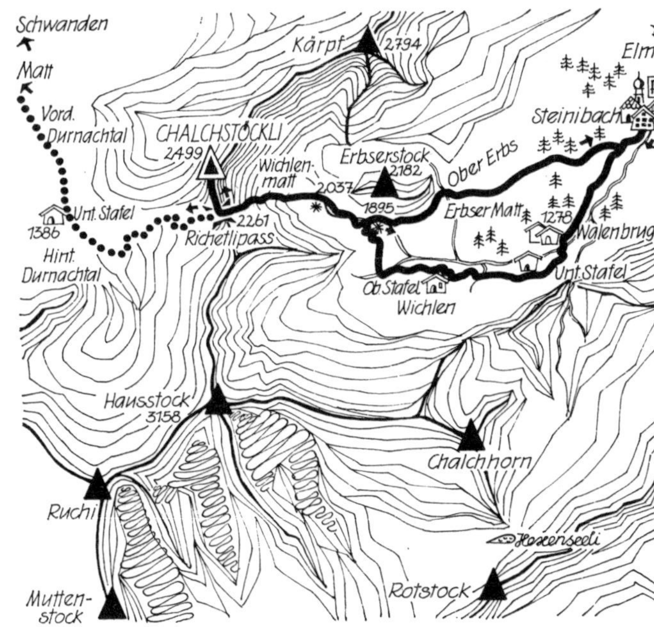

60 Vorab, 3028 m, und Laaxerstöckli, 2898 m

Lange Hochtour in grosser Landschaft

2 Tage Anfahrt 88 km Ohne Kinder! Hochtour

Schon unser Bild beweist, dass man das Flimser Skiparkett, neuerdings durch Lifte bis dicht unter das Laaxerstöckli erschlossen, als Sommerbergsteiger völlig vergessen muss – vergessen darf. Wir schauen in unserem Bild in die Nordflanke unter dem Vorabgletscher, durch die wir ab Elm über vier ausgeprägte Terrassen aufsteigen, durch Felsschluchten und Felsgürtel, immer interessant, oft aufregend – und anstrengend. Dennoch: wir haben diese Tour nicht ohne Skepsis angetreten und sind heute bereit, sie als ein unvergessliches Abenteuer zu rühmen. Für Augenmenschen, für beseelte Menschen... Vom Bahnhof Elm geht's dem Fahrsträsschen ostwärts entlang durch das Untertal, dann verlassen wir den Raminer Bach, indem wir ihn überschreiten und südwärts in zahllosen Serpentinen durch Bergwald und die Tschinglenschlucht steigen. In dieser geht es längs einer Felswand dahin, aber der Weg ist gut angelegt, die Steigung gering, und die Umgebung wildromantisch: so mag man es als Bergfreund! Rechts unten tosende Wasser, und ringsum überdimensionale Wände, Furchen und Felsrampen. Nach 1.30 Std. kommen wir plötzlich aus der Schlucht heraus und atmen auf: diese erste grüneTalstufe mutet wie eine einladend-liebliche Szenerie an. Nur ungern verlassen wir die Hütten dieser Nideren Alp, 1480 m, aber im Hintergrund warten ganze Gebirge auf uns. Tschingelhoren und Zwölfihörner lassen ahnen, was uns bevorsteht. Es folgen mehrere Talstufen. Am südlichen Ende also über den Bach und westlich aufgestiegen; der Weg ist schmäler und abschüssiger, Trittsicherheit lohnt sich. Als zweite Alp wird in 1696 m Höhe die grüne Matt erreicht, und als dritte das Rindermättli, 1751 m, alle säuberlich voneinander geschieden durch grausig steile Felsmauern. Das Rindermättli bietet den gewaltigen Wasserfall von der Martinswand herab, und in ohnmächtigem Zorn gedenkt man der vielen alpinen Ströme, Flüsse und Bachlandschaften, die durchAbleitungen und Kraftwerke verdorben wurden. Hier atmen wir tief auf, dann erklimmen wir auf recht ausgesetztem, teilweise drahtseilgesichertem Zickzackweg den vierten und obersten Talboden, an dessen nördlichem Rand die grosse, gut eingerichtete Martinsmadhütte des SAC steht – «verziert» von gewaltigen Hochleitungsmasten. – Anderntags erst südlich, dann östlich quer durch die Mulde, nach einem ersten Absatz schwach über Gras ansteigend, über Schutt und Schnee längs des Baches aufwärts, und zuhinterst im Wildkessel in abenteuerlich angelegten Wegkehren durch eine hohe Wandstufe auf einen feinen, aussichtsreichen Absatz. Schon schaut die Welt angenehmer aus... Über Schutt und Schnee steigen wir endlich zum Grischsattel, 2760 m, auf, zwischen Ofen und Laaxerstöckli. Ab Hütte 2.30 Std. – Ab hier zwei Möglichkeiten: 1. Unter dem Laaxerstöckli nordwestlich heikel auf einem schwach ansteigenden Terrassenband queren (bei Schnee unmöglich!), oder 2. gleich, leichter und nur wenig länger, das Laaxerstöckli überschreiten und so zum Vorabgletscher. Hier geht es in endlos sanfter Steigung in den Sattel zwischen Glarner und Bündner Vorab, und dann sehe man, welchem Gipfel man den Vorzug gibt: Glarner Vorab, 3018 m, oder Bündner, 3028 m! 4.00–5.00 Std. ab Hütte. – Abstieg: Nordecke des Gletschers, Südfuss der Zwölfihörner, Martinsmad.

TALORT Elm im Sernftal, 960 m, Endstation der Sernftalbahn.
STÜTZPUNKT Martinsmadhütte SAC, 2002 m; 3.30–4.00 Std. ab Elm. Grosse, gut eingerichtete, am Wochenende bewartete Hütte. Touristen-Unterkunft Nideren Alp (privat), 1480 m; 1.30 Std. ab Elm.
CHARAKTER Hochtour mit Gletscherbegehung, meist unschwierig und spaltenlos. Bis Grischsattel, 2760 m, markierte Spur, aber teilweise steil und exponiert, Erfahrung und Trittsicherheit unerlässlich! – Traverse Laaxerstöckli-NW-Flanke nur wenn schneefrei; selbst ohne Schnee ist noch höchste Vorsicht geboten! Besser: Überschreitung des Laaxerstöckli. – Lange, ermüdende Hochtour, aber schon am Hüttenweg von unvergleichlichen Eindrücken, und oben von grossartiger Wildheit! – Beste Zeit: Juli bis Oktober. – Ausrüstung D (keine Steigeisen).
FÜHRER/KARTEN SAC-Führer «Glarner Alpen», S. 201, 231, 233. – LK 1 : 25 000, Bl. 1174, Elm, und Bl. 1194, Flims. – Oder 1 : 50 000, Bl. 247, Sardona.
BILD Vorab Pitschen, 2898 m, Bündner und Glarner Vorab über dem flachen Plateau des Vorabgletschers zwischen Elm und Flims, von Nordosten gesehen. Wo sich rechts unten die Täler vereinigen, liegt Elm (hier nicht mehr sichtbar). Im nach links aufwärts ziehenden, vielfach von Felsbänken gestuften Tal liegt – senkrecht unter dem Vorab Pitschen – die schöne Martinsmadhütte des SAC.

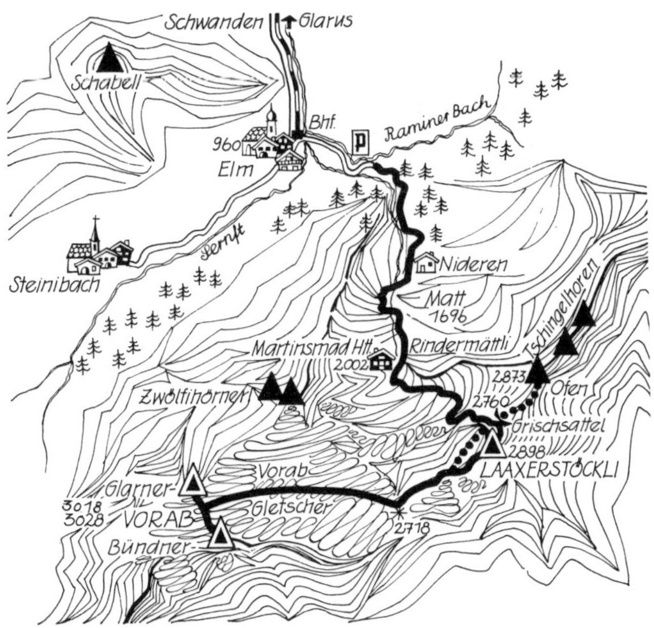

61 Auf den Hausstock, 3158 m, oder Rotstock, 2624 m

Hochtour vom Panixerpass mit Gletscherbegehung

2 Tage Anfahrt 88 km Ohne Kinder! Hochtour

Auf dem Hausstock steht man 2300 Meter, auf dem Rotstock (als Ausweichgipfel) immer noch gute 1850 Meter über dem Ufer des Vorderrheins, den man südlich unter sich entdeckt: denn wir sind diesmal im Hauptkamm der Glarner Alpen, so wie Vorab, Segnas und Sardona. Nur der Panixerpass und sein kleines strenges Bergsteigerhüttchen erlauben es, diese Touren – eine als Gletscherbegehung, die andere als unschwierige Bergwanderung – innerhalb der «Zürcher Hausberge» darzustellen. Begangen werden sie oft! – Und genau so wie der russische Heerführer Suworow, der mit einer ganzen Armee über den Panixerpass zog, ziehen wir von Elm dort hinauf. Suworow müsste noch nachträglich zum Ehrenpräsidenten aller Alpen-Clubs erklärt werden: aus der Lombardei kommend, zog er über den St. Gotthard, dann über den Kinzigpass ins Muotatal, und schliesslich über den Pragelpass nach Elm, um den Franzosen zu entkommen. Immer mit der ganzen Armee armer russischer Antibergsteiger hinter sich her! Am 5. und 6. Oktober 1799 nächtigte er in Elm, das man heute von Schwanden her mit einer Schmalspurbahn erreicht. Wir wollen nicht wie Suworow ins Bündnerland, aber wir steigen bis zum Panixerpass auf seinen blutgetränkten Spuren... Von Walenbrugg über die neue Brücke, dann auf der neuen Strasse und beim Wegweiser gleich wieder links ab: ein schmaler Pfad zieht dort aufs andere Bachufer, dann geht es in hochromantischer Umgebung zwischen Steilwänden, mageren Alpweiden und zahllosen Wasserstürzen ins Jetzloch, 1472 m, eine Stufe höher, nach Ober Stafel, 1673 m. Hier verfliegt der letzte grüne Talduft, wir plagen uns am Osthang des Chalchhorns zum Walenboden und gleich noch durch den felsigen Engpass der «Gurgel» empor – immer eingedenk der armen ohne Windjacke und Ia-Wollpulli vorangestiegenen Russen! –, passieren ein Firnfeld und das Hexenseeli und kommen nach einer letzten grimmigen Steigung zur leeren Hütte am Panixerpass. Der Kanton Glarus hat sie hingestellt, wir danken es ihm – nach 4½stündigem Aufstieg ab Walenbrugg... Nachdem wir anderntags unsere feinen Daunenschlafsäcke verlassen haben, steigen wir als Nichtgeübte auf den harmlosen Rotstock, 2624 m, und zwar über einen breiten Grasrücken in Südostrichtung, dann über einige leichte Felsen: 0.50 Std. ab Pass, wundervoller Ausblick! – Alles andere darf, wenn alpin geübt und ausgerüstet, den Hausstock anzielen, dessen Anstieg auf unserem Bild genau erkennbar ist. Von der Hütte westwärts in die etwa 50 m tiefer liegenden Terrassen, dann nordwestlich, ungefähr dem Lauf des Gletscherbaches folgend, dem Hausstockgipfel zu. Wir passieren steigend, Mer Sura links lassend, den P. 2468, unterlaufen die Gipfel der Horen und erreichen südlich von P. 2797 den Mergletscher. Der scheint zunächst völlig spaltenlos. Aber wenn wir hinüber zum Sattel P. 2681 gequert sind, müssen wir doch anseilen, vielleicht sogar Steigeisen anlegen: es tauchen Spaltenzonen auf! An der ersten rechts vorbei, ebenso an der langgezogenen, in Gipfelfallinie liegenden Felsinsel, so kommen wir bis knapp unter den Sattel südlich des Gipfels. Der Gletscher wird immer steiler – gut sichern! Unter dem Sattel nach rechts auf Nordnordwest, dann oberhalb der Felsinseln zum Gipfelgrat und auf ihm zum höchsten Punkt: ab Panixerpass 3.00–3.30 Std. Abstieg gleich.

TALORT Elm im Sernftal, 960 m (Bahnstation). – Mit Auto bis Steinibach, etwa 1140 m, möglich.

STÜTZPUNKT Schutzhütte am Panixerpass, 2407 m, kein Hüttenwart, primitiv eingerichtet, Kochgelegenheit (Holz ausreichend). Strohlager, keine Decken! 20 Personen. 6.00–6.30 Std. ab Elm.

CHARAKTER Bis zum Panixerpass unschwierig auf gutem, überwiegend markiertem Weg. – Rotstock weglos, aber für Berggewohnte ohne Schwierigkeiten! Besonders grossartige Aussicht! Charakteristisch für die Überschreitung ist der gravierende Wechsel im Landschaftsbild: im Norden wild, rauh, streng, düster – im Süden weit, sonnig, fast lieblich. – Viel begangene Hochtour! – Hausstock mit Gletscherbegehung ohne besondere Schwierigkeiten, doch nichts für Anfänger! – Beste Zeit: Juli bis Anfang Oktober! – Ausrüstung A (bis Pass) bzw. D (Hausstock)!

FÜHRER/KARTEN SAC-Führer «Glarner Alpen». – LK 1:25 000, Bl. 1193, Tödi; und Bl. 1174, Elm; und Bl. 1194, Flims. – Oder 1:50 000, Bl. 246, Klausenpass, und Bl. 247, Sardona.

BILD Blick von Südosten, dicht westlich von der Schutzhütte am Panixerpass, 2407 m, auf den doppelgipfeligen Hausstock, 3158 m, über seinem kleinen, aber doch zu respektierenden Mergletscher. Rechts oben der Ruch Wichlenberg (Horen), 2797 m.

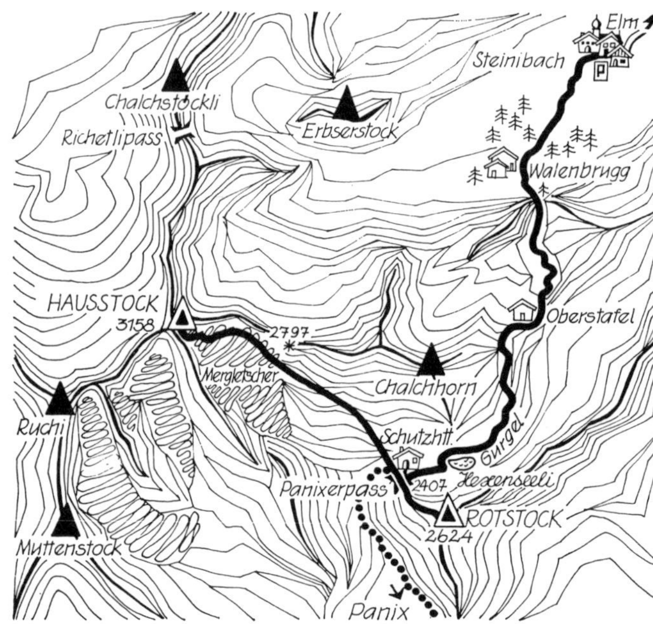

62 Der Ruchi, 3107 m, über der Muttseehütte

Mässig schwierige Hochtour unter dem Tödi

1 bis 1½ Tage   Anfahrt 91 km   Ohne Kinder!
Mässig schwierige Bergtour

Von überallher in der Ostschweiz und selbst von manchem Hausberg im Oberland sieht man den Tödi als mächtige Firnwolke unter dem Horizont: immer wünscht man sich, dort oben zu stehen (was schwierig ist) oder ihm doch ganz nahe zu sein. Unser Ruchi, der gut 500 m niedriger ist als der Tödi, gewährt auf seinem Anstieg vom Muttsee her unausgesetzt den Nahblick auf Tödi, Bifertenstock und Selbsanft mit einem guten Halbdutzend Gletschern. Dazu erlaubt der Ruchi einen noch grossartigeren Ausblick auf die Bündner Alpen als der Hausstock. Freilich, der Ruchi lässt sich diese Bergfreuden teuer bezahlen: erstens in bar an der Seilbahnkasse der Werkbahn zum Chalchtrittli auf 1800 m Höhe (aber das ist «relativ» ungeheuer billig), zweitens durch einen gut zweieinhalbstündigen Hütten-Anstieg bis zum Muttsee, und drittens durch einen gar nicht harmlosen hochalpinen Anstieg über Schutt, Fels und Firn zum Gipfel... Übrigens führt er seinen Namen zu recht: er ist ein rauher, wüster Schutthaufen, wenn als solcher auch eine wundervolle Erholung vom städtischen Zivilisationschutt... Letzte Bergfahrt (nach vorheriger Anmeldung) um 16.30 Uhr zum Chalchtrittli! Dann marschieren wir, zur Nacht verdammt, durch einen drei Kilometer langen Stollen, und kommen lebend in der Nähe einer Staumauer wieder ans Tageslicht. 120 m nach dem Stollenausgang geht links ein markierter Weg ab, auf dem wir rasch an Höhe und Ausblick gewinnen. Stellenweise Seilsicherung über Felsstufen – weil bei Nässe und Schnee nötig! Während vor uns immer neue Aufschwünge erscheinen, wird der Rückblick in die Höllenlandschaft um den Limmernsee immer grossartiger. Weil eben dort keine einzige Blume, kein Grashalm wächst, weil alles nur unheimlich nacktes, abweisendes Felschaos in erschreckenden Dimensionen darstellt. Aber bald gelangen wir doch auf ein Plateau und zur modernen, blitzsauberen Muttseehütte, 2501 m, über dem oft lange eisbedeckten Muttsee. – Von dieser Hütte anderntags über Schutt und Firnfelder hinab zum See, links um ihn herum im teilweise unbequemen Schutthang, dann findet man die Andeutung von Wegspuren. Der Zufluss vom Ober See wird an einer günstigen Stelle überquert, dann geht es über einen Schuttrücken, Firnfelder und nochmals Schutt zur Hälfte gegen die Hintersulzlücke, 2646 m, hinauf bis an den Fuss der im Bild gut sichtbaren Felsbarriere. Man überwindet sie im Anstiegssinne links (nördlich), quert dann scharf gegen Südwesten und steigt mässig steil gegen den Fuss des breiten kantigen Südwestsporns von P. 2793 im Ruchi-Nordwestgrat an. Oder: man umgeht die Barriere rechts (südlich) und steigt – kürzer, aber sehr steil – über einen Schuttrücken zum Fuss des erwähnten Südwestsporns, quert südwärts fast eben die stark geneigte Schutterrasse unter ihm (nie bei Schnee!): nicht zu hoch steigen! In der grossen Firnmulde angekommen (im Bild rechts oben), plagen wir uns an deren linkem (nördlichem) Rand aufwärts und kommen so zum Gipfelgrat des Ruchi, den wir bei einem sehr auffallenden senkrechten Felsabsatz (im Bild dicht rechts neben P. 2793) gewinnen. Der Absatz wird fast unschwierig an guten Tritten und Griffen überwunden. Dann steigt man auf der Gratschneide oben immer steiler, bis auf den Gipfel. Hierzu braucht man knapp 3.00 Std. – Abstieg auf dem Anstiegsweg.

TALORT Tierfed, 805 m (mit Privatwagen; Bahn nur bis Linthal, 648 m). – Ab Tierfed Werkseilbahn zum Chalchtrittli, 1800 m; nur 3–4mal täglich, an Wochenenden Anmeldung nötig!

STÜTZPUNKTE Muttseehütte SAC, 2501 m; ab Bergstation 2.30 bis 2.45 Std. Im Sommer Hüttenwart. – Evtl. Bifertenhütte, AAC Basel, unbewirtschaftet; ab Muttseehütte 3.00 Std.

CHARAKTER Mässig schwierige Bergtour für Geübte! Bis Hütte guter, markierter Pfad, dann weglos über Schutt, leichte Felsen und Firn. Teilweise recht steil! Vorsicht beim Traversieren der abschüssigen Schutterrasse! Mühsam und anstrengend, doch überaus eindrucksvoll als menschenfeindliche Uröde. Die spaltenreichen Gletscher unter Tödi und Bifertenstock sind die Augenweiden dieser Tour. – Beste Zeit: Ende Juli bis Anfang Oktober! – Ausrüstung D!

FÜHRER/KARTEN SAC-Führer «Glarner Alpen», S. 252, 267, 269. – LK 1:25 000, Bl. 1193, Tödi, und 1:50 000, Bl. 246, Klausenpass.

BILD Aufblick vom Ufer des Muttsees, 2446 m, nach Nordosten auf die Westflanke des Ruchi, 3107 m. Man kann den Anstieg von links unten nach rechts oben gut verfolgen. Ganz links oben Hintersulzhorn, 2738 m, rechts darunter die Hintersulzlücke, 2646 m, rechts der Bildmitte oben der P. 2793, dessen Südwestsporn in der Mitte nach rechts traversiert wird.

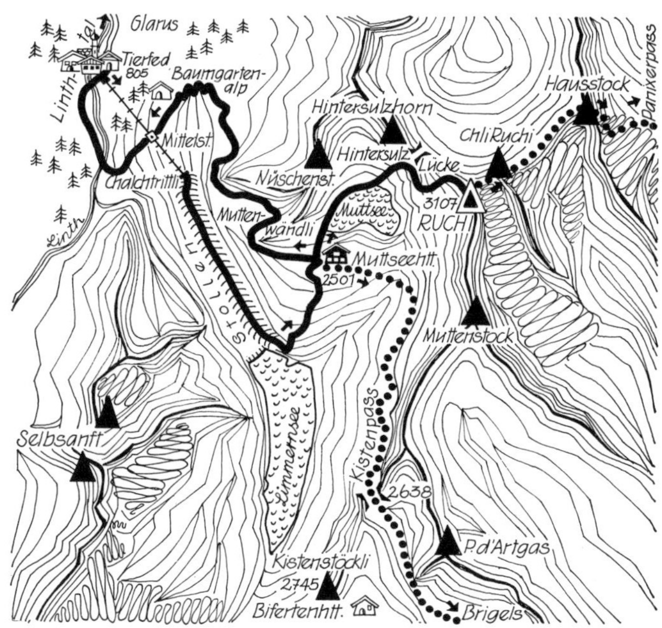

63 Über das Eis des Clariden, 3267 m

Leichte Gletschertour mit Tücken

1 bis 1½ Tage Anfahrt 99 km Ohne Kinder!
Gletschertour

Die alte Klausenpassstrasse, die von der Heimat Wilhelm Tells bei Altdorf bis hinüber zur Linth im Glarner Boden zieht, präsentiert südwärts eine begeisternd schöne Reihe von Hochgipfeln. Gross Windgällen, Gross Ruchen, Schärhörner, Clariden und Gemsfairenstock stehen in der vordersten Front, von düsteren Eisböden umlagert und eisüberwallt noch in der Höhe. Der Clariden ist heute das beliebteste Ziel unter diesen ehrenwerten Namen. Das macht, weil die Zürcher Autofahrer ihn sogar als Tagestour ansteuern können. Nicht mit dem Auto zum Gipfel, noch nicht, wohl aber bis an den Klausenpass auf 1948 m Höhe – das sind immerhin bald 2000 m. Schon von Urigen oberhalb Unterschächen entdeckt der vom Urnersee her kommende Autofahrer den mächtigen, oben eisüberzogenen Sporn, der vom Chammlijoch am Clariden direkt auf die Passhöhe abfällt. Der Sporn ist unten sehr breit und von vielen hohen Felsbänken durchrissen, dann wird er über dem Rau Stöckli plötzlich eng und schmal. Eben dort setzt das Eis an, und nicht viel höher wird der nun eisüberflossene Sporn wieder breit und mündet ins Chammlijoch ein. Wo dieser Sporn, ein idealer Anstiegsweg von Norden her, eng und schmal ist, da ist auch seine kritische Stelle. Einst war sie vom «Iswandli» markiert, einer schroff auffahrenden, fast 40 m hohen Eiswand, die die Erstbesteiger 4 Std. Hackarbeit kostete – heute hat der Gletscherrückgang einen Eisbuckel daraus gemacht, der leicht, der oft ZU leicht hingenommen wird. Denn immerhin ist er noch steil und in seiner Wölbung von Querspalten durchsetzt, und immerhin genügt ein einziger Fehltritt, um ostwärts in Richtung Tüfels Fridhof, oder westwärts (zuletzt 1968 im Juni) zum Griessfirn abzustürzen... Natürlich hat der mehr vom Clariden, der an der Klausenpassstrasse nächtigt und bei Tagwerden von der kleinen Kapelle am Pass in Südwestrichtung ansteigen kann: es geht in der Hauptrichtung über Graspolster und Schuttwege immer streng südwärts, das ist wichtig zu wissen. Und immerzu muss man hohen Felsbänken ausweichen oder durch sie hindurchfinden. Im Nebel ist es geradezu unverantwortlich, absteigend den Weg bzw. die Wegspur zu verlassen: auch einer der Autoren ging, vom Clariden im späten Herbst bei Regen absteigend, von der Wegspur ab und stand mehr als einmal vor einem senkrechten Abbruch, und kam zwar lebend davon, aber mit dem Vorsatz, nie wieder dergleichen zu riskieren. Bleibt man auf dem Wege, so sieht man bald das Rau Stöckli, 2447 m, links über sich. Es folgt der Sattel bei P. 2417, von wo an man immer an dem sich plötzlich verengenden Kamm bleibt. Nochmals geht es über immer neu auftauchende Felsstufen empor, und wo der Sporn endgültig schmaler Grat wird, stehen wir vor dem einstigen «Iswandli» (3.00 Std. ab Pass). Auf dem Schuttplatz davor findet sich bequem Gelegenheit, Steigeisen und Seil anzulegen. Dann nimmt man die berühmte Stelle ohne weitere Schwierigkeit, weil sie selten blank vereist ist, quert die paar Spalten, und schon geht es flacher dem Chammlijoch zu, 3021 m (0.40 Std. ab Eisbuckel). Bereits vorher ist es möglich, immer auf Spalten achtend, nach links, ostwärts, abzubiegen und am breiten, später schmalen und überwächteten Westgrat anzusteigen, wobei man auch in die Südostflanke abgedrängt werden kann. Steigeisen also dringend empfohlen! – Abstieg wie Aufstieg.

TALORT Unterschächen, 995 m. – Urnerboden, 1372 m. – Klausenpasshöhe, 1948 m (Postauto von Altdorf bzw. Linthal).

STÜTZPUNKT Hotel Balm, 1840 m (3 km westlich unter der Passhöhe); Massenlager, Betten.

CHARAKTER Leichtere Gletschertour, nur bei sehr guten Verhältnissen! Bei Vereisung am Gipfelgrat evtl. beträchtliche Schwierigkeiten (Hackarbeit!). Tückische Spalten am Chammlijoch, und bei unsichtigem Wetter oder nach Neuschnee sogar am «Iswandli» (Eiswand). Aufbruch bei Tagwerden empfehlenswert, denn die zwar lange, aber lohnende und schöne Tour wird viel begangen. Als Eintagestour oft gemacht, aber strapaziös! – Beste Zeit: bis Juni mit Ski, ohne Ski: Juli bis Ende September! – Ausrüstung D!

FÜHRER/KARTEN SAC-Führer «Glarner Alpen», S. 324. – LK 1:25 000, Bl. 1193, Tödi. – 1:50 000, Bl. 246, Klausenpass.

BILD Im Anstieg vom Klausenpass zum Clariden (rechts oben, überfirnt). Die Bergsteiger rasten unterhalb des Rau Stöckli auf etwa 2470 m Höhe, wo sich der erst sehr breite, gestufte Nordsporn verengt hat. Man schaut in das firnüberdeckte Becken des Griess und beinahe senkrecht hinab bis in die Tüfels Egg und den Tüfels Fridhof. Rechts oben am Bildrand der Felskopf von P. 3193.

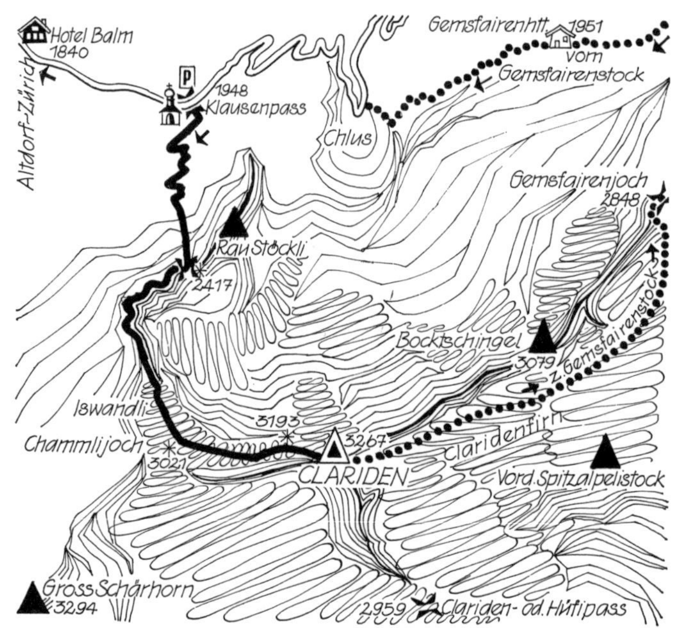

64 Der Gemsfairenstock, 2972 m

Anfänger-Eistour mit langem Hüttenanstieg

2 Tage   Anfahrt 89 km   Ohne Kinder!
Leichte Gletschertour

Auch im Alpinismus gilt: Plage ist eine Form höherer Spekulation! Wer Plage und Mühsal sucht und übersteht, der kassiert das Vielfache des Einsatzes in bar durch die Eskalation von Lebensfreude, Selbstbewusstsein und sogar der ganz gewöhnlichen Gesundheit. Von den kleinen Genüssen des grossen Durstes gar nicht zu reden... Was an dieser verlockenden Moralpredigt wahr ist, kann man auf dem überlangen Weg zur Claridenhütte bei 5.00 Std. Anstieg ausprobieren. Man muss hart bleiben. Oder immer leise fluchend auf den Tödi in seiner unerbittlich strengen Umwelt schauen, über seine zerfetzten Eisdecken, die endlosen Geröllböden und Sandmeere. Unser Gemsfairenstock steht als letzter Gipfel und gerade noch übergletscherte Ostschulter im grossen Zuge, der mit den Windgällen beginnt und zwischen Urner Boden und Altenoren steil und endgültig endet. Wenn er auch im Schatten des Clariden steht, die ihn bestiegen haben, behalten ihn, dick unterstrichen, auf dem schönsten Blatt ihrer Erinnerung. – Man muss ihn überschreiten. Muss von Tierfed den bitteren Gang antreten, durch Wald in endlosen Serpentinen zur freien Alp Wangen steigen, 1480 m (2.00 Std.), dann oberhalb des Walenbaches durch Weidegründe und Schutthalden zum Oberstäfeli, 1776 m, und am gelben Geissstein vorüber in den Schuttkessel unter dem Altenorenstock – dort ahnt man die nahe Hütte. Und hier tröstet auch der interessante Weg: an der Gletscherzunge, der der Walenbach entspringt, steigen wir links auf dem in die Felsen gesprengten Weg (Drahtseile) auf das Gipfelplateau des Altenorenstockes zur Hütte. Hier lodert längst der Stolz auf die vollbrachte Leistung auf, und der Tödi über uns feiert mit... Am anderen Tag wartet, verglichen mit dem Hüttenweg, ein Lustspiel auf uns. Westlich, über die südliche Moräne, erreichen wir den Claridengletscher und wandern auf ihm, im Bogen von West auf Nord drehend, zum Gemsfairenjoch, 2848 m, hinauf. Grosser Szenenwechsel: der Urner Boden 1500 Meter tiefer als grüner See. Dann gehen wir auf dem Firn des Westgrates gemütlich zum Gipfel. Hier haben die Tödiwände eine schauerliche Breite eingenommen, und aus der Firnwolke ist eine massive, in Eisbrüchen endende Gipfelkappe geworden. – Wir könnten nun, glückselig ob der pünktlich gelungenen Spekulation, auf der gleichen Route wieder absteigen. Wen drohendes Unwetter antreibt, der tue es auch wegen des kürzeren Weges zu einer Schutzhütte. Bei Gutwetter aber stolpern wir gemütlich den Langfirn hinunter, der wie ein eisiger Pfannkuchen der Nordabdachung des Gemsfairenstockes aufliegt, halten uns weit rechts, unterhalb der Spaltenzone aber links auf dem Geröllsaum. Über Schutt und leichte Felsen kommen wir so an den ausgeprägten Nordostgrat und steigen über ihn höchst aussichtsreich zum Fisetenpass ab, 2036 m («Trittli» bzw. «Grätli» in den Karten), auf dem ein grosses Kreuz steht. Nun schnurgerade nördlich vom Grat weg und über Alp Hinter Orthalten und einen Waldweg zum Urner Boden (3.00 Std. ab Gipfel) und zum Postauto... Oder ganz anders: vom Fisetenpass erst kurz westlich, dann endlos südwestlich die herrliche Urwelt der Gemsfairen durchquerend nach Chlus zur Klausenpassstrasse (2.00 Std.)... Letzter Tip (wenn Auto in Tierfed): Fisetenpass–Fisetengrat–Bärenboden–Brügglis–Reitimatt (2.15 Std.).

TALORT Tierfed, 805 m (6 km hinter Bahnstation Linthal), evtl. «Sonne» Urner Boden (Postautohaltestelle).

STÜTZPUNKT Claridenhütte SAC, 2453 m, am Altenorenstock; 5.00 Std. von Tierfed, oder 4.30 Std. vom Urner Boden über Fisetenpass. 96 Plätze, im Sommer bewartet.

CHARAKTER Keine so glanzvolle Gletschertour wie am Clariden, eher eine Anfängertour, jedoch keineswegs ohne stärkste Eindrücke. Hüttenanstieg 5.00 Std.; Hütte–Gipfel 2.00 Std.; Gipfel bis Postauto Urnerboden 3.00 Std. – Der gesamte Anstieg findet dicht unter dem eisüberwallten Tödi statt. Tour nicht überlaufen; die Überschreitung wie hier empfohlen, von Süd nach Nord, ist ein Hochgenuss für den Liebhaber abseitiger grosser Urlandschaft. – Beste Zeit: Juli bis Mitte Oktober! – Ausrüstung D.

FÜHRER/KARTEN SAC-Führer «Glarner Alpen», S. 300, 305, 312. – LK 1:25 000, Bl. 1193, Tödi. – Bzw. 1:50 000, Bl. 246, Klausenpass.

BILD Der Tödi, 3614 m, höchster Gipfel der Glarner Alpen, gesehen vom Gipfel des Gemsfairenstocks, 2972 m. Rechts am Rand Chli Tödi, darunter der Sandfirn und Ober Sand. Links unter dem Nordgrat des Tödi-Sandgipfels (links oben) das Firn- und Schuttbecken von Ober Röti. Darüber Bündner Tödi mit Urlaun-Ostgrat.

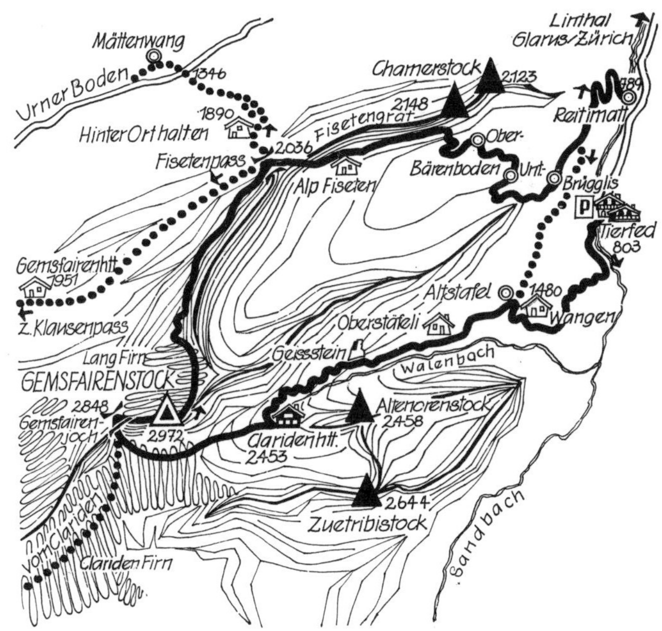

65 Die Schächentaler Windgällen, 2763 m

Mässig schwierige Hochtour mit Kletterei

1 bis 1½ Tage   Anfahrt 96 km   Ohne Kinder!
Klettertour (II)

Von Norden gesehen – etwa von Druesberg, Mythen oder Rautispitz – begreift man die Schächentaler Windgällen als breitgelagertes, mehrgipfeliges Vorwerk der Urner Alpen. Wogegen sie von der Klausenpassrampe aus gesehen stark verlieren: zu sehr steht ihnen das Schwergewicht aus Eis und Urgestein entgegen, das auf der anderen Seite Gross Windgällen, Gross Ruchen, Schärhörner und Clariden überwältigend präsentieren. Die Besteigung ist dennoch lohnend, ist durch die dabei zu überwindenden Kletterstellen am Ostgrat sogar reizvoll, abwechslungsreich und interessant. Hier sind Erfahrung im Klettern, Trittsicherheit und besonders Orientierungssinn vonnöten, obwohl der Schwierigkeitsgrad II (mässig schwierig) auf diesem «Normalweg» nicht überschritten wird. – Von der obersten Serpentine der westlichen Klausenpassstrasse bei Hinteren Rustigen, 1813 m, gehen wir auf dem neuen Alpsträsschen westwärts in Richtung Heidmanegg bis zu den Alphütten von Vorderen Rustigen. Dort steigen wir rechts den Hang hinauf gegen die felsigen Abbrüche des Geissberges zu, wobei wir nach 20 Minuten von der bisher nur schwach ausgeprägten Wegspur auf einen richtigen Weg treffen: der führt uns in der Westflanke des Geissberges empor. Wir entdecken auch noch den breiteren Weg von Heidmanegg herüber, kommen nach einigen Kehren an ein verträumtes Seeli (2100 m) und erreichen endlich die Passhöhe des Ruosalper Chulm, 2178 m: 1.00–1.20 Std. ab Passstrasse. – Schon diese erste Rast ist schön durch die neue Umschau: wie ein Riesentrichter, von Felsrampen eingefasst, senken sich die breiten Alpböden von Ruosalp nordwärts ins Bisistal hinab, um ihre spärlichen Wasser dem Muotatal zuzuführen – im Süden aber sind die grossen Urner Eis- und Felsberge wie zu einer uneinnehmbaren Festung zusammengedrängt. Nun aber westwärts am Kamm weiter, über Rasen und Schutt gegen die hohe Felswand, mit der die Läged Windgällen gegen Osten abfallen: es ist ein Bollwerk, an das unsere Spur immer steiler heranführt. Erst zum Schluss entdecken wir, dass man im zweiten Couloir von rechts ansteigen kann. Das Couloir ist relativ unschwierig zu ersteigen, aber es herrscht Steinschlaggefahr, wenn mehrere Partien zugleich aufsteigen. Das Gestein ist locker. Oben zunächst höchstes Entzücken über die eigene Position auf dem Fels- und Firnplateau, über das wir westwärts gegen den Gipfelstock traversieren. Viele verzagen hier, so sehr bäumt sich die Gipfelwand auf. Kommt man aber näher an die Wand heran, so legt sie sich doch leicht zurück, und hat man erst Hand an den griffigen Fels gelegt, so macht es Freude. Man spürt den starken Reiz von Anstrengungen und Gefahr bis in alle Adern. Von der Gipfelwand springt eine Felspartie nach Osten vor. In deren rechter Flanke also 20 m empor, bis eine Wegspur auf ein schmales Band leitet, das schwach ansteigend rechts in die Wand zieht. Das Band ist nach innen geneigt, unsere Sicherheit erhöht und das Gefühl der Exposition vermindert. Die Spuren leiten dann durch eine steile Felsrinne auf eine schräge Plattenterrasse mit lockerem Gestein, und wir holen in einem Halbkreis links aus bis zum Fuss der eigentlichen Gipfelfelsen. Das am weitesten rechts gelegene Kamin lässt uns in hübscher Kletterei zu den grossen Blöcken unter dem Gipfelsteinmann gelangen. 4.00 Std. insgesamt.

TALORT Balm am Klausenpass, 1840 m (Postautohalt). – Evtl. Unterschächen, 995 m (ganzjährige Postautoverbindung).

STÜTZPUNKTE Gasthäuser an der Klausenpassstrasse, besonders günstig Hotel Balm, 1840 m, Betten und Lager.

CHARAKTER Mässig schwierige Bergtour mit leichter Kletterei (Schwierigkeitsgrad II, mässig schwierig). Ausgesprochene Genusstour gegenüber den Urner Hochalpen mit Gross Windgällen, Schärhörnern, Clariden. – Beste Zeit: Anfang Juli bis Mitte Oktober! – Ausrüstung C!

FÜHRER/KARTEN SAC-Clubführer «Urner Alpen», Band I, S. 54. – LK 1:25 000, Bl. 1192, Schächental. – 1:50000, Bl. 246, Klausenpass.

BILD Die Schächentaler Windgällen, 2763 m hoch und doppelgipfelig, aufgenommen vom Anstieg zwischen Klausenpasshöhe und Clariden. Rechts vorne das Hotel Balm, links auf gleicher Höhe Hinteren und Vorderen Rustigen, zwei Alpweiler. Rechts oben der Geissberg, 2318 m, nach links anschliessend: Ruosalper Chulm, 2178 m (Übergang ins Bisistal), Läged Windgällen, 2578 m, Höch Windgällen, 2763 m.

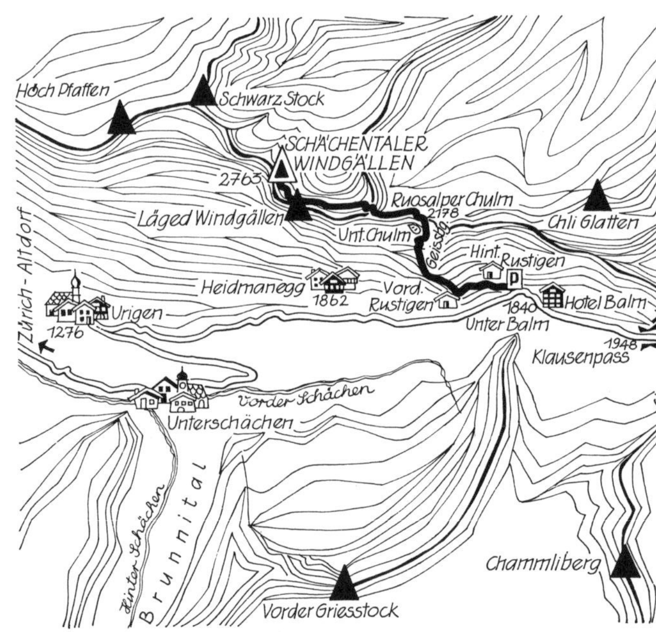

66 Über die Brunnialp auf den Gross Ruchen, 3138 m

Eine lange, nicht ganz leichte Hochtour

1½ Tage Anfahrt 87 km Ohne Kinder! Bergtour

Wer einmal viel abzubüssen hat, der steige durch den gewaltigen «Sandkübel» zwischen der Brunnialp bei Unterschächen und dem Ruchenfirn zum Gross Ruchen auf, und nach dem Gipfelrundblick wieder ab, genau dann, wenn die Nachmittagssonne in diesem (zu Recht) Ruch Chälen genannten Kessel brennt: er wird schwere Busse getan haben und als Engel zurückkehren. 1700 Höhenmeter ab Brunnialp, wo man auf Heu zu schlafen hat, und davon allein 1200 Meter in jenem Feuerofen, aufwärts in nüchterner Morgenkühle, abwärts im glühenden Geröll, oder bei geringerer Sündenlast im nassen Firn stolpernd – das zählt unter «Zürcher Hausbergen» zu den Superlativen... Man weiss: Chli und Gross Windgällen bilden mit Wiss Stöckli und Gross Ruchen eine einzige Riesenmauer über Seewli, Brunnital und Ruch Chälen (Kehle); unser Bild verdeutlicht diese Situation. Es lässt freilich nicht ahnen, dass man vom langen Gipfelgrat weg unausgesetzt südwärts ins wassertreibende Maderanertal hinabschaut, samt rundem Hüfifirn, samt Etzlital, Gross Düssi, Oberalpstock, Piz Giuv und Bristen – und dass man am langen Grat fast mit Gewissheit allein ist. Wir sind den Weg mit fünf Mönchen gegangen, die sicher wenig zu büssen hatten; aber weiche Knie hatten wir alle sieben. – Man sollte also wirklich auf Brunnialp im Heu schlafen und vor Tagwerden aufbrechen; nicht aus Idealismus, sondern aus Berechnung. Während uns gegenüber die Schächentaler Windgällen über das dämmrige Tal hinauswachsen, folgen wir einer Spur südöstlich über Nösslenen und Steinboden (LK) und steigen dann weglos gegen Osten auf, hinein über felsdurchsetzte Grashänge und Schutt in die Enge der Ruch Chälen. Deren eigentliche Geröllrinne erreichen wir dabei erst in halber Höhe; hier geht es in der breiten Kehle hoch, je nach Sündenlast über Geröll oder harten Firn (Steigeisen können von grossem Nutzen sein). Im obersten Teil der immer steileren Hohlkehle müssen wir linker Hand in leichte Felsen überwechseln. Dergestalt schaffen wir in 3.30 Std. ab Brunni oder in 5.00 Std. ab Unterschächen – immer Geröll und Fels vor Augen – die erlösende Passhöhe auf 2614 m, wo ein winziges Seelein zum eisigen Bade lädt. Unsere Sohlen treten plötzlich blendend weissen Firn; unser Verstand sagt uns, dass schon zwei Drittel der Gesamthöhe unter uns liegen. Ist man spät dran, so folgt nun Schneestapfen, und man deponiert die Steigeisen. Ist der Firn hart, kann der Anstieg einem jener hochalpinen Göttergänge gleichen, die man nie mehr vergisst. Wir halten uns nahe an den Grat, um dann und wann schauerliche Tiefblicke zu wagen – die zugleich unsere Tüchtigkeit dokumentieren. Über den flacheren Teil des Ruchenfirns laufen wir dann hinüber zum Ostgrat des Ruchen und gelangen so in leichter Kletterei (bei meist schlechtem Fels) zum Gipfel: 3.30 Std. ab Pass. Die Aussicht reicht bei Nebel und Regen bis zu unseren Schuhspitzen, bei klarem Wetter vom Tödi bis zu Weisshorn und Mischabelgruppe. – Abstieg wie Aufstieg! Vorsicht, wenn die Firnbahn in der Ruch Chälen noch oder wieder hart sein sollte: eine reine Wettersache. Wir sind damals mit den Mönchen abgefahren, nicht so schnell wie Jean-Claude Killy, aber auch nicht langsamer als die Skipioniere von Anno 1900. Auf der Brunnialp waren wir alle um fünf Zentimeter kürzer geworden...

TALORT Unterschächen, 995 m (Postauto ab Flüelen).

STÜTZPUNKT Brunnialp, 1402 m; Alphütten mit Heulager; 1.30 bis 1.45 Std. ab Unterschächen. Wer sein Auto nicht liebt, fährt bis 15 Minuten vor die Alp hinauf.

CHARAKTER Mässig schwierige, aber sehr lange Bergtour (über 1700 Höhenmeter allein von Brunnialp – deshalb früher Aufbruch!). Im letzten Steilstück unter dem Gipfel nach links in die schlechten, brüchigen Felsen ausweichen, da am steilen Firnbrett oft Schneebrettgefahr! Aussichtsmässig mit Schärhörnern und Clariden gleichzustellen, relativ selten bestiegen. Beste Zeit: Juli bis Anfang Oktober! – Ausrüstung C! Proviant! Besser mit Leichtsteigeisen!

FÜHRER/KARTEN SAC-Führer «Urner Alpen», Band I, S. 115. – LK 1:25 000, Bl. 1192, Schächental. – 1:50 000, Bl. 246, Klausenpass.

BILD Einblick von der Sittlisalp über Brunni ins grosse, von Unterschächen südwärts ziehende Brunnital. Die Brunnialp verdeckt im Talgrund. Über der Bildmitte die 1300-Meter-Nordwand des Gross Ruchen, unter deren Sockel nach links oben unser Anstiegsweg durch die steile Geröllfurche der Ruch Chälen zieht.

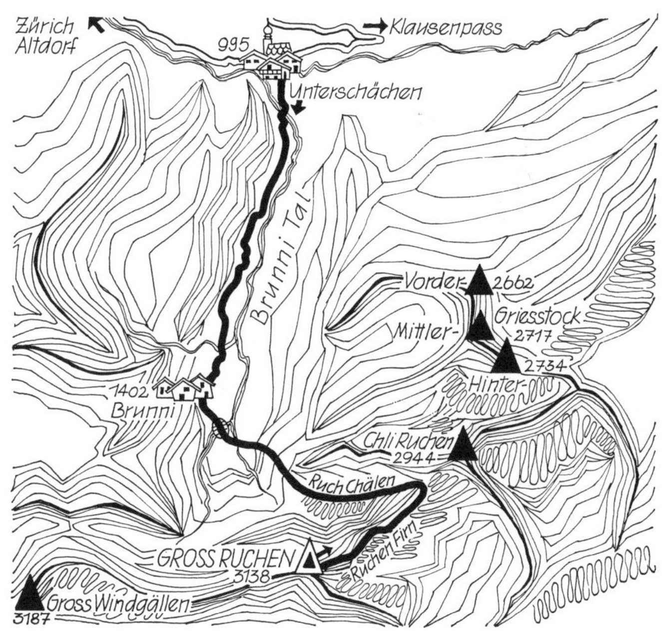

67 Klein Windgällen, 2986 m

Bergtour über Maderanertal und Golzerensee

1½ bis 2 Tage   Anfahrt 94 km   Ohne Kinder!   Bergtour

Unser Bild kennzeichnet die Situation vorzüglich: wir sehen von Süden (von oberhalb der Etzlihütte aus) links Klein Windgällen und rechts über ihr Gross Windgällen. Ganz rechts, knapp über dem Schattenkeil, entdecken wir die Windgällenhütte des AACZ. Von ihr steigen wir nach links zum unteren Rand des grünen, breiten Sockels vom Schwarzstöckli auf (dessen schwarze Spitze scharf in den dahinter liegenden Stäfelfirn zu stechen scheint) und traversieren vom unteren Rand des Grases etwas ausgesetzt und bei Nässe tückisch, aber auf einer Art Weg (durch den Schatten in der oberen Bildmitte), hinüber bis in die Fallinie der Gross Windgällen. Hier verliert sich der Weg, wir steigen nordwestlich ohne Markierung bis zum Rand des alten Windgällenfirn-Beckens. Ebendort setzen links Ost- und Nordostgrat der Chli Windgällen an, beide ersteigen wir aus ihrer (hier unsichtbaren) Nordflanke. Die Chli Windgällen spiegelt sich im kleinen Arnisee auf der anderen Seite des Reusstales (siehe Tour 81!) als mächtige Kalkbastei: erst beim Näherkommen durch das Maderanertal und beim Aufstieg von der Seilbahnstation unter dem Golzerensee bis zur Windgällenhütte sehen wir, dass wir keinen Mount Everest anzugehen haben: wir schauen in das Firnbecken zwischen Gross und Chli Windgällen und ahnen eine leichtere Aufstiegmöglichkeit. Andererseits sollten wir uns nichts vormachen: nur bis in jene Mulde, an deren westlichem Ende Ost- und Nordostgrat aufsitzen, ist – bei Gutwetter! – alles relativ einfach (nicht aber bei unsichtigem Wetter!) Am Ostgrat wie am Nordostgrat haben wir es jedoch mit Felsen zu tun, wenn auch mit meist gutgestuften und griffigen. Am Ostgrat umgehen wir den unteren Teil nordwärts, müssen aber nach Erreichen der Gratschneide in die Südflanke wechseln, ehe wir den Ostgrat ein zweites Mal dicht unter dem Gipfel wieder betreten. Beim Nordostgrat müssen wir von P. 2582 inmitten der grossen Mulde streng westwärts zielen, um den Grat über Geröll, Blöcke und Felsstufen anzugehen. Am breiten Felsgrat geht es dann in meist leichter Kletterei empor bis zu dem Firnfeld am Fuss der Gipfelfelsen: hier treffen Nord- und Nordwestgrat in einem flachen Sattel zusammen. Nun umgeht man den Gipfelbau westlich rechts und klettert durch zwei Felsrinnen mässig schwierig in die Scharte zwischen Südwest- und Hauptgipfel; ab hier exponiert auf dem sehr schmalen Grat zum Hauptgipfel (wenig schwieriger als der Ostgrat). Eine Überschreitung an beiden Graten bietet sich an: dann aber am Nordgrat auf- und am Ostgrat absteigen! – Der Anstieg Hütte-Einstieg ergibt sich aus Führer und Landeskarte: von der Hütte auf dem markierten Weg westwärts gegen Bernetsmatt, bis er sich in einem Tälchen verliert. Zwei grosse Steinmannli führen uns wieder zu Spuren; wir passieren die schon von der Hütte sichtbare helle Felsplatte, überwandern die Widderegg und steigen die grosse Mulde westlich unter dem Schwarz Stöckli, an Überresten alter Eisengruben vorbei, hinauf bis unter P. 2582 der riesigen Schutt- und Firngrube zwischen beiden Windgällen. – Absteigend sollte man das Bad am idyllischen Golzerensee nicht versäumen. – Beim Hüttenanstieg ab Seilbahn bzw. Golzerensee nicht vergessen: oberhalb des Sees schräg aufwärts bis VOR die Mulde des Stäfelbaches zu einem Steinmann, hier LINKS ab!

TALORT Bristen im Maderanertal, 770 m (Seilbahn vom Strassenende, 2 km ostwärts Bristen, Höhe 832 m, nach Golzeren, etwa 1280 m).

STÜTZPUNKT Windgällenhütte AACZ, 2032 m; im Sommer ständig Hüttenwart. 2.00 Std. ab Golzeren.

CHARAKTER Bergtour mit gelegentlich leichter Kletterei – bei trockenem Fels nur mässig schwierig – in den Gipfelgratfelsen. Nur bei sicherem Wetter angehen, da sonst schwierige Orientierung. Unten Wege, oben nur Spuren. Eindrucksvoller Blick in das obere und untere Reusstal, in östliche und westliche Urner Alpen. Zeit Hütte–Gipfel 3.45–4.30 Std. – Abstieg auf dem Aufstiegsweg, etwa 2.30–3.00 Std. – Beste Zeit: Juli bis Mitte Oktober! – Ausrüstung C!

FÜHRER/KARTEN SAC-Führer «Urner Alpen», Bd. I, S. 71. – LK 1 :25 000, Bl. 1192, Schächental, und Bl. 1212, Amsteg. – Oder 1 : 50 000, Bl. 246, Klausenpass, und Bl. 256, Disentis.

BILD Blick von Süden – in Nähe der Etzlihütte – auf Klein (links) und Gross Windgällen. Links unter der Gross Windgällen der kleine Windgällenfirn, rechts unter diesem das Schwarz Stöckli, genau an dessen Spitze der grosse Stäfelfirn, und über dessen Mitte Hölenstock (auch Wiss Stöckli). Rechts oben der Gross Ruchen. Die Wegquerung von der Windgällenhütte nach links ist gut zu sehen

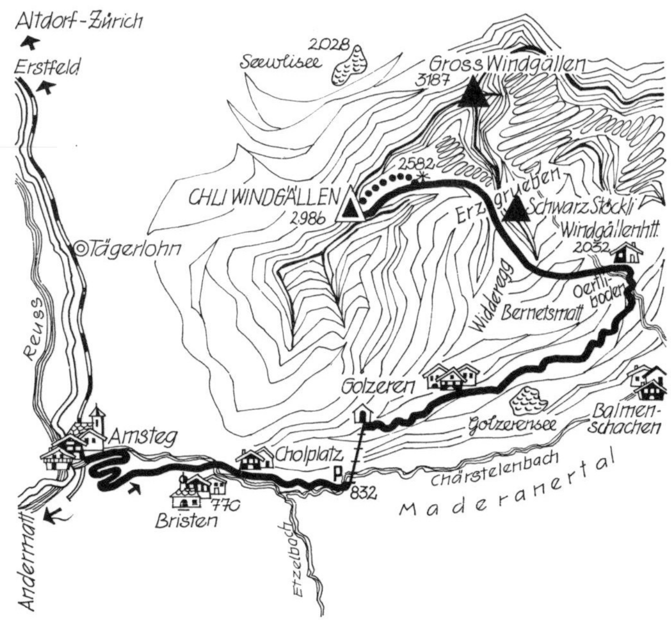

68 Über die Etzlihütte zum Piz Nair, 3059 m

Leichte Kletterei ab Nairlücke

1½ bis 2 Tage Anfahrt 94 km Ohne Kinder! Bergtour

Im grossen Fels-, Firn- und Schuttkessel, der oberhalb der Etzlihütte amphitheatralisch über Hinter Etzli ansteigt, fasziniert im ersten Anblick der Piz Nair: eine auffallend schlanke und formschöne, weil ebenmässige Pyramide mit ausgeprägten Graten. Der Südgrat ist (im Bild unsichtbar) ein gewaltiger Rücken, der weit gegen Rueras und die Oberalppassstrasse vordrängt; Nordwestgrat aber sowie Nordgrat und Ostgrat fallen steiler ab und reizen den ambitiösen Bergsteiger zum Klettern. Die Besteigung des Piz Nair, erst ermüdend im Schuttsteigen, dann interessant beim Traversieren des hohen Firnfeldes, und endlich spannend beim Erklettern des Nordwestgrates ab Nairlücke (in der Karte: Fuorcla Piz Nair, 2830 m) kann sich jeder erfahrene Bergsteiger vornehmen, der neben Orientierungssinn und souveränerTrittsicherheit Erfahrung im Klettern und Sichern besitzt. Der Nordwestgrat bietet nicht mehr als stellenweise leichte Kletterei in gutem Gestein, der Fels ist griffreich, rauh und zuverlässig. An zwei Stellen steilt sich der Grat etwas auf, aber man fühlt sich nicht eigentlich exponiert... Man kommt von Bristen her oder vom Cholplatz östlich Bristen und folgt dem Wegweiser südlich zur Etzlihütte: es sind vier Stunden, die uns erwarten, aber wir werden den Marsch nicht bereuen. Erst das Westufer des Etzlibaches entlang, dann auf guten Serpentinen hinauf in den Bergwald. Man stelle sich vor, dass diese Route einst, vor Eröffnung der Gotthardstrasse, als normaler Übergang vom Vierwaldstättersee ins Vorderrheintal nach Disentis benützt wurde... Der Waldweg ist oberhalb der Serpentinen reizvoll, dann wird zweimal der Bach gequert, aber kurz vor der zweiten Brücke verlassen wir die Waldzone endgültig, überschauen das ganze Etzlital – siehe auch Etzlirückblick auf Bild von Tour 67! –, und über einige Stufen erreichen wir die Alphütten im Hinteren Etzliboden, wo es Milch gibt. Wieder südwärts bis Müllersmatt angestiegen, und nun scharf westlich hinauf zur Hütte. Was wir von der Hüttentüre sehen, lässt uns alle Plagen vergessen! – Anderntags von der Hütte frühmorgens leicht abwärts zum Etzlibach bis Unter Felleli, dann über ihn hinweg und über Alpmatten und Schutt südlich zur zweiten (westlichen) Moräne, auf der wir zum Fellelifirn ansteigen. Dort angekommen, traversieren wir südwestlich zum Nordgrat des Hälsi, in dessen Ostflanke wir über Schutt, zuletzt durch eine Firnmulde zur Nairlücke, 2830 m, aufsteigen. Welch eine Wendung! Freier Blick in den Süden, weit übers Rheintal hinweg auf den neuen Staudamm im Curneratal!... Dann über Schutt an den felsigen Grat und anregend an ihm empor geklettert. Wer sich nicht ganz sicher fühlt, lasse sich von einem besseren Kameraden an das Seil nehmen! Denn nur für den erfahrenen Berggänger ist der Grat leicht – einem Anfänger kann er rasch den Mut und die Nerven rauben. — Grandioser Ausblick vom Piz Nair! Das hat uns ja schon die Landeskarte gelehrt. Dann Abstieg genau wie Aufstieg. – Variante: Aufstieg über den ganzen Nordgrat von der Firnmulde unter der Nairlücke aus. Die Kletterei ist auch nur mässig schwierig (II), ein wenig schwieriger, darf man sagen, als der Nordwestgrat, auf dem anschliessend der Abstieg erfolgen sollte. Der Abstieg von der Nairlücke ist auch nach Süden möglich; erst über Firn und Schutt bis Mulinatsch, dann nach Dieni oder Rueras hinaus.

TALORT Bristen im Maderanertal, 770 m; evtl. mit Auto auf eigene Gefahr bis Cholplatz, dort aber keine Parkplätze!

STÜTZPUNKT Etzlihütte SAC, 2052 m, im Etzlital, etwa 4.00 Std. ab Bristen, im Sommer ständig Hüttenwart.

CHARAKTER Mässig schwierige Bergtour mit leichter Kletterei ab Nairlücke über den Nordwestgrat. Sehr lohnende Tour auf einen vielbesuchten Gipfel, der durch seine schöne Form (Bild) schon vom Anmarschweg her begeistert. Wer eine längere Kletterei sucht, steige nach dem SAC-Führer am Nordgrat an. – Beste Zeit: Mitte Juli bis Anfang Oktober! – Ausrüstung C! (Seil!) Gleiche Tour gleicher Schwierigkeit ab Etzlihütte: Piz Giuv, 3096 m, 3.30 Std. ab Hütte (im Bild rechts aussen).

FÜHRER/KARTEN SAC-Führer «Urner Alpen», Band I, S. 196. – LK 1:25 000, Bl. 1212, Amsteg; oder 1:50 000, Blatt 256, Disentis.

BILD Ausblick von der Felleli-Alp dicht über der Etzlihütte auf den grossartigen Firnkessel von Hinter Etzli mit Piz Nair links oben, Nairlücke, Hälsigrat und Piz Giuv (ganz rechts).

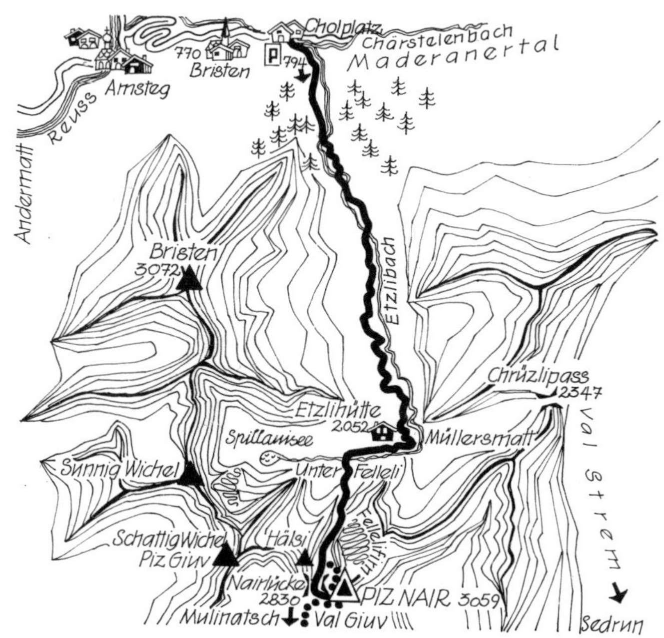

69 Auf den Gross Düssi (Piz Git), 3256 m

Für erfahrene Hochtouristen: landschaftlich grossartig

1½ bis 2 Tage   Anfahrt 94 km   Ohne Kinder!
Grosse Bergtour

Er schliesst das Maderanertal wie ein Sperriegel im Osten ab, als gäbe es kein Durchkommen mehr. Wir sehen ihn dennoch erst weit östlich von Bristen, eben da, wo uns die Wildnatur des romantischen Talbodens ihre stärksten Szenen bietet: das ungebärdige Treiben des Chärstelenbaches zwischen Felswänden und Trümmern, wo er tosend, polternd und kochend bald zur Rechten, bald zur Linken das Fürchten lehrt. Aber plötzlich steht er hoch über uns, der Gross Düssi, als runde Felskuppe mit mächtigen Felsbänken und leuchtenden Firnfeldern: volle 2000 Höhenmeter über den Chärstelenwassern. Er wird, wie das Gipfelbuch ausweist, relativ selten gemacht, meist wohl von der schon 2334 m hoch gelegenen Hüfihütte aus (kletternd) über seinen Nordwestgrat, der vom westlichen Oberhüfifirn her erst in der Gratmitte erreicht wird... Wir steigen diesmal durch die gewaltige Westflanke auf, so gut wie weglos, auch spurenlos ab 2000 m Höhe. – Wo der Weg bei der Siedlung Balmenschachen links über den Bach und weiter zur SAC-Hütte führt, ist rechts die Handlung A. Tresch, wo wir den Tourenproviant kaufen. Dann bleiben wir auf der linken, südlichen Bachseite und verlassen nach hundert Metern den zur Hüfihütte (Wegweiser) ziehenden Weg nach rechts (Richtung Cavardirashütte). Alpmatten, lichter Wald, schon blicken wir auf das Sonnenplateau des Golzerensees zurück, erkennen westwärts Fleckistock und Krönten, aber dann ärgern wir uns ab Alp Rinderbiel, 1734 m, über unsere gut geputzten Schuhe und wünschten uns bei den folgenden Hütten von Hinterbalm, 1817 m, Schwimmwesten. So tief ist dort der Schlamm (1.45 Std. von Balmenschachen). Geschlafen, bei Tagwerden aufgebrochen! Auf markiertem Weg zur Alp Düssi, 1932 m, von dort noch ein Pfad nördlich um den Sporn des Höchen Schijen herum, dann verlassen wir ihn und steigen weglos über felsdurchsetzte Grashänge und Schuttbänder in der Mitte zwischen Mulde und Grat des Schattig Düssi nördlich vom Höchen Schijen auf – so gelangen wir an das untere Firnfeld. Hier in weitem Bogen nach links und den Geschossen von rechts ausgewichen: immer auf die Steinschlagrinnen vom Höchen Schijen achten! Oben nach rechts an den Südwestgrat des Chli Düssi gequert und zur Schlüsselstelle: das ist ein Couloir, das den Durchstieg zum oberen Gletscher gestattet. Meist bricht der dort liegende Schnee zwei Meter über uns ab, dann müssen wir linker Hand in die Felsen ausweichen. Leichte Kletterei! Nach einer Seillänge können wir bereits am oberen Tschingelfirn mühelos ansteigen. Wir gehen gerade auf den Südgrat des CHLI Düssi los, übersteigen den Chli Düssi, bleiben dann aber in dessen Westflanke und folgen dem weiteren Südgrat bis zum Gipfel: 3256 m. Hier stehen wir wahrhaftig im Zentrum der östlichen Urner Alpen, Schärhörner, Claridenstock und Oberalpstock bauen sich um uns auf, der Tödi schränkt den Blick ein. Das Schönste bleibt der Tiefblick ins romantisch verlorene und verwilderte Maderanertal, dessen Wasser unter dem riesigen Hüfifirn ihre ungebärdigen Kapriolen treiben. – Beim Abstieg Vorsicht im Couloir! – Tip: Jeepmöglichkeit bis Balmenschachen in der Handlung Zgraggen in Bristen erfragen. Achtung: erst die vorletzte Alp von links in Hinterbalm ist die Hütte mit Stroh, Decken und Herd! Es gibt kein schöneres Wandertal weitherum als das Maderanertal!

TALORT   Bristen im Maderanertal, 770 m; Weiterfahrt mit Auto nur wenige Kilometer auf eigene Gefahr, evtl. Jeep bis Balmenschachen.

STÜTZPUNKT   Balmenschachen, 1185 m; Betten und Massenlager. – Hinterbalm, 1817 m; private Alphütte mit Stroh und Decken; unbewirtschaftet, aber guter Herd und Geschirr.

CHARAKTER   Mässig schwierige Bergtour mit langem Anstieg, 1400 Höhenmeter in 4.30–5.00 Std. – dazu Abstieg auf gleichem Wege in 3.30–3.45 Std. Das untere Schneefeld ist steinschlaggefährlich. (Auf Steinschlagrinnen rechts über dem Firn achten!) Die Tour ist ausschliesslich für sehr erfahrene Hochtouristen bestimmt! – Beste Zeit: Juli bis Oktober! – Ausrüstung D!

FÜHRER/KARTEN   SAC-Führer «Urner Alpen», Band I, S. 152. – LK 1:25 000, Bl. 1192, Schächental, und Bl. 1212, Amsteg. – Oder 1:50 000, Bl. 246, Klausenpass, und Bl. 256, Disentis.

BILD   Der Gross Düssi (Piz Git) im Zentrum des Maderanertales, vom westlichen Talboden aus gesehen. Wir schauen in unsere Anstiegflanke und erkennen rechts unter dem hellen Gipfelstock den dunklen Sporn des Höchen Schijen, den wir links umgehen, um von dem gut sichtbaren grossen Firnfeld aus durch ein Couloir (Schlüsselstelle) den oberen Tschingelfirn zu erreichen.

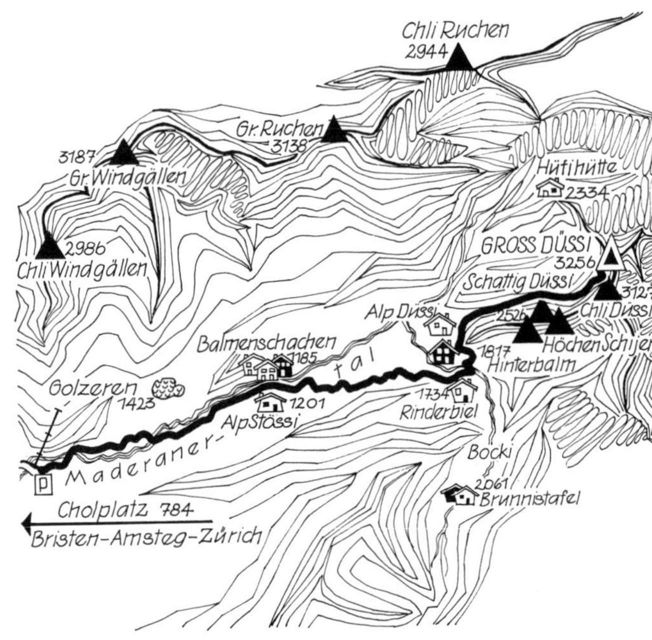

70 Der Oberalpstock, 3328 m

Gletschertour mit Bergschrund-Sorgen

2 Tage Anfahrt 94 km Ohne Kinder! Gletschertour

Zwischen Sustenhorn und Tödi gibt es keinen grossartigeren Berg: die Aussicht vom Oberalpstock ist die umfassendste innerhalb der Zentralschweiz. Als «Zürcher Hausberg» kann man ihn natürlich nur ausgezeichneten Bergsteigern empfehlen: die Anfahrt ist relativ kurz, aber wir haben zwei volle Tage nötig für die Tour. Der Hüttenanstieg zur Cavardirashütte ist einer der längsten Hüttenwege überhaupt, und der kurzen Hüttennacht folgt ein «Normalanstieg», der bei nicht idealen Firn- und Wetterverhältnissen Kopfzerbrechen machen kann. Der Spalten sind viele, und der neuerdings berüchtigte Bergschrund ändert sich zwar (wie alle Bergschründe) immer wieder mal, aber er kann einen auch zurückweisen... In Bristen in der Handlung Zgraggen (wie bei Tour 69 beschrieben) nach dem Jeep forschen und möglichst bis Balmenschachen fahren! Ab hier wie bei Tour 69 nach Hinterbalm, 1817 m, und im tiefen Schlamm bis dorthin südostwärts gewatet, wo es trocken und die Spur erkennbar wird. Das Tal ist eng und bedrückend. Aber beim Bocki kommen wir durch eine Klus plötzlich auf den weiten freien Brunniboden und zum Brunnistafel, 2601 m: der Gletscher vor uns, darüber die Felspyramide des Piz Acletta. Rechts richtet sich bald der gespaltene Gipfel unseres Oberalpstockes auf. Nun nicht mehr dem Weg der Landkarte folgen, sondern dem Brunnibach entlang durch Gras, Moränenschutt, immer steiler, immer erschöpfender...freilich, man «reinigt sich von den Schlacken der Trägheit, Glück und Rausch der Bewegung erfüllen uns» – aber leise Flüche kann auf diesem langen Anstieg keiner unterdrükken. Wir bleiben auch nicht stumm. Der weithin sichtbare Steinmann bei P. 2483 erfüllt uns mit Hoffnung, aber nochmals über Schutt, Blöcke und Stufen hinauf, weglos wie in einem Labyrinth, dann endlich bei P. 2646, am Südfuss des Gwasmet, die lang ersehnte Scharte! Vom neuen Steinmann südöstlich über leichte Felsen 30 m zum meist aperen Firn, hinunter, dann auf dem trümmerbedeckten Eis und Schutt zur Cavardirashütte, 15 Minuten ab Scharte, 3.00 Std. ab Brunnistafel, 6.30–7.00 Std. ab Balmenschachen. Horizontale Querung Scharte-Hütte NICHT möglich! – Kürzerer Hüttenweg ab Disentis durchs Val Acletta, aber längere Anfahrt von Zürich! – Die Hüttenumgebung ist der Inbegriff der Einsamkeit und Verlassenheit, aber der Mensch fühlt sich eben hier glücklich, er nennt die grausame Wildnis «schön»! – Von Hütte und Joch vor Tagwerden südwestlich zum Brunnifirnplateau hinauf und dort weiter bis unter die Stremhörner, also meist im linken Drittel; hier auf Nordwest gegangen, durch die Spaltenzone südwestlich der Felseninsel von P. 2791 gestiegen, vielleicht auch (in bestimmten Jahren) rechts der Insel vorbei, bis zum zweiten kleineren Plateau. Jetzt nordwestlich gegen den Ostgrat des Oberalpstockes zu, dann im steiler werdenden Firnhang (oft vereist) so weit nach links gequert, bis der breite Bergschrund traversiert, überstiegen oder umgangen werden kann. Ein noch steilerer Hang führt zu einer Schneezunge in die Felsen des Ostgrates, hier leichte Kletterei, dann über Trümmer und Blöcke im abflachenden Grat zum Gipfel, 3328 m. 3.00–3.30 Std. ab Hütte! Abstieg wie Aufstieg. – Ein «extremer» Anstieg Balmenschachen, Ligegg, Staldenfirn (= 2150 m Höhe ohne Hütte) ist sehr von den Eisverhältnissen abhängig.

TALORT Bristen im Maderanertal, 770 m; mit Auto 2 km weiter bis Golzeren-Seilbahn; evtl. mit Jeep bis Balmenschachen, 1185 m.

STÜTZPUNKTE Cavardirashütte SAC, 2649 m, unbewirtsch., im Sommer an schönen Wochenenden Hüttenwart. – Evtl. Hinterbalm, 1817 m; unbewirtsch., priv. Alphütte mit Strohlager und Decken.

CHARAKTER Mässig schwierige Gletschertour mit oft gefährlichem Bergschrund (vor wenigen Jahren mehrere Tote: Jugendliche). – NUR für erfahrene, gletschererfahrene Alpinisten. Steigeisen empfehlenswert. Aufbruch vor Tagwerden von der Hütte, da Gletscher nach Ost bzw. Südost geneigt! – Endlos langer Hüttenanstieg: 1900 Höhenmeter ab Bristen; bei Jeep bis Balmenschachen immer noch 1450 Meter – also etwa 6.30 Std. bzw. 5.00 Std. Nicht weniger! – Grossartige Ausblicke vom Gipfel! Beste Zeit: Juli bis Anfang Oktober! – Ausrüstung D, komplett, mit Proviant.

FÜHRER/KARTEN SAC-Führer «Urner Alpen», Band I, S. 169, 176. – LK 1:25 000, Bl. 1212, Amsteg. – Evtl. 1:50 000, Bl. 256, Disentis.

BILD Der Oberalpstock in den Urner Alpen, vom Brunnigrätli gesehen, also von Ostsüdost. Vorne der Brunnifirn. Die Felsinsel rechts im Brunnifirn ist mit P. 2791 der LK identisch, wird also beim Anstieg rechts liegengelassen. Man bleibt (meist) in der Gletschermitte.

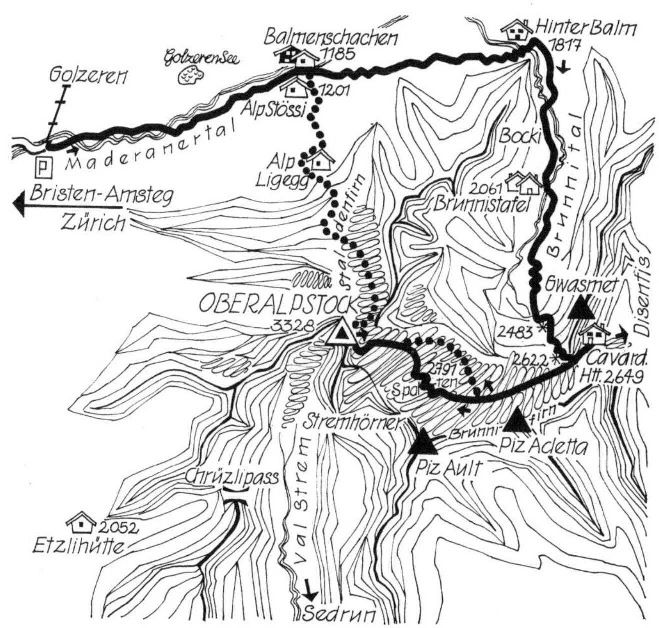

71 Pazolastock-Rossbodenstock-Badus, 2928 m

1½ bis 2 Tage   Anfahrt 123 km   Ohne Kinder!   Bergtour

Urgesteinsgrate über der Rheinquelle

Meer und Hochgebirge sind extreme Landschaften auf der Erde: deshalb sollte man denen, die sie loben, ein starkes Wort verzeihen. Es muss ja kein Superlativ sein. Dies voraus, weil einen erfahrenen Bergfreund diese Urgesteinslandschaft über der Rheinquelle bis zu altmodischer Rührung begeistern kann. Man bräuchte hier als Mann, der mit dem Herzen denkt, gar keine Gipfel betreten: man könnte etwa das einsame Maighelstal – an der Rheinquelle rastend – hineingehen, über den Lolenpass, 2399 m, oder noch besser über den Maighelspass, 2420 m, ins Unteralptal wandern und dieses Tal zurück nach Andermatt laufen: ein grosser Lebenstag! Müssen es aber Gipfel sein, ein epischer Ausklang und die Bestätigung einer tüchtigen Leistung, dann überschreite man unseren Kamm zwischen Pazolastock und Badus. Man wird allein bleiben: denn nur der Badus kennt Liebhaber. Man gehe spätestens morgens um sechs Uhr am Oberalppass weg. Gegenüber dem Gasthaus beginnt ein guter Weg, der in der Ostflanke des Pazolastockes bis hinauf zur sumpfigen Terrasse von Las Puozas führt und sich dort verliert... Wir streben nun westlich gegen den Nordostkamm empor, mühen uns durch felsdurchsetzte Grashänge und ein Gewirr alter, verfallener Schützengräben, finden aber immer wieder gutes Durchkommen nach oben. Nahe am Nordostgrat treffen wir auf den vom Oberalpsee über die Hintere Seeplangge aufsteigenden Weg. Auf ihm aufwärts zu P. 2571 m, wo wir auch noch auf den breiten Weg von Schöni treffen. In vielen Kehren geht es über den Grat zum Pazolastock (Piz Nurschalas), 2739 m – etwa gute 2.15 Std. ab Oberalppass. Wir beobachten, wie die vom Hauptkamm ablaufenden Talfalten ihre Gletscher hüten, wie aus Urgestein Blockwerk wird... Nun kommt ein Gratweg ohnegleichen, was Stille, Ausblick und die Abwesenheit zivilisatorischer Ablenkungen betrifft. Wir sind «ganz bei uns», wenn wir am Gratrücken nach Süden wandern, erst über Schutt zum Rossbodenstock, 2835 m, die letzten hundert Meter elegant durch Felsblöcke zum riesigen Gipfelplateau, einem Spielplatz guter Gedanken, kletternd (1.15 Std. ab Pazolastock). Rasenflecken raten zur Rast. Der weitere Übergang zum Parlet, 2767 m, ist bis in die Älpetlilücke, 2700 m, unproblematisch, dann folgt leichte, reizvolle Kletterei an grossen Blöcken (0.45 Std. ab Rossbodenstock). In die Lücke vor dem Piz Tuma, 2784 m, abzusteigen, ist einfach; alle Felsen werden umgangen. Dann geht's am Schuttgrat zu diesem Gipfel (0.30 Std. ab Parlet). – Auch der Anstieg zum Piz Badus, 2928 m, bietet keine Schwierigkeiten, die Wegspur führt uns sicher zum Kulminationspunkt unserer Urgesteinswanderung (1.00 Std. ab Piz Tuma). Vom Badus bis P. 2749 zurück, dann rechts hinab über Firn und Schutt zum Lai da Tuma (Tomasee), um ein einziges Mal am 1236 Kilometer langen Rheinstrom reines, klares und garantiert frisches Rheinwasser zu probieren. – Ab hier den Weg zur Passhöhe zurück. – Wer sich in Andermatt den Schlüssel besorgt hat, nächtige in der kleinen privaten Badushütte am Südostfuss des Fil Tuma, 2480 m – es kostet einen Gegenanstieg ab Lai da Tuma. – Es wartet ferner die Maighelshütte des SAC unter dem Piz Cavradi auf 2310 m, einst verwahrlost, heute sauber. Ab hier Überschreitung in umgekehrter Richtung möglich, evtl. über Piz Tagliola, 2708 m, 2.00 Std. (leicht über den Lolenpass).

TALORT Oberalppass, 2044 m.

STÜTZPUNKTE Gasthaus Oberalp, 2044 m, auf Passhöhe. – Badushütte (SAC. Schlüssel im Restaurant «Oberalppasshöhe», gegen SAC-Ausweis!), ca. 2480 m, unbewirtschaftet, in beiden Landeskarten nicht eingezeichnet, 150 m nordwestl. über dem Lai da Tuma. 3.00 Std. ab Pass über Pazolastock. Oder 2.15 Std. ab Pass über den Lai da Tuma. – Maighelshütte SAC, 2310 m, unbewirtsch.; 2.15 Std. ab Oberalppass, dicht an den Maighelsseen.

CHARAKTER Relativ leichte, aber lange Bergtour. Gelegentlich (Parlet, Badus) gut gestufter Fels, steile Schuttfelder für trittsichere Geher ohne Gefahr. Als Eintagestour möglich, doch sehr lang: 8.00–9.00 Std., evtl. länger. Grossartige, stille Bergwanderung. Der Piz Badus wird öfter ab Maighelshütte bestiegen. Überschreitung sehr selten! – Beste Zeit: Juli bis Oktober! – Ausrüstung B, mit Proviant und Zeltsack! SAC-Führer mitnehmen!

FÜHRER/KARTEN SAC-Führer «Urner Alpen», Band II, S. 28 – LK 1:25 000, Bl. 1232, Oberalppass; 1:50 000, Bl. 256, Disentis.

BILD Rückblick vom Pazolastock am Gratwege zum Piz Badus gegen Oberalppass und Passstrasse. Links oben der Oberalpstock, anschliessend die Gruppe um Tödi und Bifertenstock. Unten rechts zieht das Maighelstal gegen Süden.

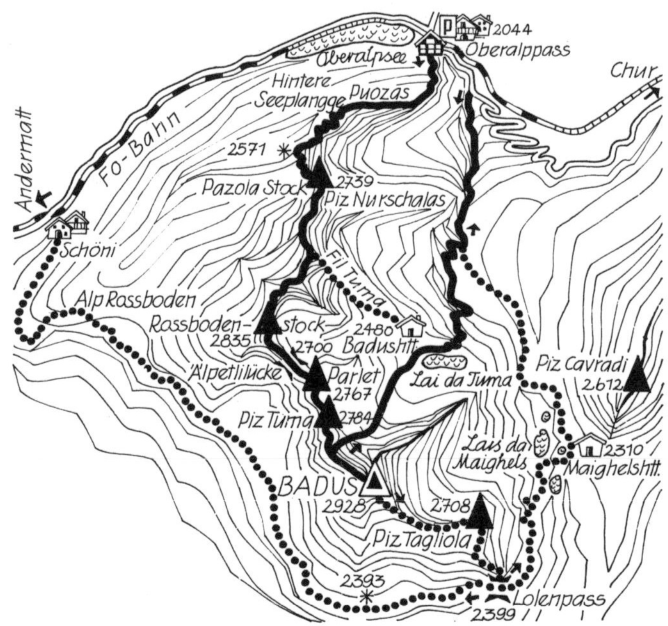

72 Der Pizzo Centrale, 3001 m

Vom Gipfel: die Schweiz in vier Himmelsrichtungen

1 bis 1½ Tage Anfahrt 126 km Kinder ab 14 J.
Bergtour

Die Erreichung des Gotthardpasses kann hohe Schwierigkeitsgrade voraussetzen. Schon Schiller schrieb im «Wilhelm Tell» – nach den Eindrücken Goethes und von Müllers – von einer «Schreckensstrasse»: die Schöllenenschlucht, die Passstrasse. Aber Schiller hatte keine Ahnung von den Schrecken, die heutigen Gotthard-Auto-Alpinisten, gnadenlos eingekeilt in kilometerlangen Kolonnen, drohen. Und doch: immer wieder gelangen Menschen lebendig auf den Gotthardpass, halten an, knipsen die obligate nichtssagende Aufnahme, fühlen sich für Sekunden «auf der Höhe des Lebens» und drücken wieder aufs Gas. Nur einer von hunderttausend, wir übertreiben sogar, unternimmt die köstlich stille, weil kaum begangene Bergtour auf den ganz nahe gelegenen Pizzo Centrale, mit 3001 m Höhe ein regelrechter Dreitausender, wenigstens noch für die nächsten 50 000 Jahre... Die Passlandschaft wirkt weder durch ihre Passanten noch durch ihre kleinen eisigkalten Seen noch durch ihre mit echten Benzindüften angereicherte «Höhenluft» anziehend – also den Rucksack gepackt und fort! Von der Passhöhe – 100 m NÖRDLICH des Hospizes – zieht ostwärts ein Strässchen zum Stausee östlich des Passes auf 2221 m Höhe, den wir in 1.00 Std. erreichen. Schon hier ist die Welt ausgestorben. Kurz vor der grossen Serpentine, durch welche die Strasse die Höhe der Staumauer erreicht, verlassen wir sie nach links und steigen nordwestlich auf guten Spuren zur Alp Sella, 2404 m (in der Karte: Cna. della Prosa); von dort zieht durch die Schuttströme über dem Stausee (Bild) ein guter Weg, den wir nach der grossen Runse (im Bild rechts) verlassen, um schnurgerade nordöstlich hinauf in den Ödkessel zwischen Sasso di Paisgion (Karrenfelder über der genauen Bildmitte) und Tritthorn- (Gamsspitz-) Südostgrat zu steigen. Südseite – also eine Plage, wenn man nicht frühzeitig dran ist! Wir nähern uns nun ansteigend diesem Südostgrat und umgehen ihn nicht, sondern erklettern ihn auf reizende und fast unschwierige Weise bis zum Gipfel. Der Verbindungsgrat zum Pizzo Centrale hinüber wird bis zum tiefsten Punkt, dem Guspissattel, verfolgt, meist luftig und leicht kletternd am Blockkamm. Dabei sollten wir nicht zu oft nördlich hinab auf den kühlen Guspisfirn schauen, und auch nicht südöstlich auf den gottverlassenen, aber doch streng herzförmigen See mitten in seinem grässlichen Schuttkessel. Vom Sattel bis zum Gipfel des Pizzo Centrale führt eine Wegspur durch Schutt. Einen Meter unterhalb des Gipfels überschreiten wir die Dreitausendmetergrenze! Zeit Passhöhe–Gipfel 3.30-4.00 Std. – Die Überschreitung des Tritthorns stimmt nicht mit dem Normalweg überein, ist aber als Variante interessanter und lohnender. Die übliche Route zieht in der Tritthornflanke zum Guspissattel. – Abstieg am besten wie Anstieg, jedoch vom Guspissattel der Zeitersparnis wegen links in den Kessel hinab, wie Normalaufstieg. – Eine herrliche Abstiegsvariante zieht vom Guspissattel nördlich zum anfangs sehr steilen Guspisgletscher hinab: aber Vorsicht wegen der Randspalte! Gut sichern! Später vom Firn hinab zum Guspisbach und zur Gotthardreuss. – Weltenbummler ohne Auto klettern den Ostgrat des Pizzo Centrale ab (leicht) zum Passo Prevat und begehen ab Rotstocklücke, 2783 m, den Unteren Schatzfirn, um durchs Unteralptal nach Andermatt zu kommen (5.30 Std. ab Gipfel!)

TALORT Gotthard-Passhöhe, 2091 m.

STÜTZPUNKT Gotthardhospiz und Monte Prosa auf der Passhöhe.

CHARAKTER Leichte Bergtour für Geübte! Überwiegend auf Wegspuren, zum Schluss steil über Schutt, aber nicht ausgesetzt: Trittsicherheit jedoch unerlässlich! Beim Übergang vom Tritthorn (in Karte: Gamsspitz), 2925 m, zum P. Centrale einige leichte, gute Felsen. Der aussichtsreiche Dreitausender genau in der Mitte der Schweiz wird selten besucht, obwohl günstig zu erreichen. Beste Zeit: Juli bis Ende Oktober! – Ausrüstung B!

FÜHRER/KARTEN SAC-Führer «Urner Alpen», Band II, S. 31/32. – LK 1:25 000, Bl. 1231, Urseren, Bl. 1232, Oberalppass, Bl. 1251, Val Bedretto. – Oder 1: 50 000, Bl. 255, Sustenpass, Bl. 256, Disentis, und Bl. 265, Nufenenpass. Oder Bl. 5001, Gotthard.

BILD Die Anstiegseite des Pizzo Centrale über dem Gotthardpass. Es ist die Südwestflanke über dem Stausee (Lago della Sella), 2256 m. Wir sehen im Bild oben rechts den Gipfelgrat des Pizzo Centrale, 3001 m, links davor die Pyramide des Tritthorns, 2925 m (in der LK Gamsspitz); in der linken Bildhälfte das abgeflachte Sellabödeli, 2828 m, links darunter die Alpe della Prosa.

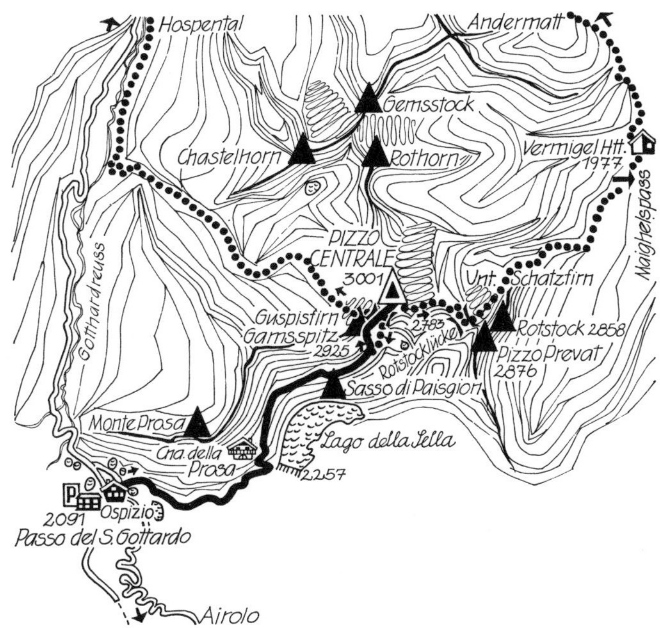

73 Vom Val Bedretto zur Cristallina, 2912 m

Val Torta und Basodino-Panorama

1½ bis 2 Tage Anfahrt 147 km Kinder ab 14 J.
Bergtour

Man ist von Zürich aus schnell – mit der SBB – in Airolo und im armseligen Val Bedretto bei Ossasco. Die winzigen Flecken in diesem von den Tessinern als «Sibirien» bezeichneten schönen Tal bleiben nicht mehr lange armselig: man hat bereits eine überaus wichtige Strasse vom Val Bedretto über den Nufenenpass, 2440 m, bis ins obere Rhonetal gebaut. Was die Autofahrer freut und die Bergsteiger reut... Aber über diesem armen Tal stehen duftende Lärchenwälder, von Norden her schauen neben dem Pizzo Rotondo alle Gotthardberge herunter, und im Süden glänzen kleine hohe Firnböden zwischen schwarzen Urgesteinsgraten. Die Cristallina ist das lohnendste Ziel ihrer Gruppe, die für den Mann aus dem Norden schon ihres romantisch anmutenden Namens wegen anziehend ist. Vom westlichen Ende des Fleckens Ossasco bei der Brücke losgegangen und am Westufer des Cristallinabaches empor. Der Weg zieht vom «Ri di Cristallina» bald weg, schlängelt sich durch Wiesen in den Wald, benützt dort ein Stück vom Alpsträsschen und verlässt es wieder, sobald man neuerdings am Bach ist. Jetzt auf dem Fussweg des westlichen Bachufers die vielen Serpentinen der Strasse abgeschnitten und zur Alp Cristallina, 1800 m (1.30 Std.) – aus keinem anderen Grunde als dem, sich dort rastend umzudrehen und zuzuschauen, wie unter Fibbia und Lucendro aus lichten Lärchenwäldern unbarmherzig karge Grasnarbe, dann Schrofen und endlich Fels und Eis wird. Narren fahren bei 25% Steigung und völlig fehlender Ausweichmöglichkeit bis hierher – öfters in eine Katastrophe. Wir warnen! – Von der Alp nun streng südwärts am Osthang hinauf, um den Sockel des Pizzo Folcra herum und ins grosse herrliche Trümmertal des Val Torta eingestiegen (Bild). Um die Alphütten bei P. 2224 ist es am schönsten: man geniesst mit vollen Zügen das Gegenteil aller zivilisatorischen Ordnungssucht, ist unter Pullovern Adam und Eva und erschauert vor den Naturgewalten. Denn die drohen ringsum mit 1000 Zeugen. Die Hütte, eine solide SAC-Festung samt obligatorischem Fahnenmast, liegt 2349 m hoch in einem dolomitenartig schroffen, kahlen und kalten Trümmerzirkus, tief noch unter dem kühnen Felszahn des Piz Galarescio. Man sieht und spürt: hier herum ist alles locker, brüchig und verwittert, die Trümmerhalden ziehen bis unter die Grate hinauf. – Anderntags früh auf markiertem Weg in 0.45 Std. zum Passo di Cristallina, 2568 m, zuletzt fast immer über Firnfelder (deshalb bei Morgenkälte Eispickel!) und vor ein überwältigendes Panorama mit dem breit, träge und spaltenreich ins Trümmerchaos abfliessenden Basodino-Gletscher. Wir hätten von hier zur Basodino-Hütte des SAC, 1856 m, im obersten Bavonatal, keine 2 Stunden abzusteigen, alles in uns drängt dort hinüber in eine neue fremde Bergwelt, aber wir haben vom Pass streng südöstlich zu gehen. Also links auf einer ausgeprägten Wegspur weiter, die uns horizontal durch die Südflanke des Cristallina-NW-Grates zu einem Gletscherchen führt. Über das Eis schnurgerade zum Nordostgrat gestiegen! Oben sind zuweilen Steigeisen nötig, aber ein Pickel tut es auch. Über dem Firn kommen loses Geröll und eine Spur zum Gipfel, 1.30 Std. ab Pass. Anstelle einer Gipfelhütte gibt es eine offene Unterkunft, die im Sommer nur mittels Klimmzug zu erreichen ist. Abstieg wie Aufstieg mit versteckten Badefesten im Cristallinabach, wo er Kaskaden riskiert!

TALORT Ossasco, 1313 m, im Val Bedretto (Postauto von Airolo).

STÜTZPUNKT Cristallina-Hütte SAC, 2349 m, im oberen Val Torta, 0.45 Std. unter dem Cristallinapass, 2568 m. 3.15 Std. zu Fuss ab Ossasco. Im Sommer gut bewirtschaftet, 80 Lager.

CHARAKTER Im Mai eine berühmte Frühjahrsskitour – im Sommer eine relativ sehr stille Bergtour mit kurzem Anstieg ab Hütte. Bis Cristallinapass guter Weg, später aufsteilendes Firnfeld, zum Schluss Geröll mit Spuren. Die Aussicht auf die westlichen Gotthardberge um Pizzo Rotondo und in die Basodinogruppe, vor allem auch auf die Südabstürze der Berner Alpen, ist eindrucksvoll; vom Reiz des trümmerübersäten, wasserdurchrauschten Val Torta nicht zu reden. – Beste Zeit: im Mai mit Ski und Vorsicht, im Sommer vom Juli bis Anfang Oktober! – Ausrüstung B, evtl. mit kleinem Eispickel!

FÜHRER/KARTEN SAC-Führer «Tessiner Alpen», S. 412/415–417. – LK 1:25 000, Bl. 1251, Val Bedretto. – Evtl. 1:50 000, Bl. 265, Nufenenpass.

BILD Blick vom Madone, 2756 m, in das Val Torta, zum Cristallinapass (in rechter Bildmitte) und zur Cristallina (links oben). Die Hütte des SAC im Val Torta ist gut zu erkennen. Rechts hinter der Cristallina der Basodino mit seinem breiten Gletscher.

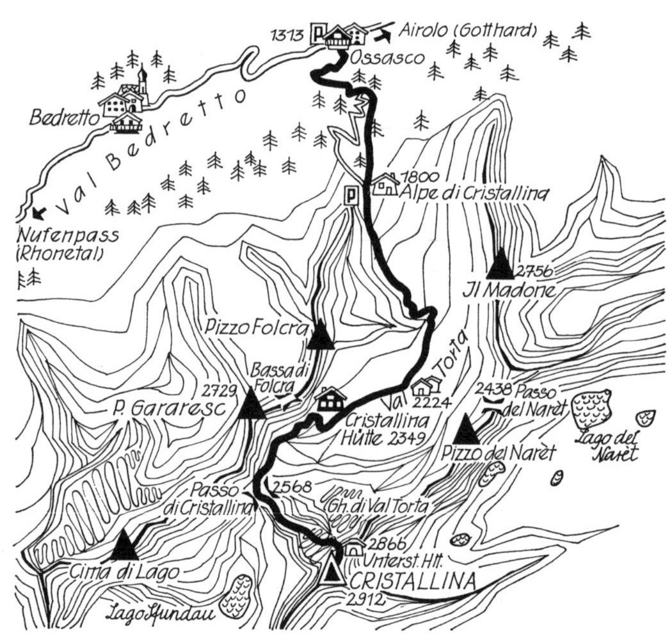

74 Auf den Pizzo Rotondo, 3192 m

Ein «Schutthaufen», höchster Gipfel der Gotthardberge

1½ bis 2 Tage   Anfahrt 121 km   Ohne Kinder!
Gletschertour

Das Gotthardmassiv ist das Herzstück der Schweizer Alpen, denn hier treffen alle geologischen und alpinistischen Superlative zusammen: hier entspringen nicht nur die vier bedeutendsten, weil strengste geologische Zäsuren schaffenden Alpenströme Rhein, Rhone, Tessin und Reuss – hier grenzen auch Walliser an Berner Alpen, Rätische an Glarner und Urner an Tessiner. Was will man mehr! Eigentlich müsste auf diesem Gotthard der Bundesrat tagen, um eben hier, erleuchtet von der Ausstrahlung des gewichtigen Ortes, seine weisen Entschlüsse zu treffen... Um den Gotthardpass herum sind alle Berge aus kristallinen Gesteinen erbaut. Granit, Gneis und Schiefer mischen sich, und dies in nahezu fataler Perfektheit an unserem Ziel, dem Pizzo Rotondo. Ein nicht unbekannter Schweizer Hochalpinist sagte einmal: «Der Pizzo Rotondo ist ein elender Schutthaufen. Zum zweiten Mal steige ich erst wieder hinauf, wenn der Berg heruntergekommen ist...» Dieser Mann mit seiner mutmasslich hohen Alterserwartung hat nicht unrecht. Aber wir spüren den Schutthaufen ja erst ganz zuletzt, in den knapp 200 Höhenmetern im Firn-Geröll-Schutt-Couloir südlich unter der Westgratrippe bei P. 2889; da ärgern wir uns – aber dann kommen die schönen Kletterblöcke des Gipfelgrates, und wir besteigen den höchsten Punkt des eisumlagerten «Schutthaufens» doch wieder mit gehobenen Empfindungen. Von Realp geht es ins Witenwasserental streng südwärts (Auto verboten), aber etwas langweilig, denn erst auf der Rundkuppe des Höhenbiel schauen wir bis in den Talschluss mit dem formenschönen Pizzo Lucendro. Oben an der Witenwasserenstafel (Wegweiser) rechts ab und hinauf zur Rotondohütte – guter Weg, 3.30 Std. ab Realp. – Wenn gerade keine Schiessübungen sind, gehen wir anderntags auf den Rotondo: erst auf dem üblichen Moränenweglein, dann ab Höhe 2620 auf dem Witenwasserengletscher. Wir queren ansteigend den Gletscher südwärts, überwinden rechts oben den Witenwasserenpass (2819 m, 1.00 Std.), steigen von dort südwestwärts auf den kleinen unbenannten Gletscher ab und vom Sockel des Witenwasserenstock-Westgrates südwärts über den Gerengletscher: hier wenden wir uns leicht ansteigend dem Rotondo-Nordwestgrat zu, queren möglichst in gleicher Höhe wegen der Längsspalten zu ihm hinüber. Dann erst ein wenig absteigen, um den Spornfuss herum, und leicht ansteigend hinüber zum Felssockel unter P. 2889. Hier müssen wir in das grosse, dicht südlich unter der Gratkante gegen den Nordwestgrat (auf P. 3084) aufwärtsziehende Couloir hineinsteigen (+1.15–1.30 Std.). Hier drohen Schweiss, Tränen und Steinschlag, aber nach 1.15 Std. ist auch dies ausgestanden, und in leichter hübscher Kletterei (die Gendarmen werden links umgangen) gelangen wir auf den Gipfel des «Schutthaufens». Beim Abstieg auf dem Anstiegswege erhöhte Vorsicht im Couloir! – Der Weltenbummler ohne Autozwang klettert nicht auf der Anstiegsroute, sondern am relativ festen Südgrat (Bild) bis zum Passo di Ruino (dicht vor dem Gratgipfel Poncione di Ruino) ab. Ab hier fährt oder steigt er auf Firn und Schutt zum Passo di Rotondo, quert hier den Firnsattel in Südwestrichtung und steigt drüben den Kessel südwärts ab; also unter dem Chüebodenhorn-Ostsporn zum Rifugio Pian Secco und immer weiter bis nach All'Acqua im Val Bedretto.

TALORT Realp an der Furkastrasse, 1540 m.

STÜTZPUNKT Rotondohütte SAC, 2571 m; an Wochenenden Hüttenwart. Etwa 3.30 Std. ab Realp über Witenwasserenstafel.

CHARAKTER Pizzo Rotondo: Mässig schwierig, aber mit längerer Gletscherbegehung (Spalten!). Die Tour erfordert (bei etwa 5.00 Std. Mindestanstiegszeit) viel hochalpine Erfahrung und Vorsicht! – Leckihorn leicht, kurz (2.00 Std.), Bergtour. – Beste Zeit: Juli bis Oktober! – Ausrüstung: D (Rotondo) bzw. B (Leckihorn).

FÜHRER/KARTEN SAC-Führer «Urner Alpen», Band II, S. 4. 36, 49. – LK 1:25 000, Bl. 1251, Val Bedretto, und Bl. 1231, Urseren. – Oder: 1:50 000, Bl. 265, Nufenenpass, und Bl. 255, Sustenpass.

BILD Aufblick aus dem Bedrettotal auf Chüebodenhorn, 3070 m (links oben), Pizzo Rotondo, 3192 m, und Pizzo Pesciora, 3122 m (rechts). Links unter dem Pizzo Rotondo der überfirnte Passo di Rotondo, 2764 m.

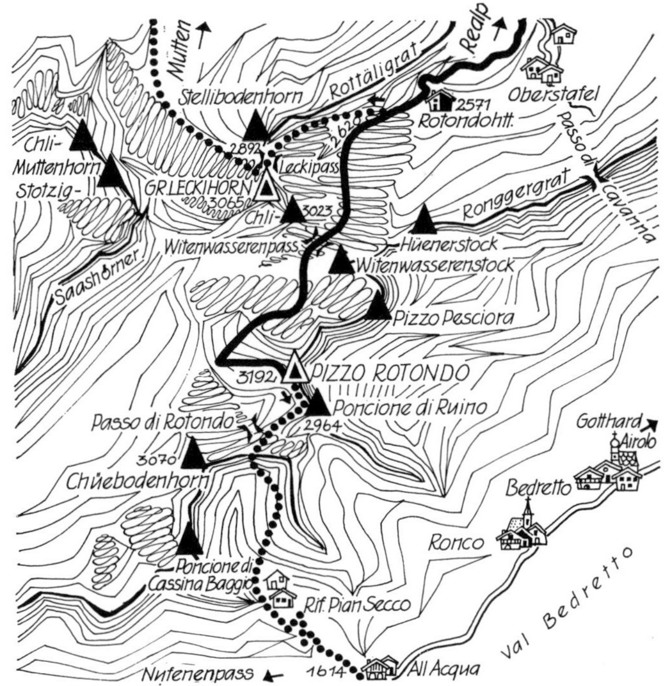

75 Das Gross Muttenhorn, 3099 m

Im Urgestein über der jungen Rhone

1 Tag Anfahrt 129 km Ohne Kinder!
Berg- oder Gletschertour

Wer vom Oberalppass südwestwärts über das «Tal des Bären» (Urserental) hinweg gegen den Furkapass blickt, dem fällt wenig links der Passhöhe eine wunderbar ebenmässig geformte Bergpyramide auf: das Gross Muttenhorn. Es ist kein normales bergsteigerisches Ziel, dazu sind Galenstock und andere Attraktionen viel zu nahe; aber man könnte sich vorstellen, dass einer (so wie wir!) die Nase voll hat vom Autostrom auf den Passstrassen, dass er buchstäblich auch die Nase voller Ia-Abgasdüfte hat, und in einer Art Kurzschlussreaktion das Auto neben das Furkapasshotel stellt und abhaut. «Abhaut» klingt nicht gut für ein bergsteigerisches Unternehmen, gewiss, aber wir sind damals buchstäblich abgehauen, geflüchtet. Natürlich haben wir uns ein abseitiges Ziel ausgesucht, und da hatten wir auch noch Glück, einen schönen Gipfel zu finden. Von ihm auf einem Hochgrat weit nordwestwärts hinaus bis zum Tällistock zu wandern, während dreier Stunden immerzu das festlich grünende Tal der jungen Rhone im Auge, mit seinem späten Frühling – das war keine Flucht mehr, sondern ein reines und grosses Erlebnis... Der Furkapass mit seinen 2431 m Höhe ist ein höchst praktischer Ausgangspunkt für einen Dreitausender, und so geht und steigt man zum 3099 m hohen Gipfel in der Tat nur 3.00 Std. an. Also beim alten Hotel an der Passhöhe weg von der Strasse, südwärts den Hang hinab und drüben das (für Autos gesperrte) Militärsträsschen hinauf, immer im Westhang des Blauberges bis zum Muttgletscher. Dort sehen wir zwei Möglichkeiten: 1. einen Aufstieg nur für sehr erfahrene Berggeher, nämlich ziemlich weit links (östlich) auf dem Gletscher hinauf, direkt auf den Sockel des Gross Muttenhorn zu (Vorsicht, im oberen Teil gefährliche, weil verdeckte Spalten!), dann rechts über den Bergschrund hinweg und über ein steiles Firnfeld hinauf in die erste östliche Einsattelung des Westgrates... Oder 2., viel leichter, man quert unter dem Gletscherende westwärts und steigt auf dem Eis ziemlich nahe seines westlichen Randes empor, der meist spaltenlos und frühzeitig aper ist; dann wählt man eines der nach rechts oben zum Nordwestgrat hinaufziehenden Couloirs, durchsteigt es und wandert auf Spuren zum Nordgrat 3.00 Std. ab Furkapass. – Das letzte Stück ist harmlose Kraxelei in gutem Fels. Die letztgenannte, leichtere Route ist aussichtsreicher, man sollte sie auch für den Abstieg wählen... falls man sich nicht, als Geniesser, dazu entschliesst, den ganzen langen Nordwestgrat bis hinüber zum Tällistock abzulaufen, bis auf 2861 m Höhe, in genüsslichem Auf und Ab. Der Tief- und Einblick ins obere Rhonetal wird da nämlich immer schöner. Denn fast in seiner ganzen Ausdehnung sehen wir ja auch den Rhonegletscher vor uns, von dem die jungen Wasser kommen, ehe sie sich durch ein immer üppiger grünendes und blühendes Land treiben lassen... Vom Tällistock geht es dann auf guten Wegspuren nordwärts weiter am Grat bis P. 2762, und von dort im Südhang hinab zur Militärstrasse und zum Furkapass. – Noch ein kleiner Tip für Bergsteiger ohne Autoverpflichtung: Vom Tällistock wird südwestlich am Tälligrat abgestiegen; von ihm führen Grashänge zur Alp Galen und zum Hungerberg, der uns ohne Waldpassage nach Unterwassern bzw. Oberwald gelangen lässt. Ab Tällistock sind es knapp 3.00 Std., Rückkehr mit der Furka-Oberalp-Bahn.

TALORT Furkapasshöhe, 2431 m.

STÜTZPUNKT Nur die Hotels an der Passhöhe bzw. Passstrasse.

CHARAKTER Je nach Anstiegsroute eine leichte Berg- oder eine Gletschertour. Bei der direkten Gletschertour ist ein Bergschrund zu überwinden! Vorsicht, bestens sichern! Als Abstieg wird die Überschreitung des ganzen Nordwestgrates bis zum Tällistock empfohlen: einzigartige Tiefblicke zur oberen Rhone. – Beste Zeit: Juli bis Oktober! – Ausrüstung B bzw. D (je nach Route). SAC-Führer «Urner Alpen», Bd. II, mitführen!

FÜHRER/KARTEN SAC-Führer, wie oben genannt! S. 52. – LK 1: 25 000, Bl. 1251, Val Bedretto, evtl. Bl. 1231, Urseren. – 1: 50 000, Bl. 265, Nufenenpass, evtl. Bl. 255, Sustenpass. Oder Bl. 5001, Gotthard.

BILD Ausblick vom Tällistock, 2861 m, über dem Furkapass, westwärts in das Tal der jungen Rhone. Von links oben: Blindenhorn, die Gipfel der Mischabelgruppe, dazu in Bildmitte das Walliser Weisshorn. Links unten das zum Chüebodenhorn ziehende Gerental.

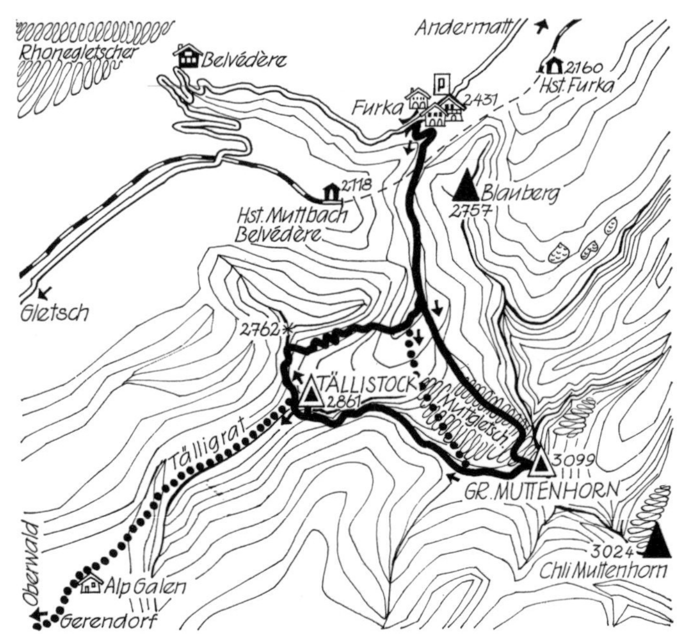

76 Der Galenstock, 3583 m, vom Belvédère

Plage und starke Gefühle am Rhonegletscher

1 ½ Tage   Anfahrt 132 km   Ohne Kinder!   Gletschertour

Als «Zürcher Hausberg» vorgestellt, scheint der elegante Galenstock über dem Rhonegletscher eine Zumutung... er ist es nur für Nichtalpinisten! Der erfahrene Alpinist macht ihn bei guten Verhältnissen in 1 ½ Tagen ohne weiteres. Er muss nur ein noch besserer Autofahrer sein! Die Frage, ob man über Axenstrasse–Andermatt schneller zum Furkapass kommt als über Brünig–Grimsel–Gletsch, ist gar nicht so einfach zu beantworten. Hier kann Schlauheit die hochtouristische Chance entscheiden!... Kommt man zum Furkapass und Belvédère, so hat man sich zu gratulieren, und zu amüsieren – wenn die Autotouristen gegen Eintrittsgeld das uralte Gletschereis des Rhonefirns von innen bestaunen, beriechen und abklopfen. Der Rhonegletscher auf Atemnähe ist und bleibt nun einmal das touristische Ereignis des Furkapasses, wie der Galenstock über dem Rhonegletscher ein Höhepunkt im Leben eines Bergsteigers. Bei hohen Gletscherbergen entscheiden stets die Verhältnisse der Stunde: der Galenstock kann von trainierten, erfahrenen, also besonnenen Hochtouristen (deren es ja genug gibt in und um Zürich) auf leichte – und auf äusserst schwierige Weise erstiegen werden. Man geht sowohl von der Albert-Heim-Hütte wie vom Belvédère aus. Der relativ einfachste Anstieg vom Belvédère aus sei hier angedeutet: Belvédère–Rhonegletscher bis etwa 2550 m – Galengletscher bis unter Südgrat-Gipfelfirnhaube: normal 6.00 Std... – Beim Kiosk zur «Gletschergrotte» über das Geländer gestiegen (denn wir brechen bei Tagwerden auf!) ein kurzes Stück auf dem Weg zur Grotte, vor der Holzbrücke auf schwach ausgeprägter Spur rechts nördlich in die Felsen hinauf und über glatte Felsplatten (die aber auch schuttbedeckt und vereist sein können) zum Gletscher traversierend. Der Gletscher wird bei P. 2380 betreten. Man steigt auf ihm nach Norden an, im allgemeinen am Ostrand, bei günstigen Eisverhältnissen (wenig Spalten) mehr gegen die Mitte zu; bei starker Verschrundung am besten am äussersten Rand, weil dort Spalten am schnellsten zu umgehen sind. Kurz vor der Einmündung des Hochbeckens, in dem von oben rechts her der Galengletscher am Südgrat des Galenstockes herabfliesst, also auf etwa 2550 m Höhe, rechts über Schutt und Geröll nordöstlich gestiegen, auch ein Stück eben dahin, und dann streng östlich über Geröll und leichte Felsen empor. Bei etwa 2800 m Höhe betritt man den steilen Galengletscher, quert schräg ansteigend in seine Mitte und steigt hier gegen den Galensattel, 3113 m, auf. 30 m unterhalb dieses Sattels wendet man sich links und steigt durch ein Couloir und über einen steilen Firnhang endgültig zum Galenstock-Südgrat auf. Jeder glaubt sich hier in Gipfelnähe, wird aber auf dem Absatz bei 3400 m schwer enttäuscht, weil er plötzlich eine gewaltige Firnhaube entdeckt, sozusagen einen ganz neuen Berg, und dazu steil, sehr steil! Ist dieser Hang vereist, dann kann Hacken notwendig werden. Hier sind aber Alpinisten auch schon verzweifelt, weil der Hang unter der starken Sonneneinstrahlung tief aufgeweicht war oder sich als vereister Steilhang mit rutschender Neuschneeauflage präsentierte. Also Vorsicht! Man kann auch allerbeste Verhältnisse antreffen. Am Gipfelgrat links bleiben wegen der riesigen, nach Osten auskragenden (und die Aussicht verderbenden) Gipfelwächte! Gesamtzeit etwa 5.00–6.30 Std.

TALORT Hotel Belvédère, 2274 m, an der westlichen Furkapass-Rampe, dicht am Rand des Rhonegletschers.

STÜTZPUNKT Nur Hotel Belvédère, 2274 m; Betten und Matratzenlager (sehr teuer!).

CHARAKTER Leichte bis mässig schwierige, aber oft sehr anstrengende Gletschertour! Im letzten Steilstück an der Gipfel-Firnhaube gut sichern! Nach Neuschnee Schneebrettgefahr! Bei Blankeis oder Vereisung Stufenhacken und erhöhte Vorsicht nötig. Weit auskragende Gipfelwächte – Vorsicht! – Der Galenstock mit seiner mächtigen Firnhaube ist im weitesten Umkreis die eindrucksvollste Berggestalt. Seine Besteigung bei guten Verhältnissen ist landschaftlich wahrhaft grossartig, und als Erlebnis ein Höhepunkt. – Beste Zeit Mitte Juli bis Anfang Oktober! – Ausrüstung: D, mit Steigeisen.

FÜHRER/KARTEN SAC-Führer «Urner Alpen», Band II, S. 78. – LK 1 : 25 000, Bl. 1231, Urseren. – 1 : 50 000, Bl. 255, Sustenpass.

BILD Blick vom Gipfel des Galenstocks auf den etwa 800 m tiefer gelegenen Rhonegletscher. In der vorderen Kette des Hintergrundes Nägelisgrätli und Gerstenhörner; gegen den Horizont, von links: Finsteraarhorn, Lauteraarhorn, Schreckhorn, Berglistock und Wetterhorngruppe.

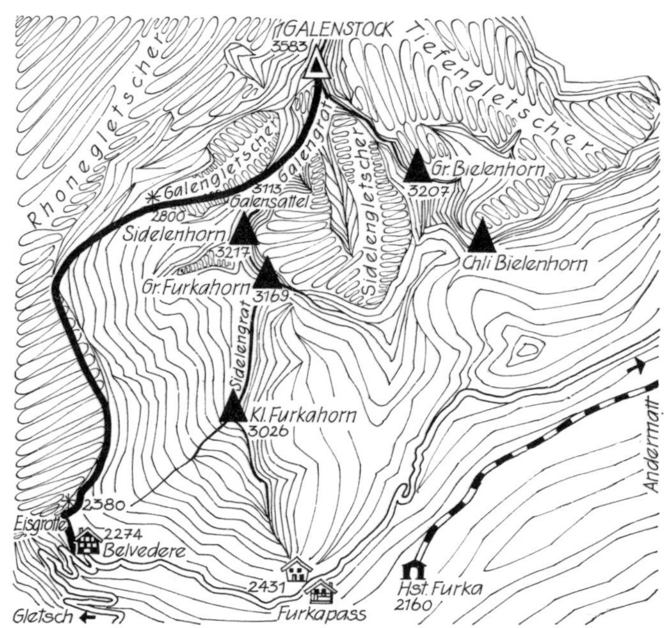

77 Von Engelberg auf den Wissigstock, 2887 m

1 bis 1½ Tag Anfahrt 88 km Kinder ab 14 J. Bergtour

Ab Ristis über die Rugghubelhütte

Welch klassisches Bergsteigerrevier die alte Klostersiedlung Engelberg beherrscht, war früher dem Titlis anzusehen: dem 3239 m hohen Bergriesen mit der glänzenden Eiskappe über seiner fast senkrecht abfallenden Südwand. Aber die neue Zeit hat diesem ehrwürdigen Ziel aller Bergsteiger eine Bergbahn aufgezwungen, er wurde als alpiner Begriff deklassiert, er ist ein Allerwelts-, ein Gaudiberg sozusagen, den kein wahrer Bergfreund mehr ernst nimmt. Dennoch hat sich Engelberg seine Anziehungskraft bewahren können: die Urirotstockgruppe mit vielen leichten und mittleren Hochzielen wie Wissigstock, Engelberger Rotstock und Ruchstock wartet; auf den Hochalpinisten aber alles, was sich rechts und links des Titlis mit Eis umgibt: Reissend Nollen, Wendenstöcke, Klein und Gross Spannort, Grassen, Schlossberg. Nicht zu reden von den anziehenden, weil stillen Bergwanderregionen um Huetstock und Graustock mit Engstlen- und Melchsee als natürlichen Zentren... Bei Wissigstock und Engelberger Rotstock, die, beide etwa gleich hoch, nordöstlich über Engelberg stehen und die man beide auch an einem Tage machen kann, handelt es sich um ideale Ziele für Bergwanderer, die höher greifen, die Bergsteiger werden wollen. Der relativ kurze Hüttenweg von der Seilbahn zur Rugghubelhütte des SAC, die Gottfried Weibel seit 35 Jahren als wahrhaft idealer Wirt betreut, macht diese Gipfel zu beinahe leichten Zielen. Denn auch der Anstieg selber bis zu den Gipfeln ist in gut zwei Stunden zu schaffen, und ein Tag mit beiden Gipfeln kostet nicht viel mehr als 5.00 Std. – und genau soviel an Trittsicherheit und Vorsicht, wie es der Reiz des «gefährlichen Lebens» erfordert. Der Hüttenweg ab Brunni-Seilbahn führt gleich über die Baumgrenze hinaus in Alpmatten, ist bald etwas exponiert – genau da nämlich, wo wir über Felsabbrüche tief hinab ins «End der Welt» schauen – und gewährt trotz gelegentlich starker Steigung immer freien Ausblick (Bild), vor allem auf unsere beiden Ziele. Die Lockung vervielfacht sich, je näher man ihnen kommt. Von der Hütte aus sehen wir den Titlis wie einst: als schleppten keine Riesenkabinen Menschenmassen auf seinen Vorgipfel, so still und so bedeutend überragt er den Hahnen, eisüberwallt zur Rechten, eine ungeheure, senkrechte Kalkwand links... Ab Hütte geht es in der ersten Frühe über Schutt und Geröll dem Rot Grätli entgegen. Etwas oberhalb von P. 2442 gabelt sich der Weg: links geht's zum Rot Grätli hinauf, wir aber gehen nach rechts zur Engelberger Lücke, 2686 m. Der Weg dorthin, auf teilweise schwer erkennbarer Spur und schlecht markiert, quert die sehr steile Flanke unter dem Rot Grätli und Rotstock: also Vorsicht! – Ab Lücke zum Wissigstock steigen wir auf dem Rücken bzw. in dessen rechter Flanke, meist auf guten Spuren; in 0.40 Std. stehen wir schon auf dem aussichtsreichen Gipfel. – Ab Lücke können wir aber auch, vom Wissigstock kommend, in guten 0.20 Std. steil über Schutt den Engelberger Rotstock ersteigen. Der Wissigstock erlaubt den grösseren Ausblick, der Engelberger Rotstock zeigt das elegantere Profil. – Ab Rot Grätli kann der, auf den kein Auto wartet, auch in 3.00 Std. erst am linken Ufer des Schöntaler Firns (nördlich), dann über steile Alpmatten zur Ober Engelberger Egg und ins Grosstal – oder über Schoneggeli und Alp Räckholteren auch zum Bannalpsee absteigen: ca. 4.00 Std.

TALORTE Engelberg, 1000 m; Seilbahn nach Ristis (Landeskarte: «Horn»), 1606 m (Brunnibahn). – Für Abstiegsvariante evtl. Isenthal, 771 m – oder Bannalpsee – (Bahn nach) Oberrickenbach.

STÜTZPUNKT Rugghubelhütte SAC, 2294 m; im Sommer bewirtschaftet. 2.00–2.30 Std. ab Seilbahn.

CHARAKTER Leichte Bergtour für erfahrene Bergwanderer, bei denen sich Trittsicherheit und Orientierungsgabe von selbst verstehen. Kurzer Hüttenanstieg, kurzer Gipfelanstieg: auf Wissigstock nur gute 2.00 Std., ebenso auf den meist mitgenommenen Engelberger Rotstock, 2818 m. – Die Traversen in den Griess- und Geröllböden bei Nässe manchmal rutschig! – Beste Zeit: Juli bis Ende Oktober! – Ausrüstung B!

FÜHRER/KARTEN SAC-Führer «Urner Alpen», Bd. II, S. 259. – LK 1 : 25 000, Bl. 1191, Engelberg. – Evtl. auch 1 : 50 000, Bl. 245, Stans.

BILD Ausblick vom Weg unter dem Rot Grätli, über Griessental und Gross Gemsispil hinweg, auf (von links oben): Gwächtenhorn, Tierberge, Titlis, Reissend Nollen, Wendenstöcke (unter ihnen der Hahnen). Ganz rechts oben die Wetterhorngruppe der Berner Alpen.

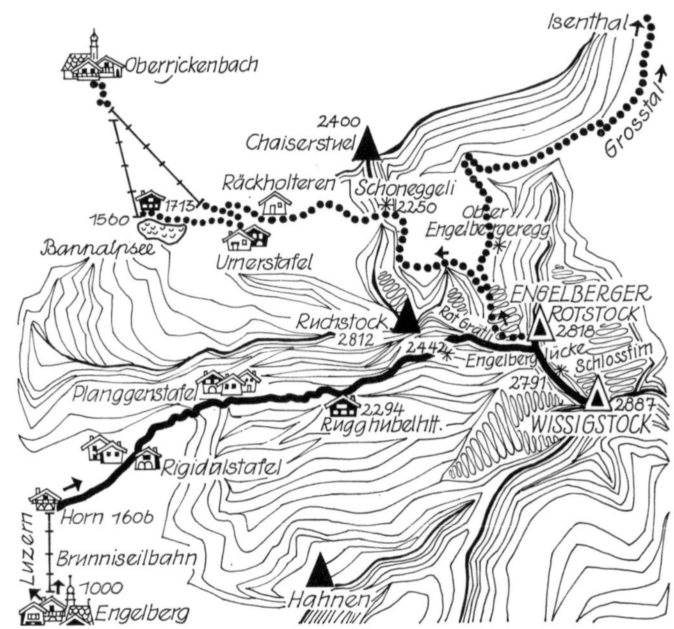

78 Der Urirotstock, 2928 m

Der Traumgipfel über dem Urnersee

1½ Tage Anfahrt 88 km Ohne Kinder! Gletschertour

Wer von Norden her nach Brunnen am Vierwaldstättersee kommt und sich auch nur einen einzigen Seitenblick auf die Landschaft gestattet, der sucht nichts anderes mehr als eine Parklücke – eine Parklücke, um dann dazustehen wie ein Denkmal und hingerissen auf den Urirotstock zu starren. Grossartig, erhaben und unersteigbar – und grossartig auch im treibenden Gewölk, grossartig im Föhnsturm, grossartig im letzten Gold eines späten Herbsttages! Wie kühn steigt dieser Doppelgipfel empor! Wie steil fliessen seine Firne zwischen den schwarzen Urgesteinsgraten zu Tal... Er steht volle 2500 Höhenmeter über dem Seespiegel: also können ihn von dort her durch das Grosstal nur konditionsstarke Alpinisten an einem Wochenende besteigen. Wir schlagen deshalb vor, von Engelberg her über die Rugghubelhütte des SAC zu kommen, dort zu nächtigen, dann (wie auf Tour 77 dieses Buches) zur Engelberger Lücke, 2686 m, anzusteigen... und nun wie folgt weiter: An dieser Lücke betreten wir ostwärts den Schlossfirn, der, nicht gut überschaubar, unter und vor uns liegt. Er ist im allgemeinen spaltenfrei. Wir steigen nur wenig ab und queren ihn dann in Südostrichtung hinüber bis zur Schlossstocklücke, 2665 m. Auf diesem Gange umstehen uns drohender als je die Felsburgen von Wissigstock, Engelberger Rotstock und Schlossstock. Wir haben keine Gelegenheit, in ein erlösendes Tal zu schauen: wir sind der Urwelt ausgeliefert. Was freilich schön ist bei klarer Morgensonne... In 30 Minuten haben wir den Gletscher gequert, jetzt schauen wir von der Schlossstocklücke auf den grossen Blüemlisalpfirn hinab, der nach einer ersten flachen Terrasse gleich eine jäh abfallende Spaltenzone anbietet. Sie zu überwinden, bedeutet die einzige Schwierigkeit auf unserer Tour. Bei Glück steigt man in gutem Firn nahe den Schlossstockfelsen ab, aber dieser Abstieg kann bei glashartem Firn oder bei Blankeis auch Mut, Energie und den geschickten Gebrauch von Steigeisen, Seil und Eispickel bedeuten! Drüben steht der Urirotstock, souverän vereinzelt, aber doch nicht mehr so unnahbar wirkend wie von den Café-Terrassen in Brunnen. Haben wir den kleinen Eisabstieg vollzogen, dann queren wir den grossen Gletscher erst horizontal, dann flach ansteigend in östlicher Richtung, um ihn auf der Höhe 2560 zu verlassen. Schutt und Geröll leiten uns hier auf den Südostgrat unseres Berges. Wir erreichen ihn südöstlich von P. 2741, gehen über seinen Rücken in Richtung Gipfel, müssen dann aber weg vom Grat: ein Steilaufschwung zwingt uns plötzlich, ihn am obersten Rand des Kleintalfirns zu umgehen. Wir erreichen ihn dann wieder über eine Schutthalde – sie führt genau zum Sattel zwischen P. 2826 und dem Gipfel. Hier über den breiten Grat zum Gipfel: 2.00–2.30 Std. ab Schlossstocklücke oder 5.00 Std. ab Rugghubelhütte. – Abstieg wie Aufstieg! – Bergsteiger ohne Auto, aber mit Neugierde, steigen nicht über die beiden hohen Lücken nach Engelberg zurück, sondern hinab nach Isenthal: Man braucht dazu den Blüemlisalpfirn gar nicht mehr zu betreten, sondern steigt an dessen orographisch rechtem Rand über Moränenschutt ab. Später stösst man auf eine Wegspur, die unterhalb der Gletscherzone recht steil wird. Immerhin findet man bei guter Sicht nördlich gut hinab, passiert Hoch Egg und die Alp Biwald, 1694 m, und rennt dann das Grosstal hinaus nach Isenthal.

TALORTE Engelberg, 1000 m; Seilbahn nach Ristis, 1606 m (Brunnibahn). – Evtl. Abstieg nach Isenthal, 771 m.

STÜTZPUNKT Rugghubelhütte SAC, 2294 m, bewirtschaftet; ab Seilbahn Ristis 2.00–2.30 Std. – Evtl. Berghaus Biwaldalp, 1694 m.

CHARAKTER Auf unserer Route eine leichte Gletschertour, aber nur bei guten Verhältnissen! Ideal für Eisanfänger bei guter Führung. Unangenehme Stelle beim Abstieg von der Schlossstocklücke auf dem Blüemlisalpfirn (oft harter Firn oder Eis: dann Abrutschgefahr): also Steigeisen oder Stufen hacken! Der Urirotstock beherrscht den Urnersee ganz und gar und beschert eine traumhafte Aussicht. – Beste Zeit: Juli bis Oktober! – Ausrüstung D!

FÜHRER/KARTEN SAC-Führer «Urner Alpen», Bd. II. – LK 1 : 25 000, Bl. 1191, Engelberg. – Evtl. 1 : 50 000, Bl. 245, Stans.

BILD Ausblick vom Gipfel des Urirotstockes, 2928 m hoch, über den Blüemlisalpfirn hinweg auf (von links): Sustenhorn, Dammastock, Gwächtenhorn, Tierberge, Titlis, Finsteraarhorn, Lauteraarhörner, Schreckhorn und Wetterhörner, dazwischen Mönch. Im Mittelgrund, am rechten Rand des oberen Bruches am Blüemlisalpfirn, genau unter der Schlossstocklücke, das im Text erwähnte heikle kurze Abstiegsstück, an dem man gut sichern bzw. aufpassen muss.

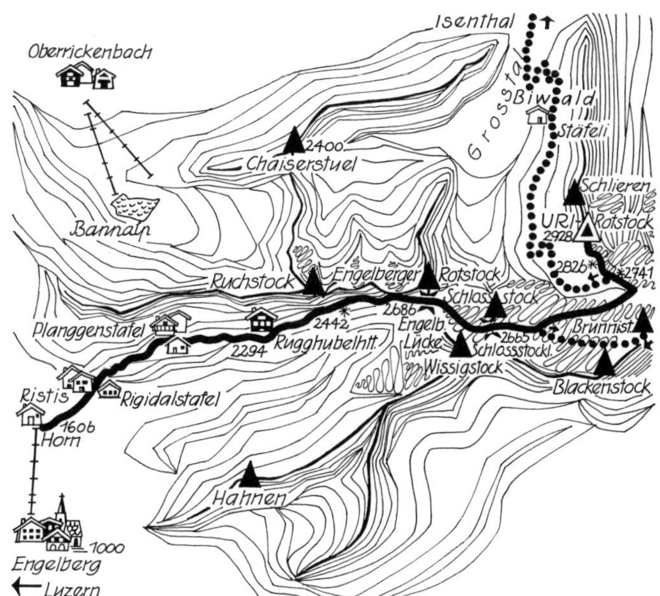

79 Am Gross Spannort, 3198 m

Gletscherbegehung und leichte Kletterei

1½ bis 2 Tage   Anfahrt 88 km   Ohne Kinder!
Gletschertour

Die interessantesten Gipfel im Engelberger Talkessel stehen im Südosten und nennen sich Spannörter: wilde, wie zersprengte, oft dolomitenähnliche Kalktürme steigen da aus flachen, spaltenreichen Gletscherdecken. Unberechenbar: zu Weihnachten 1961, während Autor Walter Pause nächtlicherweise mit Kindern in Engelberg einfuhr und Kanonendonner zu hören vermeinte, stürzte – wie man anderntags erfuhr – ein grosser Teil des Klein (Chli) Spannort ein, sprengten die nördlich zusammenfallenden Türme auch noch den vorgelagerten Gletscherboden, und das Tal der Alp Nider Surenen füllte sich mit Bergen von Eis, Geröll und Felsbrocken... Auf beide Spannörter führen verschieden schwierige Kletterrouten, auf den Hauptgipfel aber auch ein verhältnissmässig leichter Normal- und diesmal zugleich Kletteranstieg. Er ist leicht für den erfahrenen Hochalpinisten. Wie so mancher kühne Felsgipfel mit schroffen Wänden, hat auch das Gross Spannort eine sanftere Rückseite, und dort trifft man auf den Südgrat, genauer gesagt: auf den Südrücken. Bis dorthin muss man allerdings dreiviertel des Berges umgehen: das meiste über Eis. – Das Surenental verlässt man jenseits des Bergsturzschuttes bei der Alp Stäfeli. Hier überschreiten wir den Stierenbach (Wegweiser) und steigen am markierten Weg in vielen Kehren zur Spannorthütte des SAC auf: dabei geht es erst steil und weit zur grossen Runse hoch, dann an ihrem nördlichen Rand dahin, und endlich über sie hinweg und zum Geissrüggen. Die Hütte liegt 1956 m hoch und wird in 2.00 Std. ab Alpenrösli erreicht; da sie in einer Art Felsennische steht, wird sie erst im letzten Augenblick sichtbar. Drohend erhebt sich die Schlossberg-Südwestwand über ihr, einschüchternd beherrschen die wilden Türme des Gross Spannort den Ausblick gegen die Schlossberglücke. Alles ringsumher ist düster, unheimlich, und die Titlis-Ostwand trägt ihr Teil dazu bei. Am folgenden Morgen auf kaum erkennbarer Spur den steilen, langen Schutthang empor zur Schlossberglücke: auf 2627 m, in knapp 2.00 Std. Nach kalter Nacht ist der Hang meist gefroren. Steigt einer richtig, dann rutscht er nicht – andere ärgern sich sehr, fürchten vor allem den Abstieg. Irgendwann nimmt der Hang ein Ende, und der Kulissenwechsel ist perfekt: der Glattfirn im blendenden Sonnenlicht der grossen Höhe, der Krönten gegenüber, links über uns die steile Schlossbergkante und rechts über uns das Gross Spannort, wie zwei gewaltige Torsäulen. Die Sonne macht alles gut, wenn sie zugegen ist... Bei Nebel sollte man umkehren. Beim Betreten des Gletschers, wenige Meter unter der Lücke, trifft man bald auf einige Spalten und weiss, wie die Mahnung gemeint ist. Man umgeht das Gross Spannort auf seiner ganzen Ostflanke, aber dieser Gang ohne grosse Steigung im Sonnenschein über die Eisdecke kann wie ein Fest sein. In 1.30 Std. sind wir schon am Fuss des Südgrates beim Spannortjoch, 2922 m. Die letzten 276 Höhenmeter steigen wir am Südkamm empor. Zuerst östlich der südlichsten Felsen durch ein kurzes Couloir auf eine kleine Terrasse. Oben im Schutt auf eine Wegspur, die zu einer neuen Kletterstelle mit schlechtem, lockerem Fels führt. Nochmals eine Wegspur in steilem Schutt, vorbei an noch steileren Abstürzen. Schliesslich wird das grosse Gipfelfirnfeld erreicht und durchstiegen. 1.15–1.45 Std. ab Joch, je nach Verhältnissen.

TALORT Engelberg, 1000 m; Fahrstrasse bis Leitistein, 1173 m, frei.

STÜTZPUNKT Gasthaus Alpenrösli, 1258 m; Massenlager. 0.30 Std. ab Leitistein, 2.00 Std. ab Engelberg. – Spannorthütte SAC, 1956 m; Hüttenwart an Wochenenden. 1.45–2.00 Std. ab Alpenrösli.

CHARAKTER Mässig schwierige Bergtour mit leichter Gletscherbegehung ab Schlossberglücke, 2627 m. Ab Spannortjoch, 2922 m, leichte Kletterei am Südgrat. Landschaftlich ganz ungewöhnlich eindrucksvoll! – Beste Zeit: Juli bis Ende Oktober! – Ausrüstung D!

FÜHRER/KARTEN SAC-Führer «Urner Alpen», Bd. II. – LK 1:25 000, Bl. 1191, Engelberg, und Bl. 1211, Meiental. – Evtl. 1:50 000, Bl. 255, Sustenpass oder Bl. 245, Stans. Bzw. Bl. 5008, Vierwaldstättersee.

BILD Das Grosse Spannort, 3198 m, aus Südosten vom Glatt Firn gesehen. Links der Südgrat über dem Spannortjoch, 2922 m.

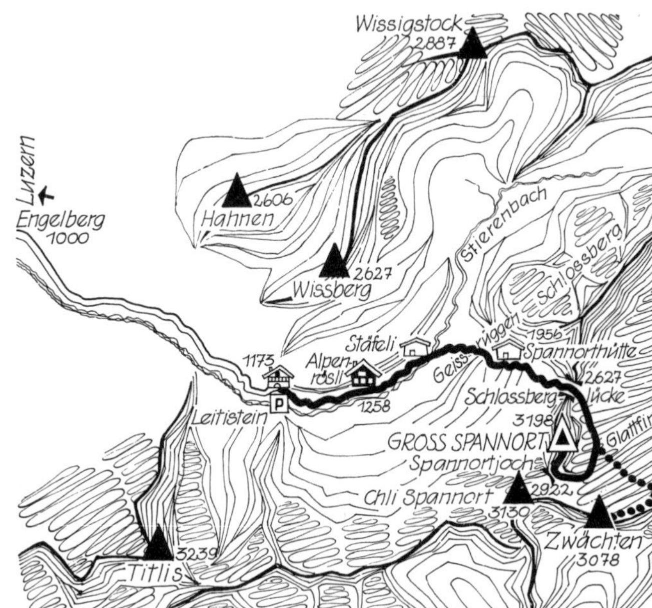

80 Von Erstfeld auf den Krönten, 3107 m

In Eis und Urgestein über dem Reusstal

2 Tage Anfahrt 88 km Ohne Kinder! Gletschertour

Die grosse Urner Kette Reissend Nollen–Titlis–Grassengrat teilt sich am Gipfel des Klein Spannort in zwei Kämme: den nördlichen Gross Spannort-Schlossberg-Geissberg-Kamm und den südlichen Zwächten-Krönten-Ruchen-Kamm. Beide Kämme fahren zum Schluss parallel auf das Reusstal zu und stürzen steil zum Ufer der Reuss ab. Dies passiert dicht bei Erstfeld, von wo aus wir zu Fuss über den Ribiberg in den flachen Bodenberger Talboden, 1001 m, ansteigen und von Stutzberg aus auf neuem Hüttenweg scharf südlich links hinauf. Bald geht es steil auf ein Band zwischen zwei Felsgürteln, später aber weniger steil um den Sockel der Päuggenstöcklenen herum zur – leider oft überfüllten – Kröntenhütte des SAC. Dieser neue Weg nennt sich Geisspfad bzw. Sommerweg. Er führt uns die 8 Kilometer lange Mauer der Südwände von Schlossberg und Sunnigen Stöck vor, die an ihrem Westende durch das Eis des Glattfirns mit der Krönten-Kette verbunden ist. 3.30 Std. rechnet man für den Hüttenanstieg, dazu kommen am folgenden Morgen nochmals stramme 3.30 Std. für den Weg von der Hütte über den Kessel des Obersees und den anfangs steilen Glattfirn zum Gornerenpass, 2832 m (Kröntenlücke), und weiter am Westgrat über Firn und Schutt, am Ende auch über gutgestuften leichten Fels, zum Gipfel des Krönten. Die Aussicht von diesem Gipfel kann bei Gutwetter, vor allem in die östliche Urner Hauptkette, erregend sein, ebenso aber hinab in Leutschach- und Gornerenfurche, hinüber zu Salbitschijen und Sustenhorn. – Wer kein routinierter Berggänger mit grosser Erfahrung ist, der gehe nun auf dem Anstiegsweg zurück: der Weg ist neu, weil man ja in umgekehrter Richtung steigt und den Bälmeten, zum Beispiel, auswendig lernt. Zünftige Bergsteiger sollten aus der Kröntentour eine Rundtour machen: sie sollten den Westgrat zurück bis zur Kröntenlücke auf 2832 m gehen, hier aber nicht rechts, sondern links südlich steil hinab zum bald flacher auslaufenden Sassfirn steigen. Man bleibe am Ostufer des Gletschers, quere unter seinem Ende südöstlich (oberhalb P. 2492) hinüber in die Westmulde unter dem P. 2669 (ohne Namen in der LK): dies ist der Sasspass, von dem aus wir erst über Firn und Geröll in eine Talmulde, später auf einem Weg am Südhang hinab und hinüber zur Leutschachhütte des SAC kommen, die gut 100 m hoch über dem Nidersee liegt. Diese Hütte ist jünger als die Kröntenhütte, aber auch viel kleiner; dennoch sollte man hier – unsere Rundtour in umgekehrter Richtung machend – mehr Chancen auf ein Nachtlager haben als drüben. Von der Leutschachhütte führt ein wunderschöner Abstiegsweg von gut 2.00 Std. hinab zum kleinen Arnisee, wo uns zwei Seilbahnen aus 1300 bzw. 1360 m Höhe hinab in den Reusstalboden nach Amsteg bzw. Intschi befördern. Macht man die Tour ab Arnisee, also mit Seilbahnhilfe, in umgekehrter Richtung, so reichen zur Leutschachhütte 2.30 Std. Man müsste auch nicht partout den Krönten-Westgrat machen, sondern könnte (als perfekter Kletterer) den Kröntenostgrat (III) ersteigen und dann am Westgrat absteigen oder könnte als zielloser Weltenbummler (bei trockenem Wetter) den einsamen Weg zum Leidseepass hinauf und jenseits hinab und hinauf zum Riedfurggi – um dann in absoluter Einsamkeit ostwärts hinabzustromern nach Riedberg und Leutschach-Erstfeld... Die Varianten sind zahlreich.

TALORTE Erstfeld, 472 m. – Evtl. bei Abstiegsvariante Amsteg, 519 m, oder Intschi, 650 m (Seilbahn ab Arnisee, 1300 bzw. 1360 m).
STÜTZPUNKTE Kröntenhütte SAC, 1903 m, im Sommer bewartet, etwa 3.30 Std. ab Erstfeld. – Evtl. für Abstieg Leutschachhütte SAC, 2208 m, Abstieg zum Arnisee 1.45–2.15 Std., dann Talfahrt mit Seilbahn nach Intschi oder Amsteg möglich.
CHARAKTER Sehr schöne, aber auch sehr beliebte Hochtour mit Gletscherbegehung. Für erfahrene Bergsteiger unschwierig bei guten Verhältnissen und guter Sicht. Am Gipfel kurze Kletterei auf der Normalroute ab Kröntenhütte und dorthin zurück. – Die Abstiegsvariante Westgrat-Gornerenpass–Sassfirn–Sasspass (2669 m), die die Kröntentour zu einer prachtvollen Rundtour ausdehnt, ist für zünftige, erfahrene und ausdauernde Berggeher gedacht. – Beste Zeit: Juli bis Oktober! – Ausrüstung: C!
FÜHRER/KARTEN SAC-Führer «Urner Alpen», Band II. – LK 1:25 000, Blätter 1191, 1192, 1211 und 1212. Oder 1:50 000, Blätter 245, 246, 255 und 256.
BILD Auf dem Glattfirn beim Anstieg zum Krönten (Hintergrund, oben links), rechts oben der Schneehüenerstock, 2944 m, zwischen beiden Gipfeln, im Bild vom Nordsporn des Schneehüenerstockes verdeckt, liegt der Gornerenpass, 2832m, auch Kröntenlücke genannt.

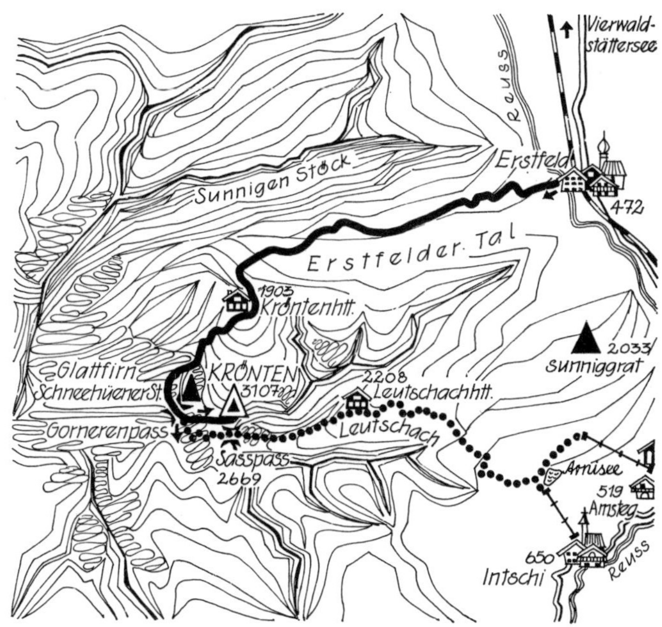

81 Von Arni auf den Sunniggrat, 2033 m

Stille feine Damentour über dem Arnisee

1 Tag Anfahrt 94 km Kinder ab 6 J.
Leichte Bergwanderung

Dies ist eine der bezauberndsten Bergwanderungen über der Gotthardstrasse: läge sie in den Ostalpen oder gar in der Nähe von München oder Wien, man müsste sie geheim halten, um sie vor ständiger Überfüllung zu bewahren. In der Schweiz ist alles anders, da gibt es tausend solcher zauberhafter Verstecke, wenn sie oft auch nur von Kennern aufgespürt werden. Denn die Masse geht natürlich auch hier die bekannten Wege... Kurz und gut, nicht im Frühjahr, des späten Schnees wegen, aber im Herbst und vor allem im späten Herbst, wenn auf den beiden Windgällen gegenüber der erste Flaum von Neuschnee liegt, ebenda muss man mit den Kindern, mit der Frau, oder auch mit einem geliebten Frauenzimmer nach Intschi fahren und von dort mit einem reizend altmodischen Gondelbähnchen hinauf zum Arnisee schaukeln: von 650 auf 1360 m Höhe, um dann noch einige 10 Minuten bis zum kleinen See zu gehen. Die Windgällen stehen unmittelbar gegenüber im Osten, so nah und so gewaltig, als läge nicht das tiefeingeschnittene Reusstal samt Gotthardstrasse dazwischen. Man ist fasziniert. Es ist köstlich hier oben, und man frägt sich, ob man wirklich um 1970 oder um 1870 lebe... kein Lärm, kein Jagen und Hetzen, keine Abgaswolken, keine Autokolonnen. Nein, das vergangene Jahrhundert macht sich gut vom Arnisee aus, vermutlich weil man auch die vielen Kriege vergisst, die damals geführt wurden... Wir bleiben nicht am See, die Bänke sind für andere Leute bestimmt. Wir führen Kinder, Enkel oder die Allerliebste weg vom See und der Menschheit, begeben uns an das nordwestliche See-Ende und steigen von dort, mit nichts als vielen Äpfeln im Rucksäckchen, westlich durch Wald empor bis auf den freien Riedboden über P. 1778 (1.20 Std.), wo wir uns oberhalb eines Felsgürtels und bereits im Banne einer absoluten Einsamkeit befinden. Nördlich über uns entdecken wir das Gipfelkreuz des Sunniggrates. Aber so schnell sollen wir nicht dorthin kommen! Kaum dass wir bis zu den kleinen versteckten Seeaugen um Grossgand, 2001 m, kommen! Denn wir werden fortgesetzt aufgehalten von den wilden Heidelbeerwäldern, die vom Riedboden an die Hänge überwuchern und kaum Raum lassen für einen angemessenen Rastplatz. Dabei ist Rasten nirgends schöner als hier, in einer sozusagen lieblichen Wildnis. Denn wie anders soll man die grünen Alpstufen benennen, auf denen Hunderte schwerer Felstrümmer wie Walkürenfelsen lagern, wo Beerensträucher wuchern und seltene Blumen, wo der Wind noch singt und Stille unfassbare Wirklichkeit wird: so sehr, dass wir – anders als an der Axenstrasse – unwillkürlich der grossen abendländischen Dichter gedenken, deren Geist noch ganz unmittelbar der Natur verbunden war, der Goethe, Keller, Rousseau und wie sie alle heissen... Immer noch schauen die Windgällen herunter wie Götterburgen, dazu Bristen und Bälmeten, während wir gelassen zum Gipfelkreuz am hohen Grat hinaufsteigen, um von dort Reusstal und Maderanertal bis in die letzten Nebengründe auszukundschaften. Und dann, aufs neue einig mit der Welt und ihrem Schöpfer, wieder talwärts zu steigen; 2.15 (bis 4.30!) Std. Anstieg ab Arnisee, 1.30 bis 3.00 Std. Abstieg – je nach Lust, Laune und Begabung zur Faulheit. Denn in diesem Zauberwinkel unter dem Sunniggrat ist jeglicher Ehrgeiz streng verboten. Und klug ist jeder, der die Uhr zu Hause lässt.

TALORTE Intschi, 650 m, an der Gotthardstrasse südl. Amsteg (ab hier Seilbahn bis Arnisee, 1360 m). – Amsteg, 519 m (Seilbahn bis Arni, 1300 m).

STÜTZPUNKTE Gasthäuser am Arnisee, 1370 m, privat, alle bewirtschaftet. – Anstieg zum Arnisee etwa 10 Min. (Intschi-Seilbahn), etwa 20 Min. (Amsteg-Seilbahn).

CHARAKTER Eine unschwierige, angenehm entlegene, relativ kurze Bergwanderung zu einem bedeutenden Aussichtspunkt über Reusstal und Maderanertal. – Beste Zeit: Ende Mai bis November. – Besonders schön im späten Herbst! – Ausrüstung A!

FÜHRER/KARTEN LK 1:25 000, Bl. 1212, Amsteg, und Bl. 1192, Schächental. – 1:50 000, Bl. 256, Disentis, und Bl. 246, Klausenpass.

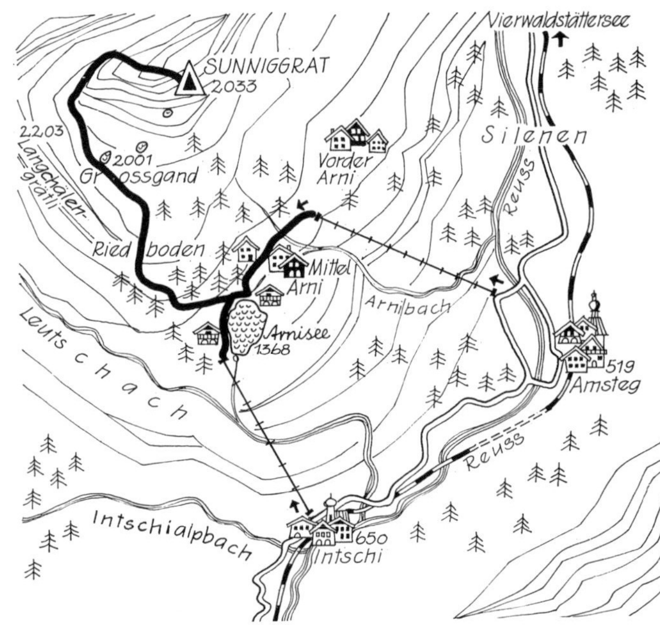

Aufblick vom Arnisee über dem Reusstal (bei Amsteg), aus etwa 1370 m Höhe, über das sehr tief liegende Reusstal hinweg, auf Gross (links) und Chli Windgällen (Mitte oben). Die beiden berühmten Urner Gipfel weisen 3187 und 2986 m Höhe auf: sie sind der ständige Blickpunkt auf unserer herbstlichen «Damentour» vom Arnisee hinauf über die winzigen Seeaugen bei Grossgand zum Sunniggrat, 2033 m. Der Arnisee liegt auf der letzten Bergterrasse vor dem steilen Abbruch des Leutschachtales in den tiefen Reussboden. Zwei kleine Seilbahnen überwinden diesen Abbruch.

82 Kletterfreuden am Wendenhorn, 3023 m

Nordostwand und Südostgrat von der Sustlihütte

1½ Tage Anfahrt 113 km Keine Kinder! Kletterei (II–III)

Die Schweiz gilt als klein, aber für den europäischen Bergsteiger ist sie gross. Draussen vor den Bergen ist ein architektonisches Gedränge, und bis in die Täler hinein spült die nicht immer erfreuliche Neubauwelle – aber dann fährt man vom geschundenen, mit Abgaswolken dicht gefüllten Reusstal weg, verlässt die Gotthardstrasse bei Wassen und schlüpft mit der Sustenpassstrasse blitzschnell durch drei Tunnels ins Meiental. Der Sommerbergsteiger erlebt dort oben den März im Mai und den Mai im Sommer, und je höher er fährt, desto grossartiger (diesmal stimmt dieses abgebrauchte Wort!) wird die Bergwelt. Erst ahnt man klopfenden Herzens die grosse strenge Uröde, und dann ist man mitten drin... Um Husen, Dörfli, Chappele und Färnigen stehen etliche hölzerne Wohnhäuser aus den letzten Jahrhunderten, dicht zusammengedrängt, klein, arm, dürftig ohnegleichen – aber liebenswerte Bauten, an die man sich rastend anlehnen möchte. Rechts und links oben künden fallende Wasser von geheimen Stufen und Hochtälern. Und an der grossen Kurve der Posthaltestelle Sustlibrüggli schauen wir rechts hinauf in eines dieser Hochtäler und sind fasziniert. Wir steigen aus, wandern 300 m dem Bach entlang und plagen uns diesmal mühelos (denn die Augen sind vielbeschäftigt!) zur sauberen Sustlihütte des SAC hinauf, die droben auf dem Pöschenstöckli wie eine kleine Bergsteigerresidenz steht: hier regiert Bergführer Alois Furrer aus Erstfeld und zeigt uns unsere Kletterziele. Leicht hat er's nicht, der liebenswerte Hüttenwart, denn die eidgenössischen Topographen haben hier, gegenüber der mächtigen, eisbefrachteten Sustenhorngruppe, ein prächtiges Durcheinander gestiftet. Ich meine auf ihren Landeskarten: da stellen sie diverse Fünffingerstöcke vor. Auch unser Wendenhorn (in der Bildmitte) ist ein Fünffingerstock, und zwar Nr. I (3023 m), dann entdeckt man einen Fünffingerstock II (2993 m), einen Nr. III (2994 m) und einen Nr. IV (2971 m). Man beginnt sich an der Vielzahl zu begeistern, da trifft man im Wasenhorn abermals einen Fünffingerstock. Die Verwirrung ist vollkommen, aber auch – der Klettergenuss an dieser Vielzahl von Fünffingerstöcken. Zum Beispiel am Wendenhorn, dessen Urgesteinssockel rechts und links von einem kleinen, steilen und nicht ganz spaltenfreien Gletscherchen umspült sind. Es heisst Chli Sustlifirn und hat zwei Arme. Von der Sustlihütte müssen wir, etwas ab und auf, bis an den keilförmigen Sockel des Wendenhorn-Südostgrates queren, das macht einen grösseren Bogen aus; dann steigen wir (bei Route 843) von links her ein, indem wir erst einmal den felsigen Querriegel (von links her) überwinden und dann durch ein steiles Couloir mit einem Gesimse am Ende höher gelangen, schliesslich entlang einer Felsrippe zu den zwei Rundhöckern im Grat emporklettern. Zuletzt über einen steilen Plattenschuss. Ab hier wird der gesamte, turmreiche Grat verfolgt: eine einzigartige Genusskletterei für erfahrene Kletterer! Die höchste Spitze wird übrigens von rechts, also von Norden her, erreicht! – Wer es nicht so streng haben will, der steuert von der Hütte aus nicht den Gratsockel an, sondern zielt gleich auf das nähere breite Couloir in der Nordostwand, das vom Nordarm des Chli Sustlifirns direkt auf eine hohe Gratschulter führt. Hier treffen wir auf die Gratroute. – Aufstieg 2.15–3.00 Std. ab Stöss.

TALORTE Wassen, 916 m, an der Gotthardstrasse. – Färnigen, 1455 m, an der Sustenstrasse-Ostrampe. Postauto ab Wassen bis Sustlibrüggli (Chli Sustli, 1907 m), dort parkieren!

STÜTZPUNKT Sustlihütte SAC, 2257 m; knapp 1.00 Std.

CHARAKTER Prächtige, nahezu ideale Felskletterei in den Graden II und III der Schwierigkeitsskala, in solidem Gestein. Man studiere zuvor den neuen SAC-Führer «Urner Alpen», Bd. II, S. 193. Bei beiden Einstiegen müssen von der Sustlihütte aus kleine Gletscherdecken gequert, teils erstiegen werden. Dazu kommt bei Variante 1 eine steile Firnzunge bis zum Felseinstieg, bei Variante 2 ein Firn- bzw. Schuttcouloir. Landschaftlich ganz ausserordentlich eindrucksvoll! – Beste Zeit: Juli bis Oktober! – Ausrüstung C bzw. D!

FÜHRER/KARTEN SAC-Führer «Urner Alpen», Bd. II. – LK 1:25 000, Bl. 1211, Meiental; oder 1:50 000, Bl. 255, Sustenpass.

BILD Blick von der Sustenstrasse-Ostrampe gegen Westen auf Sustenlochspitz, 2916 m (links oben), anschliessend Fünffingerstock II; in Bildmitte oben das Wendenhorn, 3023 m (auch Fünffingerstock I benannt). Sonne und Schatten markieren unseren Aufstiegsgrat; man kann auch den rechten, östlichen Couloiranstieg zur grossen Scharte im Grat verfolgen, wo wir den oberen Südostgrat betreten. Rechts Wasenhorn. Darunter gut sichtbar die Sustlihütte.

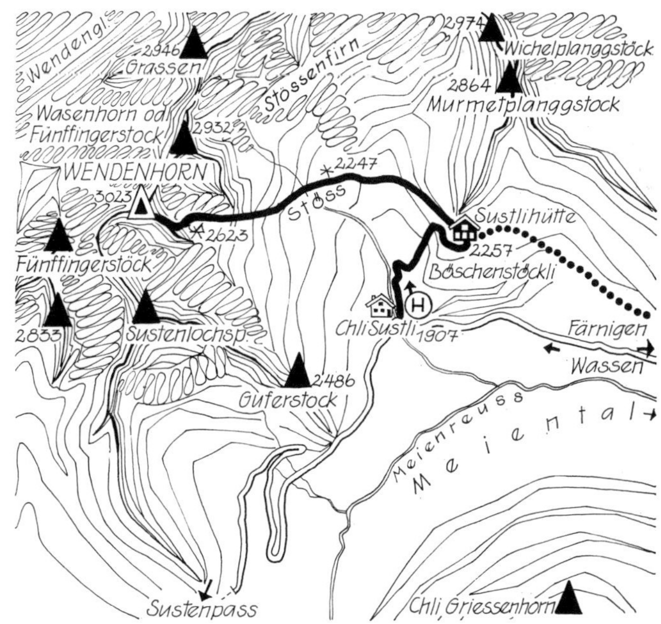

83 Salbitschijen-Ostgrat, 2981 m

Genusskletterei über der Salbithütte

1½ Tage Anfahrt 106 km Keine Kinder! Kletterei III–IV

Das Urgestein des von türmereichen Steilgraten wie von spitzen Säulen getragenen Salbitschijen über der Göschener Alp ist unter Kletterern unserer Zeit berühmt: es ist eisenfest, es besitzt die körnige Rauheit eines «jungen» Granitgesteins, das noch kaum verwittert, kaum gespalten und gebrochen ist – das in massiven glatten Platten gigantische Turmpyramiden baut, eine über die andere. Die Südgrattürme dieses modernen Musterkletterberges (IV+ oder gar die Westgrattürme (VI+, mit künstlichen Mitteln!) haben innerhalb der europäischen Kletterelite sozusagen «Weltruf» erlangt. Um sich als «Zürcher Hausberg» zu qualifizieren, hat sich dieser Salbitschijen auch einen relativ frommen Ostgrat zugelegt, der aber noch lange nicht den Normal-, das heisst den leichtesten Anstieg vermittelt. Dieser leichteste Anstieg, selbstverständlich als Abstiegsweg nach langer, schwerster Extremkletterei oft benutzt, verläuft vielmehr über den kleinen Salbitgletscher der Nordflanke. Aufsteigend über diesen Gletscher wird die Felsregion etwa 100 Meter ostwärts der Gipfelfallinie betreten und ohne besondere Schwierigkeiten in 3.30 Std. ab Salb thütte durchklettert. Denn der Höhenunterschied Hütte–Gipfel beträgt ja doch schon 900 Meter! – Der hier für geübte Kletterer vorgeschlagene Kletterweg über den Ostgrat erlaubt Genusskletterei des III. und IV. Grades (der 6 Grade aufweisenden sogenannten Alpenskala). Auch hier ist der Granit absolut zuverlässig, wenn man von der gefürchteten «Bastion» oberhalb der markanten drei Grataufschwünge absieht: diese «Bastion», glattwandig, plattig, rund ausgebaucht und teilweise überhängend, ist durch einen frischen Felsausbruch gefährlich geworden. Daher meidet man sie neuerdings und umgeht sie links, südwärts also, klettert dann aber wieder sofort an guten Platten zur Ostgratkante zurück – steigt also nicht, wie es die abgegriffene «Müller-Route» (im neuen Führer Nr. 701 b, im alten Führer 702) vorschreibt, in der Südflanke weiter. Wir benützen für unsere Tour eben nicht diese Route 701 b (702), sondern die Route 701 c (703), bei der man anders als auf der den Ostgrat nur querenden «Müller-Route» fast den ganzen Grat samt seinen drei markanten Türmen kletternd begeht. Dieser Ostgrat wird aber erst oberhalb seines unteren massiven Felssockels betreten. Das heisst, man steigt erst gute 50 Meter in der tiefen breiten Rinne auf (in unserem Bild tief beschattet), die den Ostgrat rechts begrenzt, und klettert dann in einer Seitenrinne nach links oben, einen scharfen Felskopf passierend, zum eigentlichen Ostgrat hinauf. Diese Kletterei ist nicht schwierig, aber hübsch; man erreicht den Grat in seiner ersten auffallenden Scharte. Genau, wie es der Führer «Urner Alpen» vorschreibt, werden die folgenden drei Steilaufschwünge – an guten griffigen Granitplatten – direkt erstiegen; nur am ersten Turm weicht man rechts der Kante in eine Verschneidung aus. Die folgende «Bastion», wird, wie erwähnt, in der Südflanke kurz umgangen. Am Gipfel, den man nach schöner Kletterei und nach Passieren eines flachen Gratstückes erreicht, empfängt uns eine aufregend geformte, 20 m hohe Gipfelnadel, die mittels Kletterei auf Reibung und geschickter Gewichtsverteilung zu ersteigen ist. – Der Abstieg erfolgt auf dem Anstiegswege, oder leichter von der obersten Ostgratscharte nördlich (links) zum Salbitfirn.

TALORT Göschenen, 1101 m; bzw. Abfrutt, 1167 m, im Göschener Tal (Postauto ab Göschenen).

STÜTZPUNKT Neu erweiterte Salbithütte SAC, 2105 m, über dem Seeliboden. 2.30 Std. ab Göschenen (für Autofahrer 0.30 Std. weniger. Parkieren bei der Wegabzweigung im Göschener Tal).

CHARAKTER Eine reine Klettertour des Schwierigkeitsgrades III–IV in musterhaft festem und rauhem Granit. Siehe SAC-Führer «Urner Alpen», Band II. Genau studieren und auf unserem Bild vergleichen! – Diese Route deckt sich NICHT mit der vielbegangenen «Müller-Route»; unsere Route erreicht die Ostgratkante viel früher und weicht dadurch möglichem Steinschlag in der vielbegangenen Blockrinne rechts (nördlich) der Kante aus. Ideale Klettertour für fortgeschrittene Kletterer, durchaus eine Genusskletterei. – Beste Zeit: Mitte Juli bis Oktober! Ausrüstung C!

FÜHRER/KARTEN SAC-Führer «Urner Alpen», Band II. – LK 1:25 000, Bl. 1231, Urseren, und Bl. 1211, Meiental. – Oder 1:50 000, Bl. 255, Sustenpass.

BILD Salbithütte und Salbitschijen, einer der berühmtesten Granitkletterberge der Schweiz. In der Ostflanke können wir beim Vergleich mit der Skizze des SAC-Führers genau unsere Kletterroute verfolgen.

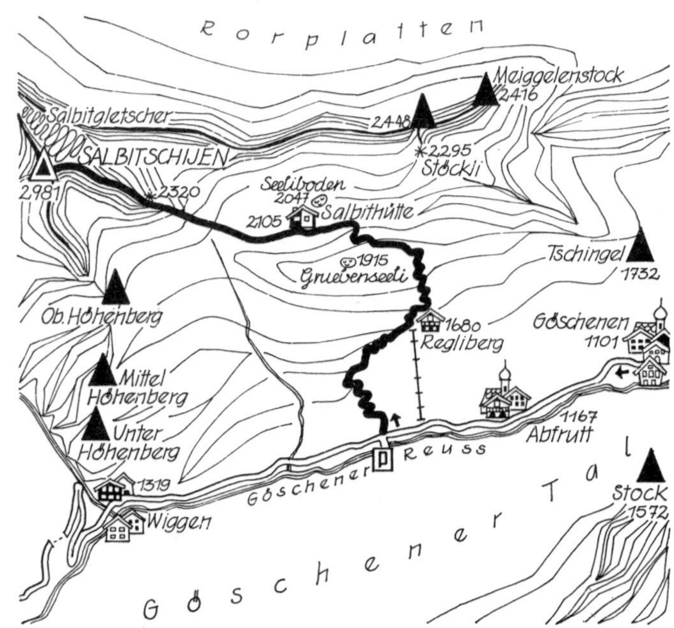

Blick von der Tierberglihütte auf unser Sustenhorn, das wir über dessen Schneekuppe von rechts her erreichen

84 Auf das Sustenhorn, 3503 m

Leichte, lange Gletschertour ab Tierberglihütte

1 bis 1½ Tage   Anfahrt 110 km   Ohne Kinder!
Gletschertour

Das Sustenhorn bildet ein Pendant zum Clariden. Wären die hohen Anfahrtsrampen der beiden Passstrassen nicht vorhanden, so wären beide keine «Zürcher Hausberge». So aber werden beide Gipfel gleich oft angesteuert, beide auch im späten alpinen Frühjahr von den Skibergsteigern. Die Sommerbergsteiger kommen erst im Juli zu Wort, wenn die Rampen ganz und gar schneefrei und die unteren Nordhänge relativ aper sind. Man kann über die Vorzüge beider Gipfel streiten: das Sustenhorn scheint schon der grösseren Höhe wegen zu dominieren. Es liegt auch inmitten eines Meeres von Gletschern, und das ganz grosse Eis der Berner Alpen ist unmittelbar benachbart... andererseits ist der Clariden-Anstieg von Norden her interessanter. Beim Sustenhorn ist der Anstieg ab Tierberglihütte – die freilich tags zuvor reichliche 3.00 Std. eines strapaziösen Anstieges gekostet hat – bei guten Verhältnissen einfach und relativ kurz: in 3.15 Std. kann der gute Geher am Gipfel stehen, in 3.45–4.15 Std. der faule Geniesser. Am Clariden muss man, ohne Hüttenrast, in einem Zuge von der Passstrasse zum Gipfel durch und denselben Weg gleich wieder zurück. So gesehen ist das Sustenhorn mit seinen 3503 m Höhe doch der interessantere Berg. Dies wissen auch viele Nichtbergsteiger: denn wenn man glücklich vom Hotel Steingletscher her über drei Stunden aufgestiegen ist und vor die wahrhaft herrlich gelegene Hütte auf ihrer eisumschlossenen Felsinsel tritt, dann ist die Hütte meist voll und viele Lager belegt – von Nichtbergsteigern. Der Weg zur Hütte ist reichlich alpin: ein Gletscherbach leitet den Nervenkitzel ein, nach der Moräne drohen aus nächster Nähe Eisbrüche, die Felsen – an die man Hand legen muss – sind sehr steil und bei Nässe oder Vereisung heikel, und dann sind meist auch Firnfelder zu queren. Dies alles mit Rucksack und Proviant. Man gönnt den Bergwanderern ihren Platz, aber als Hochtourist fühlt man sich benachteiligt. – Am folgenden Tag kann man bei guten Verhältnissen und guter Kondition Gwächtenhorn und Sustenhorn zugleich besteigen. Wer gleich zum Sustenhorn geht, steigt (wie zum Gwächtenhorn) zuerst südwestlich über den Gletscher, meist auf einem getretenen Trassee, und gelangt so unter dem Rot Stock auf eine mittlere Terrasse (wo Spuren auf 3000 m Höhe westlich mässig steil zum Südostrücken des Gwächtenhornes ziehen). Wir aber bleiben noch auf Südostrichtung, drehen erst auf der nächsten Gletscherterrasse (noch weit vor der Sustenlimi) auf Ost, und zielen dann in Nordnordostrichtung den P. 3288 an, den Beginn des Sustenhorn-Südgrates. Über den Grat je nach Verhältnissen leicht bis mässig schwierig auf den höchsten Punkt: 3.00–3.15 Std. ab Hütte, 2.30 Std. ab Gwächtenhorn. Vorsicht: der Südgrat ist meist stark überwächtet, im Frühsommer auch der Gipfel! – Absteigend zum Sattel P. 3288 m, und westwärts die Anstiegsspur zurück. Man kann schon vorher in der Südwestflanke absteigen, muss dann aber einen Bergschrund überschreiten (den der Sattel-Abstieg einem erspart!). Beim weiteren Abstieg nicht zu nahe an den Nordwestabfall des Gwächtenhorns heran: Eisschlaggefahr! Abstiegszeit bis Hütte 1.45–2.00 Std. – Seilschaften ohne Autozwang steigen vom Sustenhorn über die Sustenlimi südwärts zur Chelenalphütte und zur Göschener Alp ab, wo das Postauto nach Göschenen steht.

TALORT Stein, 1865 m, an der Sustenstrasse-Westrampe (Postauto ab Meiringen oder Göschenen).

STÜTZPUNKTE Hotel Steingletscher, 1865 m. – Tierberglihütte SAC, 2795 m; am Wochenende Hüttenwart, aber nicht bewirtschaftet! Ab Hotel Steingletscher 3.00–3.15 Std.

CHARAKTER Leichte, nicht ganz kurze Gletschertour. Wenig Spalten, besonders im Frühsommer! Mit Ski bis Juni möglich, klassische Frühjahrstour. Für den Sommerbergsteiger schwierig nur bei Einfall von Nebel oder Wetterumschlag. Jede hochalpine Vorsicht am Platze. Grossartige Aussicht in die Urner und Berner Alpen. – Beste Zeit: Mitte Juli bis Anfang Oktober! – Ausrüstung D, mit Proviant!

FÜHRER/KARTEN SAC-Führer «Urner Alpen», Bd. II. – LK 1 : 25 000, Bl. 1211, Meiental. – LK 1 : 50 000, Bl. 255, Sustenpass.

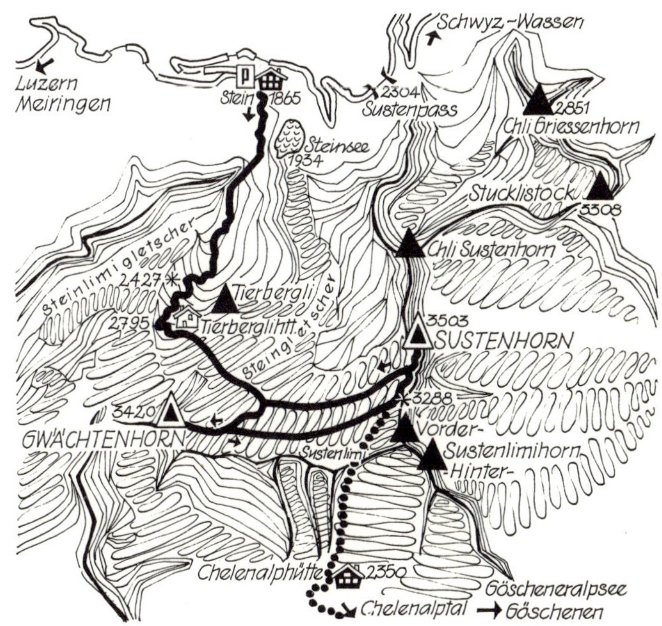

Ratschläge für Bergwanderer und Bergsteiger

Dieses Buch der 84 Zürcher Hausberge – der vielen «echten» und «klassischen» und der wenigen neuen, durch Auto, Autostrassen und langes Wochenende hinzugekommenen – ist zum grösseren Teil für Bergwanderer, insbesondere für wandernde Familien bestimmt, und zum kleineren Teil für richtiggehende Bergsteiger, ja selbst für Kletterer.

Die 84 Touren sind neben den 5 einfachen Wanderungen am Anfang des Buches meist leichte Bergwanderungen und leichte bis mässig schwierige Bergtouren. Die schwierigen Bergtouren sind weit in der Minderzahl, dazu gehören freilich auch 16 Hochtouren mit meist einfachen Gletscherbegehungen (Ausnahme Oberalpstock) und 10 reine Klettertouren in festem Fels, bei denen mit einer Ausnahme am Schluss des Bandes der Schwierigkeitsgrad III (schwierig) der Schwierigkeitsskala nicht überschritten wird.

Alle diese Bergwanderungen und Touren sind in 1 oder 2 Tagen ab Zürich leicht zu unternehmen, auch für die längste würden 1½ Tage für Hinfahrt, Tour und Rückfahrt vollauf genügen. Die ungefähren Kilometer der Anfahrtstrecke sind im Titel jeweils angegeben. Ebenso eine Bemerkung über die Möglichkeit, Kinder mitzunehmen, z.B. «Mit Kindern ab 12 J.». Dieser letzte Hinweis ist mit Verstand zu übersetzen! Es gibt trittsichere, naturnah erzogene Kinder von 8 Jahren, die man sogar auf eine 6stündige Bergwanderung mitnehmen kann; andere Kinder, zu wenig an Natur und Bewegung gewöhnt oder nur selten in die Berge kommend, können noch mit 12 Jahren auch auf einer 3stündigen Tour versagen. Trittsicherheit bei Kindern und Frauen ist, auch für leichte Bergwanderungen, die wichtigste Voraussetzung: Trittsicherheit wird aber nur beim regelmässigen Bergwandern erworben!

Bezüglich der WANDERSKIZZEN ist folgendes zu sagen: sie sind einfach gehalten, sollen nur geographische Anhaltspunkte geben. Die jeweils benötigte Karte ist stets genannt!

Bezüglich der Ausrüstung gelten die nachfolgenden Ratschläge für sommerliches Bergsteigen in den Alpen. Sie sind ausführlich gehalten, aber sie müssen Satz für Satz begriffen und behalten werden!

Ausrüstung A (einfache Bergwanderungen im Vorgebirge, bis höchstens 2000 m Höhe): Es dürfen NIE fehlen: Gute, also hohe (nicht halbhohe) Leichtbergschuhe, fest, mit nicht zu dünner Profilgummisohle; ein leichter Wollpulli (allein für den kühlen Gipfelwind nach heissem Aufstieg!); eine dichte Windjacke mit Kapuze – auch wenn's am Zürichsee noch so warm ist! Merke: Nie Strassenhosen, nie Bluejeans, sondern feste Kniehosen mit guten Kniestrümpfen!

Ausrüstung B (für grössere Bergwanderungen und Bergtouren mit Schrofenkletterei oder Steigen am Drahtseil, bis 2400 m Höhe etwa): Genau wie oben. Dazu aber: eine 20–30 m lange Reepschnur zur Sicherung von Kindern und Begleiterinnen, vor allem im Frühsommer an harten Schneeflecken, in brüchigen Schrofenrinnen usw. (Reepschnurstärke 7 mm!). Notproviant! Evtl. einen leichten Biwaksack (500–600 g) mitführen.

Ausrüstung C (für Touren mit leichter bis mässig schwieriger Kletterei): Wie vorher! Dazu noch ein 9- oder 11-mm-Seil, möglichst Perlonseil, 30 m bzw. 40 m lang. Dazu als Reserve für unvorhergesehene Vorhaben, etwa ein plötzlich notwendig werdendes Abseilen, 2 Haken, 2 Karabiner und 1 Kletterhammer.

Ausrüstung D (für Bergtouren mit Gletscherbegehungen, bei denen man nie allein, auch nie zu zweit, sondern immer als DREIER-Seilschaft geht): Wie oben, dazu Reservewäsche, gefütterte Perlon-Handschuhe. Ferner Leichtsteigeisen, Seil, Reepschnüre, auf jeden Mann verteilt, leichten Eispickel für jeden Mann der Seilschaft. Ferner Sonnenschutzmittel für grosse Höhe und Deckcreme für die Lippen.

Allgemeine Ratschläge für das sommerliche Bergsteigen:
Das Hochgebirge ist wie das Meer eine extreme Landschaft. Noch vor etwa 150 Jahren wurde es von den Menschen gefürchtet und gemieden. Heute gilt es als interessantes Ferienparadies für jedermann. Seine Gefährlichkeit wird gröblich verkannt. Unkenntnis der alpinen Gefahren und bodenloser Leichtsinn fordern jedes Jahr eine grosse Zahl an Todesopfern. Wer deshalb die besonderen Freuden einer Hochgebirgswanderung haben will, der muss auch deren besondere Gefahren kennen und zu meistern lernen.

Du musst vorher wissen, was dir im Hochgebirge bevorsteht
Man fährt nicht ahnungslos in einem Faltboot auf das hohe Meer, und man steigt nicht ahnungslos in Halbschuhen auf das Matterhorn. Beides rächt sich. Das Bergwandern verlangt ausser einem gesunden, widerstandsfähigen Körper auch einen gesunden und hellwachen Geist. Das ist wichtiger als heillose Begeisterung. Umsicht, Geistesgegenwart, zuweilen eine gewisse Kaltblütigkeit sind im Hochgebirge unerlässlich. Der Geist soll sich schon vor Antritt der ersten Bergwanderung mit dem Phänomen des Hochgebirges beschäftigen. Man muss den Führer und die Karte studieren, man soll über das Gebiet, in dem

man Touren macht, Bescheid wissen. Die alpine Literatur ist reich, die spezielle Führer-Literatur gut. Was man nicht beim Buchhändler findet, kann man – als Mitglied – meist bei einer SAC-Bücherei entleihen.
Du musst als Gast in SAC-Hütten deine vorgeschriebene Pflicht erfüllen! Du musst auch in- und ausserhalb der Hütte, vor allem auch an Rastplätzen Vorbild sein bezüglich Sauberkeit und Ordnung: man hinterlässt keine Konservenbüchsen und Einwickelpapiere!

Du musst für die schlechtesten Umstände ausgerüstet sein

Man wähle stets die Bekleidung, die **schlechtem** Wetter entspricht! Dazu gehören auf Bergwanderungen (bis in Höhen von 1800 bis 2400 m): gute, hohe Schuhe mit moderner Profilgummisohle. Niemals Halbschuhe! Dazu gehört ein guter Wollpullover, eine wetterfeste Windjacke, ein Paar gute Handschuhe, Kniehosen aus besonders widerstandsfähigem Stoff (von Cord ist abzuraten, weil er zu schnell Wasser saugt), ein Woll- oder Flanellhemd, eine Wollmütze zum Überziehen, dazu unbedingt gute, ausreichende Unterwäsche.
In der Firn- und Eisregion sind ausserdem vonnöten: eine Ersatzgarnitur trockener Unterwäsche, Segeltuchhandschuhe zum Überziehen, Schneebrille, keine Fettcreme, sondern eine Spezialcreme für Haut und Lippen; ein zweiter, etwas dünnerer Pullover, Ersatzstrümpfe. In diese Höhe nimmt man auch nicht den kleinen Tourenrucksack mit, sondern den grösseren. Ausserdem ist ein eiserner Bestand an Lebensmitteln unerlässlich. Am besten hat man **immer** bei sich: Knäckebrot (wird nicht trocken), Dörrobst, Nüsse, Schokolade, Traubenzucker und Speck.
In grossen Höhen, also über 2800 m, und im Gletschergebiet braucht man zusätzlich: ein Perlonseil von 30–40 m Länge zur Sicherung, einen leichten Eispickel, leichte Steigeisen, einen Kompass. Auch sollte man bei langen Übergängen und in grossen Karstlandschaften stets einen modernen Perlon-Zeltsack zum Überstülpen bei sich haben, er wiegt nur 500–600 Gramm. Er hat schon vielen vom Unwetter überraschten Bergwanderern das Leben gerettet.

Du musst genau wissen, mit wem du gehst

Der Anfänger darf im Hochgebirge nie und nimmer allein wandern. Wer keinen Gefährten hat, vertraue sich einem Bergführer an. Man sucht sich keinen fremden Bergwanderer als Zufallsgefährten. Ein Begleiter, dessen Erfahrung und Fähigkeiten man nicht kennt, kann oft nachteiliger sein als gar keiner.
Man gehe auch nicht hinter fremden Seilschaften und Gruppen her, um sich solchermassen «schwarz» einer Führung zu versichern. Das ist unfair, denn man ladet dabei fremden Menschen eine Verantwortung auf.

Auch der vielerfahrene Bergsteiger kann im Hochgebirge durch Wetterumschlag, Absturz, Verletzungen oder Unwohlsein in Gefahr kommen. Ist er allein, so kann die Gefahr tödlich werden. Mit einem Begleiter ist meist Hilfeleistung und Rettung möglich. Wer mit einer Frau oder mit jüngeren Gefährten wandert richte Schwierigkeiten der Tour und Tempo nach deren Leistungsvermögen Im übrigen versteht es sich von selbst, dass eine Gruppe oder eine Seilschaft niemals einen einzelnen Mann allein zurücklässt (weil er verletzt, erschöpft oder willenlos geworden ist) – auch wenn die eigene Rettung dadurch gefährdet erscheint, muss wenigstens ein Kamerad bei dem Zurückbleibenden ausharren.

Du musst rechtzeitig auf das Wetter achten

Bergwandern führt meist in einsame, entlegene Urlandschaft, wo man dem Wetter ausgesetzt ist, wie es kommt. Die Beobachtung des Wetters gehört deshalb zu den wichtigsten Aufgaben des Bergfreundes. Sehr oft kann eine einmal begonnene grosse Tour, etwa eine lange Gratwanderung, unterwegs nicht mehr abgebrochen werden: dann sitzt man im Wettersturz wie in einer Mausefalle.
Wetterstürze im Gebirge sind, vor allem im Frühsommer, zahlreich und stets gefährlich. Die Temperatur verringert sich **auch im Hochsommer** auf je tausend Meter um 10–20 Grad! Das wird immer wieder vergessen. Dabei sehen die Leute, wie es im August oft bis in die Alpregion herab schneit.
Abendhimmel, Frühhimmel, die Farbe des Sonnenlichtes, das Wolkenbild geben dem erfahrenen Mann stets Aufschluss über die Wetteraussichten. Wer in den Wolken nicht zu lesen versteht, frage Führer, Hüttenwarte oder Alphirten nach den Wetteraussichten. Bei bevorstehenden Wetterstürzen bleibe man in der Hütte oder im Tal. Dagegen soll man schlechtes Wetter nicht einfach fürchten, im Gegenteil: wir werden mit der Natur erst eins, wenn wir ihre Elemente auch in ihrer schaurigen Schönheit begreifen.

Du musst objektiven Gefahren mit Besonnenheit begegnen

Objektive Gefahren nennt man, was durch die Gebirgsnatur bedingt ist: Steinschlag, Lawinen, Kälte, Nebel, Gewitter, Sturm, Sonnenstrahlung, Gletscherspalten.
Gegen Steinschlag hilft nur Vorsicht. Vorsicht in Rinnen und Schluchten, vor allem bei Regen und Sturm. Möglichst auf Rippen und Grate ausweichen. Den Kopf schützen durch gepolsterte Mütze oder übergestülpten Rucksack.
Neuschneelawinen gibt es auch im Hochsommer. Hier hilft nur Erfahrung und doppelte Vorsicht. Man meide gefährliche Hänge. Muss man sie anschneiden, dann nur einzeln, in grossen Abständen und an ihrem oberen Ende.

Die Kälte ist der gefährlichste Feind des Bergwanderers, vor allem in Verbindung mit Wind oder Sturm. Hier hilft nur Vorsorge. Eine Ersatzgarnitur trockener Unterwäsche kann ein Leben retten. Denn erst Erschöpfung **und** dazukommende Unterkühlung sind gefährlich. Wer durch Verirren oder Wettersturz zur Freinacht gezwungen ist, kann mit einem Perlonzeltsack leicht davonkommen – ohne ihn nur schwer. Muss man ohne Zeltsack und Schneehöhle biwakieren dann ist Bewegung alles: nicht stillsitzen, ständig turnen, bis der Morgen kommt.
Bei Nebel ist Umkehr stets das Beste. Im Nebel, vor allem in grossen Höhen und auf Eis, findet sich nur der erfahrene Mann zurecht, der den Kompass richtig bedient und die Karte zu lesen weiss. Niemals eine Gruppe trennen! Stets zusammenbleiben.
Gewitter, vor allem Blitze, sind zu fürchten. Die Gefahr erhöht sich auf Graten und Gipfeln. Man meide Seilsicherungen, eiserne Gipfelkreuze und Verspannungsdrähte, man meide einzelne Bäume, wasserführende Rinnen und Kamine! Metallteile, Eispickel usw. muss man in einiger Entfernung deponieren. Auf freien Flächen lege man sich auf den Boden. Für den Sturm gilt, was bei der Kälte gesagt wurde.
Die Gefahren der Sonne werden von Anfängern immer unterschätzt. Man geht in Höhen über 2000 Meter nicht mit nacktem Oberkörper, auch nicht mit nackten Armen. Man trägt die Schutzsalbe vor dem Verlassen der Hütte auf, nicht, wenn man bereits den Schaden spürt.

Du musst subjektive Gefahren gewissenhaft ausschalten

Subjektive Gefahren sind nicht in der Bergnatur, sondern stets im Menschen begründet. Sie heissen: mangelnde körperliche Leistungsfähigkeit, mangelndes Training, mangelnde Beherrschung der alpinen Technik, Nichtbeachtung alpiner Erfahrungsgrundsätze, Leichtsinn durch Unkenntnis der Gefahr, durch Übermut, Begeisterung, falschen Ehrgeiz.
Die schlimmste Gefahr wird heraufbeschworen, wenn das eigene Können überschätzt wird. Gegen die subjektiven Gefahren helfen nur Besonnenheit, Gewissenhaftigkeit und Fairness. Man muss die Schule der Berge Rang für Rang absolvieren, um sie gründlich kennenzulernen und ihre Gefahren meistern zu können. Eines Tages werden die Berge zum Freund. Dann haben sie einen dazu erzogen, ihrer Natur mit Demut zu begegnen.

Du musst Wächten, Firnfelder und Schrofen fürchten

Wächten können jahrelang den stärksten Stürmen standhalten, eines Tages brechen sie unter der geringsten Belastung ab. Meide Wächten! Betritt sie niemals ohne Seilsicherung!
Eine grosse Unsitte ist es, über steile Firn- und gefrorene Schneefelder abzufahren! Oft werden von oben unsichtbare Felsabstürze übersehen, oft wird das eigene Standvermögen überschätzt, und man landet schwer verletzt im Geröll. Niemals sitzend – immer stehend abfahren! Nur abfahren, wenn das Gelände völlig zu übersehen ist! Am besten ist es, gar nicht abzufahren, sondern in Stufen abzusteigen.
Schrofengelände gilt als leicht. Deshalb passiert dort am meisten. Schrofen sind grasdurchsetzte Felsabsätze und Sockel, sie führen oft in anscheinender Harmlosigkeit über grossen Abbrüchen dahin. Bei Nässe sind sie stets gefährlich. Hier hilft nur Vorsicht und ein gutes Auge.

Du musst das alpine Notsignal kennen

Den SOS-Ruf der Bergsteiger wendet nur an, wer sich in absoluter Gefahr befindet: wer sich verstiegen hat, verirrt, verletzt. Das Signal besteht aus sichtbaren oder hörbaren Zeichen, je nach Sicht, Witterung und Örtlichkeit. Man ruft, schreit, pfeift **sechsmal in der Minute** in regelmässigen Abständen, wartet eine Minute, dann wiederholt man das Signal. Oder man schwenkt ein Tuch, ein Hemd, man gibt Blinkzeichen mit einer Lampe oder einem Feuerbrand – aber auch hier gilt die Regel: sechsmal in einer Minute, dann eine Minute Pause, dann abermals das Signal, und so fort.

Die Antwort, bestehend aus **drei regelmässigen Zeichen binnen einer Minute,** soll dem Verirrten oder Verunglückten zeigen, dass seine Rufe verstanden worden sind.

Photonachweis

Die Nummern beziehen sich auf die Touren

Swissair-Photo AG, Zürich	1
Jogg Bertschinger-Pfister, Wald	2
Foto Gross, St. Gallen	3, 4, 27
Werner Friedli, Brüttisellen-Zürich	5
Werner Heiss, München	6, 8, 12, 13, 18, 19, 20, 23, 25, 26, 33, 35, 36, 39, 40, 53, 54, 55, 56, 57, 60, 65, 67, 68, 72, 81, 82, 83
J. Gaberell AG, Thalwil	7, 16
Hanns Schlüter, Freiburg i. Br.	9, 10, 11, 14, 15, 17, 21, 22, 24, 28, 37, 47, 48, 49, 50, 51, 52, 58, 59, 61, 62, 63, 64, 66, 69, 70, 71, 73, 74, 75, 76, 77, 78, 79, 80, 84
Franz Thorbecke, Lindau	29, 30, 31, 32, 41, 42, 43, 44, 45
Wolf-Jürgen Winkler, Frankfurt a. M.	34
Foto Fetzer, Bad Ragaz	38
Hans Schwaninger, Zürich	46

Inhaltsverzeichnis

Bergbücher von Walter Schmid

Sechste, neubearbeitete Auflage
168 Seiten, 84 Abbildungen
Kärtchen und Skizzen
Format 11 × 15 cm

Zermatt im Sommer und Winter

Ein Führer für Spaziergänger, Wanderer, Bergsteiger und Skifahrer mit präzisen Weg- und Zeitangaben

Dieser Führer hat den Ehrgeiz, Grosses und Kleines in der Welt von Zermatt aufzuzeigen, dem Spaziergänger und Wanderer, dem Bergsteiger und Skifahrer in der Sprache eines guten Freundes die Pfade zu schildern, die ihrem Wollen und Können entsprechen. Wer seine Füsse oder Wagenräder gegen Zermatt wendet, wird ohne diese äusserst nützliche Anleitung nicht auskommen – oder aber er läuft Gefahr, Wesentliches zu versäumen. (Tagesanzeiger Zürich)

Elfte, neubearbeitete und erweiterte Auflage
224 Seiten, 95 Abbildungen
davon 11 farbig
Format 18 × 24,5 cm

Komm mit mir ins Wallis

Weil berückend schön an Bildern, im Wort meisterhaft veranschaulicht und mit weisen Erkenntnissen und träfen Aussagen gesättigt, kann das Buch von Walter Schmid als Standardwerk für diesen eigen gearteten Kanton gelten. Kein Wunder, dass es bereits in zehnter, neubearbeiteter Auflage erscheinen durfte, was für schweizerische Begriffe merkwürdig genug ist und deutlich für das Buch spricht. (Neue Zürcher Zeitung)

Siebte Auflage, zum Teil neu und mehrfarbig illustriert
326 Seiten mit 106 Aufnahmen des Verfassers
Format 17,5 × 24,5 cm

Glückliche Tage auf hohen Bergen

Das klassische Buch über die vierzig Viertausender der Schweizer Alpen

Die sechste Auflage dieses Buches bürgt für dessen Qualität. Fern von der Hast des Alltagslebens und jeder Rekord- und Renommiersucht wird der Leser über die Viertausender unserer Heimat geführt. Immer wieder zieht Walter Schmid mit Bescheidenheit und Ehrfurcht in seine geliebten Berge, um «Geist und Körper zu stählen und Herz und Seele am verschwenderischen Reichtum ihrer Wunder zu erfreuen». (Arbeiterbildungszentrale)

Zweite Auflage
288 Seiten, 22 Abbildungen
davon 16 farbig
Format 14 × 21 cm

Fünfzig Sommer in den Bergen

Und das Schönste an Walter Schmids neuem Buch, das nicht den Hochalpen gewidmet ist, sondern den Voralpen, ist gerade das: dass hier einer den Mut hat, auch das Leichtere an Gipfelgewinnen zu loben, die Wanderung durchs Hochtal und über Pässe, obgleich natürlich das Schwierige nicht unterschlagen wird, mit dem auch die Voralpen, und in mancher Hinsicht gerade sie, aufzuwarten haben. (Neue Zürcher Zeitung)

Lägeren, Zürichsee und Zürcher Oberland

1 Lägeren
2 Bachtel
3 Hörnli
4 Schnebelhorn
5 Albishorn

Zwischen Zugersee und Wägitalersee

6 Rinderweidhorn
7 Rossberg
8 Brünnelistock
9 Gross Mythen
10 Gross Aubrig
11 Fluebrig
12 Druesberg

Zentralschweizerische Voralpen

13 Mittaggüpfi
14 Buochserhorn
15 Brisen
16 Schwalmis
17 Oberbauen
18 Chaiserstuel
19 Rigi-Hochflue
20 Huserstock
21 Chaiserstock
22 Bälmeten
23 Rigidalstock
24 Huetstock
25 Balmeregghorn
26 Glockhaus

Toggenburg und Appenzeller Berge

27 Speer
28 Selun
29 Hinterrugg
30 Kronberg
31 Lütispitz
32 Säntis
33 Schäfler
34 Kreuzberge
35 Stauberen

St. Galler Oberland

36 Glarner Foostöckli
37 Spitzmeilen
38 Pizol
39 Piz Sardona
40 Ringelspitz

Über dem Rheintal

41 Gonzen
42 Alvier
43 Margelchopf
44 Falknis
45 Haldensteiner Calanda

Glarnerland

46 Chöpfenberg
47 Schiberg
48 Grosser Bockmattliturm
49 Zindlenspitz
50 Rautispitz
51 Vorderglärnisch
52 Vrenelisgärtli
53 Ortstock
54 Höch Turm
55 Fronalpstock
56 Mürtschenstock
57 Gufelstock
58 Kärpf
59 Chalchstöckli
60 Vorab
61 Hausstock
62 Ruchi
63 Clariden
64 Gemsfairenstock

Urner Alpen und Tessin

65 Schächentaler Windgällen
66 Gross Ruchen
67 Klein Windgällen
68 Piz Nair
69 Gross Düssi
70 Oberalpstock
71 Badus
72 Pizzo Centrale
73 Cristallina
74 Pizzo Rotondo
75 Gross Muttenhorn
76 Galenstock
77 Wissigstock
78 Urirotstock
79 Gross Spannort
80 Krönten
81 Sunniggrat
82 Wendenhorn
83 Salbitschijen
84 Sustenhorn